툰드라 네네츠 인들의 민요와 민속

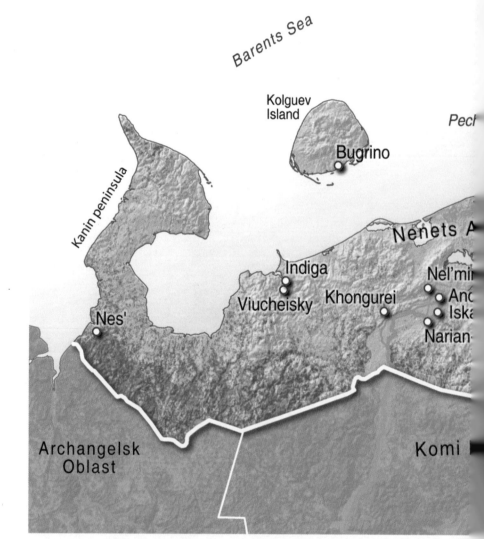

Barents Sea

Kolguev
Island

Pec

Bugrino

Kanin peninsula

Nenets A

Indiga

Nel'mi

Khongurei

Anc

Viucheisky

Iska

Nes'

Narian

Archangelsk
Oblast

Komi

아말-네네츠 자치주

Kara Sea

Vaygach
Island

us Okrug

Karataika

Khorey-Ver

Yamalo-
Nenets
Auton.
Okrug

N

0   250 km

Author: Hugo Ahlenius, UNEP/GRID-Arendal
Link to website: http://www.raipon.org/ikdm/Regions.aspx

세수대야

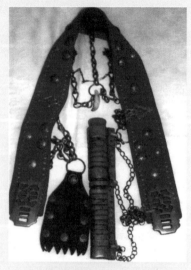

칼지갑과 칼이 달려있는 남자들의 허리띠

네네츠 인들이 사용하는 종들

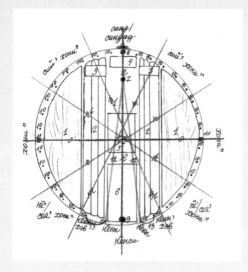

춤(천막)의 내부 공간 배치도

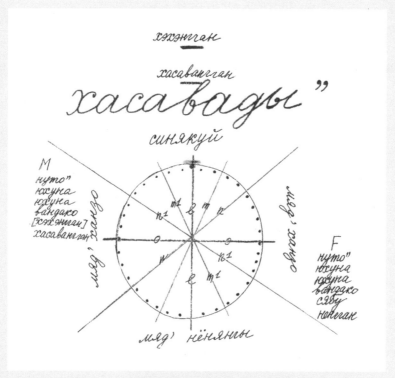

춤(천막) 외부의 공간 배치도

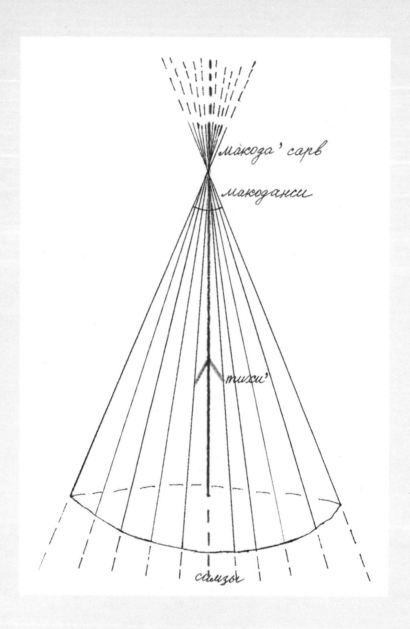

춤(천막)의 수직적인 구조

족장 라프치 민코비치 후디가 새로운 정착지를 향해서 순록을 인도하고 있다

반갑게 손을 흔들고 있는 네네츠 올가 아바노브내(오른쪽)과 산다 네 미하일로브나 라프탄데르

시베리아의 꽁꽁 얼은 바다(말르이긴 만)를 뒤로 하고 서있는 저자(가운데)와 느게코 냐라세예이비치 라프탄데르 그리고 야말로–네네츠 자치주 국영농장 부사장 티모페이 느게코비치 라프탄데르

데니스 니콜라예비치 후디의 춤(천막)앞에서의 류드밀라 미하일로브나 후디(라프탄데르 가에서 시집 온)과 류보피 알렉산드로브나 바누이토(야드네 가에서 시집 온)와 그의 딸

라프치 민코비차 후디의 춤(천막)

새로운 유목지를 찾아 떠나가기 위해서 준비하는 모습

순록유목민촌의 엄마와 아기

소피야 페베레브나 후디와 그의 조카가 손에 순록을
몰기 위한 채찍을 들고 있다

네네츠 전통의상을 입고 있는 나제쥐다 야호체브나 후디. 전통의상은 비버 털로 장식되어 있다.

직접 만든 신발을 팔고 있는 코미공화국의 보르쿠틴스키 네네츠 인들

하람푸르스키의 미인들(숲에 사는 네네츠 인들)

보르쿠틴스키 네네츠인들과 함께 사진을 찍은 저자 (가운데)

새로운 유목지로 출발하고 있는 알리나 후디

베라 페벨레브나 바누이토와 그의 딸(맨 오른쪽), 나스쨔 후디, 알리나 후디

민요의 녹음을 위해서 자리를 잡은 아티 벤다비치 오코테토와 저자.

민요를 부르고 있는 슈라 파라파도비치 후디(오른쪽)와 나제쥐다 야브타코브나 후디(왼쪽)

슈라 파라파도비치 후디의 춤(천막) 앞마당(야브타 하느이타 강 하구)
에서 장작을 자르고 땔감을 만들고 있다

툰드라 네네츠인들의
민요와 민속

엘레나 푸쉬카료바 지음
이대우 옮김

써네스트

차례

저자의 말

오랜 세월 나는 네네츠 민요 연구서들과 민요 텍스트들을 연구했다. 그 기간 동안 나는 네네츠 민요의 많은 연행자들과 함께 그들의 작품들에 대해 의견을 교환했다. 개인적으로 그들의 노고에 고개 숙여 감사를 드린다. 네네츠 인들은 수세기 동안 네네츠 민요와 전통을 보존해온 그들의 이름을 기억하고 있으며, 후손들은 조상들의 빛나는 유산에 긍지를 가질 것이다.

이 책을 집필하는 동안 역사학박사 조야 페트로브나 소콜로바 교수와 책임편집자인 역사학박사 발렌티나 이바노브나 하리토노바의 소중한 도움을 받았다. 러시아 과학 아카데미 준회원 역사학박사 엘레나 아루튜노바 박사, 문학박사 엘레나 세르게예브나 노빅, 역사학박사 빅토르 블라디미로비치 카를로프, 역사학박사 클라브디 이바노브나 코즐로바 역시 많은 조언을 마다하지 않았다.

이 책은 우리 아이들 마이므이와 예이코의 사랑과 지지 덕에 나올 수 있었다.

복잡한 출판 과정에 인내를 갖도록 도와준 사람들에게도 가슴 깊이 감사드린다. 재정적 지원을 아끼지 않은 야말-네네츠 자치주 행정당국과 야말-네네츠 자치주 정보통신부, 야말-네네츠 자치주 북방소수민족협회에도 깊은 감사를 드린다.

네네츠 인들의 민요적 전통을 한국의 독자들에게 소개하는데 애를 쓴 이대우 교수에게도 감사의 말을 전한다. 이대우 교수는 번역자이기에 앞서 여러 해 우정을 나눈 나의 가까운 친구이기도 하다. 책을 출판한 써네스트 출판사 강완구 사장에게도 감사드린다.

엘레나 티모페예브나 푸쉬카료바

2013년 3월 살레하르드에서

네네츠 인들의 구전민속문학

네네츠인들에 관한 첫 문헌은 B.C. 11세기 말에 기록된 러시아 연대기 속에서 찾을 수 있다. 그때부터 네네츠인들은 빠짐없이 역사 속에 등장했다. 1787년 I.파테르는 네네츠 구전문학의 완벽한 첫 전형인《바다 하소보 Vada xasovo》를 상트-페테르스부르그에서 출판했다. 그리고 그 책은 일정한 수준의 체계적 수집과 연구가 가능하게 한 출발점이 되었다. 그로부터 2세기가 넘는 기간 동안 주제적 구성과 시적 층위, 그리고 그 속에 나타난 일정한 사회 현상 등이 묘사된 신뢰할만한 상당한 수준의 연구 자료들이 수집되었다.

과학적 패러다임의 현대적 변화는 자연과학분야에서와 마찬가지로 민속학분야에서도 정신문화 연구에 일부 중요한 수정을 가하도록 만들었다. 이책이 탐구하는 정신문화 분야는 인간의 심리-의식적, 심리-생리학적 특성과 연계된 종교적 행위나 지식과 관련된다. 세계상, 우주관 그리고 그 구조나 거주자들에 관한 관념은 주위 사람들에게 신비한 초월능력을 소유한 사람들의 직접적 영향, 즉 샤먼과 혜안을 가진 사람들의 영향 아래 형성되었다. 현실에 대한 그들의 인식적 특징, 다른 의식 세계로 빠져드는 그들의 능력, 인간의 그런 잠재력에 대한 새로운 과학적 근거들은 전통적 세계관에 대한 분석 문제를 다시금 재고하게 만든다. 몇몇 민요 장르들에 대한 분석도 역시 마찬가지다. 내용과 형식은 그런 지식의 영향을 받으며 형성된 것이다. 네네츠 인들의 민요-민속적 전통이 여전히 현실적으로 존재하는 한, 수집 작업이나 분석 작업의 방법론적 정밀성은 현단계에서 이론적 의미나 실용적 의미에 있어 대단히 절박하다.

이 연구 자료들은 야말-네네츠, 네네츠, 타이므이르(돌가노-네네츠) 자치주와 한티-만시 자치주의 유가 시(市)에서 확정된 바 있다(유사한 자료들이 많았으므로 자료의 비교와 고증을 통해 가장 신뢰할 만한 자료로 확정하는 작업이 필요했다). 그것은 18~20세기경에 메모된 대표적인 연구 자료들이다. 이 기간 동안에 민속학적 연구, 언어학적 연구, 민요 연구 등이 세상에 나왔다. 연구자들이 네네츠 인들의 모든 민요 장르의 텍스트들을 확정하던 이 무렵에는 채집된 민족 창작물의 모델들에 관한 과학적 분석이 이루어지기도 했다.

이 책에서는 G.D. 베르보프, M.S. 시니츠인, A.M. 쉐르바코바, I.A. 보그다노프가 수집한 자료들이 활용된다. 그러나 기초 연구는 필자가 필드에서 녹음한 자료들을 여러 해에 걸쳐 고증한 것임을 밝혀두는 바이다. 야말-네네츠 자치주의 나드이, 타조프, 야말 지역과 살레하르드 시에서 1973~2005년 사이에 필자가 직접 녹음한 자료들은 네네츠 민요 총 353편이다. 이 텍스트들은 빠른 대화, 외침, 동요, 수수께끼, 속담, 소 영웅담,

서사가요(슈드바브츠 sjudbabts, 야라브츠 jarabts, 흐이나브츠 xynabts), 개개인의 가요, 샤먼의 주문 등 다양한 장르에 속한다. 몇몇 모델들은 한두 시행에 그치거나 어떤 모델들은 30분 정도의 녹음 길이에 해당하는, 소박하고 또 작은 텍스트들이다. 1973년, 1991년과 2000년에 걸쳐 필자가 수집한 민요는 소녀를 신에게 바치는 내용을 담은 자료로서 직접 그것을 녹음하고, 삽화를 그리고, 사진으로 촬영한 것이다. 필자는 고향에 관한 여러 정보를 1986년에 수집하기도 했고, 1985년과 1988년에는 몇 개의 장례의식을 녹음하기도 했다. 뿐만 아니라 필자는 한평생 하늘과 땅과 물의 신에게 지내는 제사에 직접 참여하기도 했다. 8살까지는 천막에서 살면서 툰드라에서 유목생활을 했고, 8살부터 17살까지는 매년 4개월씩 유목생활을 했으며, 17살부터 39살까지는 매년 여름 3개월을 고기잡이 움막에서 지냈다. 필자는 이 연구의 기초 자료가 된 생존을 위한 모든 기술을 다름 아닌 전통사회에서 습득했던 것이다.

문제는 이 책에 담고 있는 연구가 안타깝게도 민속학적 민요학적 영역에서만 다루어져야 한다는 것이다. 따라서 연구 자료의 체계-현상적 분석은 이론적이며 방법론적인 기초 작업 위에 이루질 수밖에 없을 것이다. 이와 관련하여 필자는 민요학, 민속학, 민족학, 고고학, 인류학, 언어학 속에 수용된 결과와 결론을 언급하지 않을 수 없다. 자료의 체계적 활용에 대한 설명은 충분히 이해될 수 있을 것이다(이것은 프로프와 보가트이료프의 연구 덕분에 20세기 초부터 민요학과 민속학 영역에서 적극적으로 활용된 것이며, 지금은 변형된 체계-현상학적 분석 속에서 활용되기도 한다). 이와 더불어 역사-유형학적 방법, 비교-역사학적 방법, 다양한 언어학적 방법과 기호학적 방법들도 사용되고 있다.

네네츠 인들의 민요는 운이 좋은 편이다. 지난 150년 동안 광범위한 독자층이나 학자들이 언제나 그 민요를 접할 수 있는 것은 아니었지만, 그 모든 장르의 모델들이 수집되었기 때문이다. 네네츠 인들의 민요에 관한 학술 논문들도 등장했는데, 매우 적은 편이긴 하지만 학위 논문 두 편도 발표되었다. Z.N.쿠프리야노바의 박사학위 논문 〈네네츠 민요의 기본 장르들〉과 국가박사학위 논문 〈네네츠의 서사가요〉가 그것이다. 필자가 쓴 두 편의 학술 논문 〈네네츠의 가요 흐이나브츠 xynabts. 주제, 의미, 시학〉과 〈네네츠 신화─이야기의 역사적 유형과 민속학적 분류〉도 세상에 나왔다. 네네츠 인들의 민요 현상은 A.V.골로브네바의 저서 《툰드라의 유목민들: 네네츠 인들과 그들의 민요》 속에서도 부분적으로 소개되고 있다.

필자는 이 책 속에서 연구 자료를 보다 효율적으로 분석하고 규명하는 다른 학문분야의 새롭고 창의적인 접근법과 관점들을 도입하려고 노력했다. 필자를 평면적 시각에서 벗어나게 한 '세계상'이라는 용어는 체계─현상적 분석을 기초로 우주의 구조와 거주자들에 관한 총체적 관념들을 다양한 시각으로 규명하게 하며, 과학에서 삼분법적 구조로 고착된 대(大) 우주관을 상당부분 수정시키는 유기적인 소(小) 우주적 생활의 복잡성을 보여주게 될 것이다.

이 책 속의 단어 풀이는 최근의 자연과학적, 철학적 관점에서 소개되고 있다. 우주의 '분출물'이라는 특별한 형상에 대한 물리학적 이해가 세상을 사라지게 할 수도 없고 또 그 기원을 창조하고 그 속에 다양한 형태로 보존되는 전통적인 지식에 어긋나지 않는 한, 네네츠 인들의 민요─민속적 자료 속의 고대적 세계관과 그 보존 현상은 새로운 시각으로 관찰될 수 있을 것이다. 다시 말해 우리는 네네츠 인들의 정신문화를 새롭게 규정할 수도 있을 것이다.

이 책 속에는 서사가요 슈드바브츠 sjudbabts, 슈드바브차르카 sjudbabtsarka, 야라브츠 jarabts, 야라브차르카 jarabtsarka, 흐이나브츠 xynabts와 신화—이야기 라하나코 laxanako가 분석된다. 분석 작업을 위해 선별된 많은 민요들은 주제적 유사성을 보여주는 것이 사실이다. 하지만 그것은 무엇보다도 소위 텔탕고다 teltanggoda라 불리는 다른 연행자(제2연행자)가 주요 연행자를 따라 반복하는 특별한 기술을 설명하게 된다. 그 연행 기술은 샤먼 주술 삼브다브츠 sambdabts의 본질이기도 하다. 이 직접적인 연행자들 이외에도 모든 참가자들은 무슨 일이 벌어지고 있는지 말을 보태거나 눈빛으로 찬성과 반대의 의견을 표현하며 행위에 참가한다. 앞서 언급한 민요 작품들의 구연 기술과 연행의 특징은 "당연히 옛날이야기의 구연을 포함한 모든 창작적 행위는 행위자의 정신 상태를 평가함에 있어 의식이 전환된 상태에서 창조성이 머무는 순간이라고 할 수 있다. 따라서 그것은 신비한 마법적 행위인 것"이라는 V.I.하리토노바의 견해와 일치한다.

V.프로프도 추코트 지역*의 신화와 길랴크 인**의 서사시 구조를 비교한 연후에 서사시의 샤먼적 구조 문제를 제기한 바 있다. 네네츠 자료는 샤먼 주술(여기에는 샤먼과 샤먼의 연행 텍스트를 중계하는 보조자 텔탕고다가 있다)의 연행과 민요의 서사 장르(이야기꾼과 그를 따라하는 연행자 텔탕고다가 있다) 사이의 상당한 유사성을 분명히 보여주고 있다.

연행 기술의 공통점을 근거로 필자는 앞서 언급된 장르들을 한 묶음으로

---

* 동시베리아해와 베링해를 끼고 있는 러시아 극동의 최북단 지역.
** 러시아 연해주, 아무르 강변, 오호츠크 해에서 울반스키 만과 투구르스카야 만에 이르는 오호츠크 해, 캄차트카 반도 등에 흩어져 사는 토착민들.

통합하면서 모든 장르가 고유한 특징을 가지고 있다는 점을 강조하고자 한다. 그 내용은 앞서 언급된 장르들의 해석을 통해 제시될 것이다.

Z.쿠프랴노바는 슈드바브츠의 직역이 '거인에 관한 노래'라는 점에 주목했으며, 그에 덧붙여 M.카스트렌의 말을 인용한 바 있다. 카스트렌은 식인종인 늙은 거인이 붙잡혀온 불쌍한 사람을 잡아먹기 전에 자신의 그네에 태워 흔들며 잔인하게 괴롭힌다는 노래를 확정한 학자이다. 그러나 카스트렌이 출판한 자료에 그런 슈드바브츠들은 나타나지 않으며, 그 슈드바브츠들은 N.테레쉔코의 저술들 속에 일부 소개되어 있을 뿐이다. 식인-거인은 라하나코에서 많이 등장한다. 하비츠에 관한 일련의 작품들은 식인-거인 슈드바-베사코 Sjudba-vesako와 그의 투쟁을 묘사하고 있다. 쿠프리야노바는 야라비츠 속에도 식인-거인들이 등장한다고 기술했으나, 식인-거인들과의 투쟁은 그 노래들 속에서 중심 줄거리를 형성하지는 않는다. 그와 더불어 슈드뱌 sjudba란 명칭으로 불리는 많은 작품에서는 그들이 무서운 괴물로 이해되지 않으며, 구어에서는 용사 실라치 silatsi라는 의미가 전이된 단어로 자리를 잡고 있다(이 단어의 어간으로 만들어진 동사 '슈드뱌됴스 sjudbjadjos'는 '자신감에 넘치다'라는 뜻이기도 하다).

N. 테엔스첸코의 정의에 따르면 슈드바브차르카는 서사체 이야기인 슈드바브츠의 하위 장르인 중간형태의 슈드바브츠이다. "그것들은 슈드바브츠에 가깝지만 내용이 보다 현실적이라는 점"에서 차이가 있다. 이 작품들속에는 보다 전형적인 세태 묘사, 민중적 생활양식과 행위 규범이라는 특징을 보여주는 디테일들이 들어있다.

Z. 쿠프랴노프는 야라브츠 장르에 관해서 "야라브츠라는 용어가 '통곡',

'애도'를 의미하지만, 러시아 민요에 알려진 '통곡'과는 의미가 다르며, 네네츠 인들의 장례의식과 연관된 것도 아니다. 야라브츠 속에서는 영웅들의 공포, 불행, 승리가 언급되어 있다"고 기술한 바 있다. 쿠프랴노프의 주장에 따르면, 슈드바브츠와 야라브츠는 가족 제도의 다양한 붕괴 단계에서 발생했고, 슈드바브츠는 가부장적 가족 관계의 초기 붕괴 과정과 연관되고, 야라브츠는 후기 붕괴 과정과 관련이 있다고 한다.

테레쉔코에 따르면, 야라브차르카는 "주제적 측면에서 야라브츠와 가깝다는 점에서 차라리 옛날이야기라 할 수 있으며, 등장인물들이 겪는 불행한 요소들을 필수적으로 담고 있는 생활 속의 옛날이야기"에 속한다고 한다.

흐이나브츠는 러시아 국가구조 속에 네네츠 인들이 편입되는 시대와 관련된 기록적 성격을 가진 서사가요 장르이다. 그중 몇몇 주제들은 문헌 속에 반영된 역사성에 토대를 두고 있다.

라하나코는 E.멜렌틴스키가 신화와 옛날이야기의 경계구분에 사용한 차별성을 기준으로 할 때 분류학상 신화─이야기에 속한다. 이 장르에 속하는 네네츠 민요의 연구자들은 흔히 '옛날이야기'라는 용어를 사용한다. 최근의 한 논문 속에서 테레스첸코는 "라하나코(한편으로는 '옛날이야기'이며, 다른 한편으로는 '이야기')는 사건을 구술한다는 점에서 야르브차에 가깝다"고 기술하고 있다.

이 장르들 사이의 차이점과 관련해서는 네네츠 인들의 서사가요를 용사들의 이야기로 보았던 V.프로프, V.쥐르문스키, E.멜렌틴스키의 언급을 기억할 필요가 있다. 그러나 북방민요학이 된 전통에 따라 필자는 슈드바브츠, 슈드바브차르카, 야라브츠, 야라브차르카, 흐이나브츠를 서사가요에 포함시키고자 한다. 여기서 필자는 라하나코를 서사가요 장르에 포함시킬 수도 있다는 반대의견에 즉시 답변하려 한다. 그 장르는 연행자의 테크닉이 공통점을 가지고 있음에도 불구하고 노래로 불리지 않는 산문적 특성을 갖는다. 필자는 산문 형식으로 녹음된 몇 편의 라하나코가 '쇼 sjo'라는 멜로디를 가지고 있다는 사실에 주목한다. 몇 편의 산문적 라하나코는 가요풍의 후렴을 가지고 있다는 것도 널리 알려진 사실이다.

이 문제를 결정적으로 해결한다는 것은 필수적인 저술과 연구의 부재, 특히 연행기술을 보존시킬 현대식 녹음기의 부재로 인해 현재로서는 그 전망이 그리 밝지만은 않다. 필자는 명칭이 부여된 민요 장르들의 녹음 자료들을 종합적 플랜의 자료로 고려하고 있으며, 한편으로는 그 장르 발생기의 시대적 간격 문제를 뒤로 미루고자 한다. 그런 접근법을 주장하는 근본적인 이유는 하나의 역사적 시간 속에서 네네츠 민족이 소유한 작품들이 여러 유형으로 존재하기 때문이다. 필자가 이런 주장을 펴는 까닭은 앞으로 새로운 연구가 등장할 때 수정하게 될 현 상황의 필연적인 일부 오류조차 독자들이 너그럽게 이해해주기를 바라는 마음에서다.

《네네츠 인들의 서사가요》서문에서 Z. 쿠프리야노바는 슈드바브츠와 야라브츠의 세계를 묘사했다. 그것은 동족들의 광활한 대지에서 먼 원행을 떠나는 순록유목민족의 ─동족간 혼인이 금지된 상황에서 결혼 계약을 하거나, 살해된 친척을 위해 피의 복수를 실행하거나, 야생 순록을 사냥할 목적을 가진 네네츠 인들과 다른 민족들의 대표자들의─ 가부장적 혈연 세계이다. 쿠프리야노바는 슈드바브츠의 주인공들과 그 적들의 특성, 즉 하늘을 나는 능력에도 주목한다. "주인공들이 비상하는 장면을 묘사하기 위해 가요 속에는 일정한 패턴이 갖춰져 있다. 일반적으로 주인공들은 활 시위대를 통해 날아오르게 된다. 반면에 주인공과 적의 조력자들은 구름 위를 날아다니다가 주민들의 부락으로 내려오거나, 그 주위를 맴돌며 싸우다가 나중에는 하늘로 날아올라 굉음을 내며 사라진다. 전투에서 주인공들은 우연히 하늘을 나는 사람들의 도움을 받게 되고 그 도움으로 죽음으로부터 구원을 받는다." 쿠프리야노바는 슈드바브츠의 노랫말에도 주목하며 3장에서 그에 관해 보다 구체적으로 언급한다. 지나이다 니꼴라예브나는 억압받는 사람들의 사회적 차별과 반란이 발생한 시대의 노래인 야라브츠의 주인공들의 심리세계를 애정을 가지고 묘사했다. 따라서 그녀는 그 시대의 이념 정립이라는 관점에 따라 주인공들의 마법적이며 샤먼적인 특성에 관해서는 언급하지 않았다.

필자의 논문 〈네네츠 가요-흐이나브츠〉의 1장, 〈가요 흐이나브츠의 주제학〉에서는 서사시의 테마들이 얼마나 널리 퍼져있는지를 보여준다. 즉, 신부 구하기, 살해된 친척의 복수극, 남주인공과 여주인공의 수난과 불행이 더 많은 작품을 차지하는 것이다. 서사시의 새로운 장르들은 네네츠 인들이 러시아에 편입되는 과정에서 형성되었는데, 거기서는 때로는 러시아 민족의 대표자들과 주인공들 사이에 형성된 상호관계가 가장 중요한 부분을 차지한다는 점도 알게 될 것이다. 이어서 이 논문에서는 네네츠 인들의 가정생활이 분석되고 있다(순록 방목, 야생 순록 사냥, 새 사냥, 물고기 잡이, 털실 짜기 등). 순록 유목을 다룬 장에서는 네 발이 달린 실제 순록뿐만 아니라, 발이 다섯 개, 여섯 개, 여덟 개 달린 신비한 순록, 거대한 순록, 무쇠 순록 등이 텍스트 속에 묘사되었다. 게다가 인간으로부터 식인-거인에 이르는 다양한 승차용 동물들이 묘사되기도 했다. 3장에서 독자들은 위에 언급된 연행 기술을 알게 될 것이다.

〈네네츠 신화─이야기의 역사적 유형과 민속학적 분류〉라는 필자의 연구에서는 아아르네─톰프슨의 분류법에 의거한 라하나코의 주제 구성이 나타나는데, 그것은 민요적, 민속적 비교역사언어학에서 이용될 수 있도록 과학적 방법을 동원한 네네츠 자료들이 포함되어 있다. 거기에서는 라하나코 속의 토템적 반향, 샤먼관의 현상들이 관찰되고 있다. 〈초기 시 형식 모델로서의 신화─이야기〉를 다룬 장에서는 제1 연행자와 제2 연행자의 파트가 존재하는 후기 연행 형식과 비교할 때 완전 형식이라 할 수 있는 연행의 반복성을 보여준다. 이 작품은 '작가'에서 이야기꾼으로, 이야기꾼이자 주인공의 구원자인 라하나코에서 이야기꾼으로 존재하는 서사공간의 다양성이 특징으로 나타난다. 작품은 주요 연행자와 그의 조력자 텔탕고다가 연행을 맡게 된다. 실제 연행의 공간과 시간은 텍스트 내부의 공간이나 시간과 관련이 있다. 이는 작품 세계에서 주요 연행자를 제2 연행자와 청중들로 전이시키는 대화적 기능을 갖춘 등장인물들의 대화시적 형식을 사용하기 때문이다.

네네츠 자료를 통한 민요 연구를 개관하고 나서, 이 연구는 여러 시베리아 민족의 민요세계와 전통적 세계관을 고찰한 몇몇 민속학 연구에 시선을 돌렸다.

여타 민족의 전통적 세계관이 반영된 세계 지도는 민속학적 연구의 초석이 된다고 할 수 있다. 우주관의 규명, 부분적으로는 우주 구조관의 규명이 그런 연구들의 우선적인 과제가 된다. 북방과 시베리아의 민족들을 연구하는 학자들은 민요나 일상생활에 대한 이런 관념들에서 종종 차이를 드러낸다고 생각하게 될 것이다. S. 바인슈테인은 "투빈 족*의 샤먼적 신화학은 무엇보다도 실질적 의례를 보여주면서 세 종류의 세계로 구성된 우주를 묘사한다. 그 세 종류의 세계는 천상(혹은 하늘) 우스투우-오란 Ustuu-oran, 지상(혹은 대지) 오르타-오란 Orta-oran, 지하(혹은 암흑) 알드이의-오란 Aldyiyi-oran의 세계이다. 인간은 지상 세계에 살고 있다. 그러나 투빈 족 샤먼들은 통일된 우주관을 갖지 않았고, 세계에 대한 그들의 관념은 적어도 부분적으로는 종종 오락가락했다"고 그는 강조한다. E. 헬림스키는 사모예드 족**의 세계관이 다양하지만, 그 민족 사이에는 우주가 세 가지의 세계로 구성되어 있다는 믿음이 널리 퍼져있다고 기술했다. A. 골로브뇨프는 네네츠 신화 속에서 세계창조는 아직 완결되지 않은 듯, 오히려 매번 새롭게 창조되는 것 같은 점에 주목했다.

Ju. 심첸코는 필자와 견해를 같이하는데 그는 이 문제에 관해 누구보다 이해가 깊은 편이다. 그는 우주구조를 묘사했을 뿐만 아니라, 신성한 존재에 대해 천기를 누설하는 사람들 사이에서도 차이가 존재한다고 지적한 바 있다. "지상 구조에 대한 보통 사람들의 신화관과 자연에 대한 샤먼의 비의적 진술은 우주 발생에 관한 민요적 주제보다 커다란 차이를 드러낸다"고 그는 밝혔다. 이렇듯 우리는 학자들에 따라 문외한들의 세계관, 천기를 누설하는 사람들의 관념, 민요적 전통이라는 다른 세 가지 입장을 확인하게 된다. 그런 의미에서 샤먼적 전통을 지닌 사회에 대한 D. 푼크와 V. 하리토노

---

* 몽골 북부 러시아 국경 부근 산악지대와 러시아연방 투바공화국에 거주하는 종족.
** 시베리아 북서부에 거주하는 우랄어 계통의 소수민족.

바의 접근법은 성과가 있는 것이다. 그래서 학자들은 그 사회를 단순한 전통 수호자들, 천기를 누설하는 샤먼들, 문화에 접촉한 사람들의 지식으로 나누는 것이다.

네네츠 민족의 전통적 세계관을 이해하고 과학적으로 규명하려고 노력하면서, 필자는 수집된 민요-민속적 자료(위에 언급된 장르들의 모델, 의례 묘사, 인터뷰 녹음, 물질문화와 생활 속에 반영된 세계관에 관한 정보)를 분석하고, 다양한 민족 문화의 민요-민속학적 묘사와 민요-문화학적 의미를 소개하는 광의의 문학학 영역을 연구했다. 그리하여 반드시 그 문화 소유자들의 그룹에 따라 세계상, 문화의 신성한 일부 영역과 연관된 전통관을 연구해야 한다는 결론에 이르렀다. 의식을 전환함으로써 가상의 세계로 '여행할' 가능성을 갖는 사람들의 지식은 일반적으로 신성한 영역과 관련되어 있으며, 그런 능력을 갖지 못한 사람들의 경험이나 인식과는 상당한 차이를 보여준다. 샤먼들, 혜안의 소유자들, 이런 부류의 다른 전문가들은 자신들의 지식을 신성화하는 데 관심을 갖는다. 그들의 개인적인 경험은 주변에 대한 자신들만의 인식에 근거하고 있다. 그들은 자신들만의 '샤먼적 우주', 세계형상을 창조하고 있는 것이다. 의식 전환상태에서 몰입하고 일을 수행할 능력을 갖추지 못한 사람들은 민요와 신화를 통해서, 또 '접신한 사람들'이나 때로는 '천기를 누설하는 사람들'을 포함한 동족들과의 소통 경험을 통해서 학습된 전통관에 만족한다. 분명한 사실은 세계상에 대한 두 가지 관념이 전통관의 변형된 두 시스템에 따라 분류되고 있다는 사실이다.

특히, 다양한 역사 시대에 신성한 테마에 대한 지식을 수용하면서, 다양한 주제로 장르 규칙에 따라 변형된 민요를 보존하려는 세계관의 다층적 시스템을 고찰하는 것은 충분히 가치 있는 일이다. 따라서 필자는 민요를 보존한 세계관을 당연히 분리하여 분석했다. 앞서 강조했듯이, 다양한 역사 시대와 관련되며 또 민요 속에 보존된 지식들은 이 경우에는 구분되지 않는다. 필자는 연구와 교육 과정에서 네네츠 민족사의 일정 시대를 다룬 장르들의 속성을 규정했다. 그러나 필자의 견해로는 그 테마는 다른 유형의 작업에 속한다고 생각한다. 이 연구에서 필자는 한편으로는 보통사람들과 가깝고 다른 한편으로는 샤먼이나 샤먼과 가까운 '접신하는 사람들'의 전통적 세계관에 반영된 관념과 민요를 비교하면서, 민요에 보존된 관념 체계를 관찰할 것이다.

벤야민(정교의 대주교), M.카스테른, T.렉스티살로, L.호미치, I.카라페토바, E.헬림스키, A.골로노프, L.라르, G.하류치 등의 연구서 속에는 우주 체계에 관한 네네츠 인들의 관념이 묘사되어 있다. 그 학자들은 천상, 지상, 지하라는 우주의 수직적 구성을 세계질서의 일반적 특성이라고 말한다. E.헬림스키가 강조했듯이, 눔 Num(천계), 야미냐 Jaminja(중간계), 느가 Nga(하계)가 만신적 세계의 핵심이다. 이들 연구자 모두는 세계상을 엄격하게 체계화시키려고 노력했다. 그들의 저술 속에는 대단히 가치 있는 자료들이 들어있다. 하지만 필자의 관점에서 볼 때 저자들은 매우 중요한 특징 하나를 빠뜨렸다. 그들은 실제의 민요-민속학적 자료와 자신들이 재구성한 세계상을 항상 연계시킨 것은 아니다. 유일한 세계상은 모든 네네츠 인들에게 존재하지 않는다는 사실을 그들은 고려하지 못했던 것이다. 네네츠 인들의 세계상은 만신적 세계관, 샤먼적 세계관, 민요적 세계관으로 나누어진다. 저자들은 보통사람들(만신적)의 세계관과, 의식 전환 상태에서 일할 수 있는 능력을 지닌 초인인 샤먼들(접신된 사람들)의 세계관 사이에서 드러나는 차이점을 감지했다는 인상을 받게 된다. 예를 들면 그 저자들은, 특히 민속학자들은 세계상에 대한 묘사를 확대하기 위해, 또 자신들의 가설을 입증하기 위해 민요 자료들을 인용하고 있는 것이다.

핀란드 학자인 T. 렉스티살로는 1911년에서 1914년 사이에 네네츠 영토를 여행한 후, 한평생 네네츠 언어와 민요, 민속 연구에 몰두했다. 그는 조사 자료와 민요 텍스트를 바탕으로 《유라크*족(네네츠인들)의 신화》라는 눈부신 역작을 집필했다. 그의 저서는 서문과 〈천지창조 이야기와 천상의 신들〉, 〈대지와 지하계의 영령들〉, 〈신성한 동물들〉, 〈신성한 장소와 영령들〉, 〈천막의 영령들─불결함과 정화〉, 〈망자들의 의식〉, 〈점술사들〉 등의 장들로 구성되어 있다. 이처럼 T. 렉스티살로는 이 영역에서의 차이점에 대한 자신의 이해를 〈점술사들〉 장에서 입증하려고 했지만, 샤먼이나 신들의 세계와 민요적 해석을 구분하지 못하고 있다.

그런 의미에서 L. 호미치의 저서는 분명히 다르다. 그의 저서에서는 샤먼적 인식과 보통사람들의 관념 문제를 특별히 주목하지는 않지만 분명히 구분하고 있다.

G. 하류치의 《네네츠 인들의 문화 속에서 전통과 새로운 요소들》이라는 저서의 일부인 〈전통사회의 신성한 영역〉에서는 천기로부터 소외된 사람들의 관념 속에 있는 세계상이 묘사되어 있다. 이 책에서는 전통사회로부터 시작해서 이질적 요소가 침투하는 과정 속에 나타나는 신성한 장소와 신앙

* 첼랴빈스크 지역을 흐르는 유라크 강과 그 지역.

과 의례(보편적 영령들, 동물과 세정의식의 숭배, 인간의 생애 주기와 조상들의 의례, 성물들, 금기와 정화)가 언급되고 있다. 이 장은 네네츠 인들이 일부 의례를 생략하거나 제거하고 있긴 하지만 툰드라나 타이거 같은 생활조건 속에서 뿐만 아니라 새로운 촌락−도시의 주거 환경 속에서도 자신들의 전통을 보존하고 있다는 결론에 이른다. 필자는 네네츠 인들의 신앙과 의례라는 전통적 시스템이 그렇게 만들어진 것이라고 덧붙이고 싶다. 만일 어떤 돌발 상황이 벌어져 정부의 명령서가 집행되는 것을 방해했다면, 생략된 의례는 비판받지 않고 환영받았을 것이다. 네네츠 어에는 그런 경우를 가리키는 숨드마 sumd"ma라는 용어가 있는데, 그것은 앞서 언급된 의례를 나타내거나 그런 현상을 상징적으로 의미한다.

A. 골로브뇨프는 "영혼의 세계는 제각각 다른 방식으로 모든 사람들에게 열려있다. 샤먼들은 생전에도 또 사후에도 영혼의 세계에 살고 있으며, 보통사람들은 의례나 신화의 연행 무대를 통해서만 영혼의 세계와 접촉한다"고 강조한 바 있다. 그렇지만 그는 자신의 저서에서 그 조건의 명확한 차이점을 제시하지 못했다. 골로브뇨프는 민요 장르 분석에 대한 필자의 확신을 때로는 완곡하게 또 비유적으로 비판한다. 자신의 입장과 그 근거를 예증하기 위해서 그는 여러 장르의 민요 작품들을 적극적으로 인용하고 있다. 이 저서의 2장 〈전쟁과 적들〉에서는 사료나 민요 자료 속의 실제 역사적 사건들, 즉 바울리 Vauli반란(19세기)* 이나 야말 만달라다 Yamal

---

* 순록을 유목하던 네네츠 장로로서 1856년부터 러시아의 식민화 정책에 대항하여 싸웠다. 그의 형상은 많은 네네츠 문학작품들 속에 묘사되어있다.

Mandalada(20세기) * 처럼 시대가 반영된 네네츠 인들의 전쟁 규범과 풍속이 관찰되고 있다. 그를 포함한 모든 민요학자는 역사적 사실이나 그 현실과 인물이 모든 장르 속에 반영되어 있음을 알고 있다. 〈역법〉과 〈신들의 세계〉를 다룬 장도 민속학적 자료와 민요 작품의 주제를 바탕으로 기술되고 있다.

이처럼, 개요적 연구 작업들 속에는 세계상에 관한 세 그룹의 관념이 존재한다는 사실이 적시되어 있다. 세 그룹의 관념에 주목하고는 있지만, 필자는 그중 어느 것이 더 중요하고 규모가 큰지 따위에는 관심이 없다. 그 각각의 관념은 수행하는 기능(사람들의 요구를 만족시키는)에 따라 동일한 가치를 가지며 다른 관념과 구분될 뿐이다. 각각의 관념은 당연히 나머지 두 관념과 부분적으로는 유사하다. 이 저서에서는 무엇보다도 슈드바브츠, 슈드바브차르카, 야라브츠, 야라브차르카, 흐이나브츠, 라하나코 장르 속에 반영된 세계상이 언급된다. 그러나 필자는 다른 자료를 분석하면서 유일한 우주 총체에 대한 변형된 다른 관념들을 통합시킬 수 있는 공통점을 제시하려고 노력할 것이다.

만신관

보통사람들의 신관(神觀)은 G. 하류치의 저서(2001) 속에 잘 묘사되어 있다. 네네츠 인들에게 우주란 사람과 동물은 물론 다양한 신들과 영령들

---

* 1934년과 1943년에 야말에서 일어난 폭동. 이 폭동은 당시 야말 지역에 식량이 공급되지 않아서 발생했다.

이 거주하는 세 종류의 세계-천계, 중간계, 하계-로 나누어져있다. 천계에는 눔 Num(최고신), 일레밤베스티야 Ilebjambertja(행복의 신), 민레이 Minlei(신화 속에 등장하는 신성한 새), 헤 Xe(천둥), 너름 세이 이리 Nerm sej iri(북방의 지배자), 이바 세이 호라 Iba sej xora(남방의 지배자), 이드 예르브 Id erv(물의 지배자)가 거주한다.

중간계는 야미냐 Jaminija(대지)와 인간과 동물는 물론, 강과 상과 호수 같은 지역의 영령들로 대표된다.

하계는 하브츠야노 미느레노 Xabtsjano Minreno(병을 부르는 악령), 메드나 Medna(사람이나 동물을 불구로 만드는 절름발이 악령), 이누치야다 Inutsjada(사람들을 바보로 만드는 백치 악령), 한소샤다 Xansocjada(사람들을 미치게 만드는 광기의 악령), 테르이 남거 Tery Namge(지하의 여러 생물 형상을 한 악령), 수스타나 Sustana(기아의 악령), 말 텐가 Mal tenga(입과 항문이 없고 후각 기능만 있는 신비한 존재) 같은 악령들의 세계인 나 Na이다. 이 모든 관념들은 일상생활 속에 수행되는 의례들, 다시 말해서, 눔, 천둥, 일레밤베스티야 Ilebjambertja, 여러 동물들, 새들에게 제사를 지내는 의례들 속에서 반영된 것들이다. 이 의례들은 인간의 탄생에서 죽음까지 생애 주기에 행해지는 의식들이며, 남녀노소를 막론한 모든 사람들이 정해진 행동규범을 지켜야하는 의식들이기도 하다. G.하류치는 가장 절망적인 상황 속에서 눔에 의례를 올리는 점에 주목하면서, 누브므 토르파바 nubm' tjorpava(신을 부르기), 브이파바 vypava(노여움을 풀어주기), 흐이놈다바바 xynomdabava(찬양하기), 툐르담바바 tjordambava(반복해서 외치기), 눔 드 라하나바 numd' laxanava(신에게 말걸기) 등의 의례를 열거한다. 보통 사람들의 우주 관에 관한 지적 바탕이 되는 것은 의례나 행동규범 이외에도 민요나 샤먼의 주술이다. 필자의 네네츠 평야지역 자료와 V.스포디냐야 자신이 녹음한 민요 자료를 바탕으로 발표된 그녀의 박사논문 〈숲지역 네네츠 인들의 전통적 우주관의 특징. 공간과 그 인식〉은 사모예드 자료를 다루면서, 다른 연구에서 볼 수 없는 결론에 이른다.

샤먼의 개념

중심인물로서의 샤먼 현상에 대한 정의는 다양하게 존재한다. 하지만 대부분의 연구자들은 샤머니즘이 사회구성원들의 다양한 욕구를 만족시키기 위해 샤먼이 행하는 종교의 특별한 형태라는 점에 대해서는 같은 의견을 보이고 있다. 그러나 세밀하게 살피면 샤먼들, 제사장들 그리고 종교의식의 집전자들로 나뉜다는 다른 견해도 존재한다. 이것은 서구심리학을 수용한 인물 해석법에 따라 샤먼에 대해 일반적인 방법으로 접근하기 때문이다.

그러나 특히 샤먼과 제사장, 종교의식의 집전자들을 구별하는 다른 견해도 존재한다. 그것은 서구 심리학에서도 볼 수 있듯이 샤먼 형상에 대한 해석에서 볼 수 있는 일반적인 접근법과 관련이 있다.

최근 십 년 사이에 러시아에서는 명칭문제를 새로운 관점으로 바라볼 가능성을 제시한 정밀과학이 시작되면서 명칭 문제에 대한 연구가 본격화되었다. 최근의 민속학적 조류에 동참하는 연구자들은 샤먼을 특별한 능력을 지닌 사람들로 바라본다. 샤먼의 기능과 그 정신생리학적 특성에 관한 개념은 V. 하리또노바와 D. 푼크로 하여금 샤먼 행위, 즉 샤머니즘과 일상적 샤먼 행위에 관해 차별화된 새로운 정의를 내릴 수 있게 했다. 두 사람은 '샤먼

행위'라는 용어를 발달된 샤먼적 전통을 가진 민족들의 세계관과 그 정신문화와 물질문화에 적합한 현상으로 규정하는데 사용한다. 하지만 그들은 '일상적인 샤먼 행위'를 샤먼에 대한 인식과 전통의 평범한 보존자들의 의례적 일상적 실천으로 확대시켰다. 네네츠 문화에 적절한 그런 유형의 연구들은 보고되지 않았다. 그러나 L. 다르의 연구 〈샤먼들과 신들〉이라는 논문에서는 이 학파의 반향을 찾아볼 수 있다. "이 문화의 종교인들은 당연히 특별한 재능을 물려받은 예외적인 사람들로서 샤먼들이 되었다. 일생 동안의 그들의 사회적 역할은 복잡하고 모순적이다. 그들은 민간 치료사, 교육자, 시인, 예술가의 기능을 수행한다. 현재의 샤먼들은 심리학적 측면에서는 쓸모가 없으나 일상 속에서는 민간요법의 비밀을 사용할 능력을 갖추고 있다. 중요한 사실은 그들이 북방민족들의 종교적 철학적 세계관의 소유자들이며, 민족적 전통과 풍속 생활의 적극적인 옹호자들이라는 점이다.

이 책의 마지막 논점은 논쟁적일 수 있다. 70년 동안 러시아에서 사회주의의 무신론적 정치선전이 진행되는 동안 억압적 분위기 속에서 샤먼들의 실질적 활동은 거의 사라졌으며, 반대로 모든 사회구성원들이 종교적 철학적 세계관의 수호자가 되었기 때문이다. 그래서 가족과 부족들 중에서 노년층이 그 책임을 짊어졌으며, 전통사회의 자녀양육자였던 어머니들도 그 역할을 맡고 있다. 샤머니즘의 부활 과정을 연구하는 현대의 연구자들은 네오-샤머니즘의 경험 습득이 여러 면에서 신들의 영역, 민요, 민속학적 자료들에 대한 경험적 지식을 통해 이루어지고 있다는 사실에 주목한다.

L.라르의 저서로 되돌아가서, 우리는 저자가 샤먼들과 신들의 세계관을 구분하지 않은 채 네네츠 관념 속의 신들과 영령의 세계에 대해 쓰고 있음을

강조하지 않을 수 없다. 책의 제목이 〈샤먼들과 신들〉이라면 샤먼관에 대해 언급해야 하는 것은 자명한 일이기 때문이다.

네네츠 인들의 신과 영령의 계보에는 우주의 수직적 구조에 따라 57명의 신들이 존재한다. 그리고 그 각각의 신들은 7개의 단계로 구성되었다.

저자가 재구성한 신들의 계보에서 상단에는 눔 Num이, 하단에는 느가 Nga가 존재한다. L.다르가 만일 일일이 조력자들의 도움을 받아서 신들의 세계를 제시했다면 매우 흥미로운 일이 될 것이다. 따라서 그 계보를 직접 작성한 것인지, 몇몇 부분이 중첩되는지 밝혀져야 할 것이다.

분명한 사실은, 네네츠 샤먼관은 조사 방법뿐만 아니라, 무엇보다도 삼브다츠 sambdats(노래되는 주술 텍스트)를 통해서 규명될 수 있다는 점이다. 삼브다츠를 출판하는 것은 많은 문제점을 드러낸다. 첫째, 샤먼이나 그의 조력자 텔레탕고다가 연행한 텍스트들은 녹음된 자료들이며, 네네츠 전통 속에서 텔레탕고다는 마치 제1 연행자(샤먼)가 노래하거나 낭송한 작품을 구술하듯 기본 텍스트를 바탕으로 발음한다는 문제이다. 둘째, 샤먼이 노래한 텍스트와 텔레탕고다가 노래하거나 낭송한 텍스트가 서로 관련이 있는가 하는 문제다. 그 텍스트들은 서로 다르지 않은가?! 셋째, 샤먼이 연행하는 중에 재현하는 것은 그가 민요를 통해 배운 텍스트를 소리내는 것이 아닌가 하는 문제다. 필자는 주술을 외우는 현대의 샤먼이 잠재된 풍경을 보고 있음에 주목한다. 넷째, 샤먼의 주술을 어떻게 의미가 통하는 언어로, 텔레탕고다의 언어로 번역할 수 있으며, 텔레탕고다의 언어를 어떻게 동족들이 이해할 수 있는 언어로 번역할 수 있는가 하는 문제다. V.하리토노바는 암호화된 지식의 복잡성과 부정확성에 대해 언급하기도 했다. 이런 의문들과 관련하여 필자는 그 의문들이 너무나 복잡해서 향후에나 해결될 것으로 생각하고 있다.

민요로에 보존된 관념들

필자는 기본적으로 위에 언급된 민요 장르들 속에 보존된 관념들을 개괄하는 데 집중하고자 한다. 여기서는 다양한 텍스트 속에 들어있는 자료들을 바탕으로 우주 구조에 관해 언급될 것이다. 우주 공간에는 여러 등장인물들이 거주하고 있다. 그중 한 부류는 일정한 위치 속에 자리잡고 있으며 다른 부류들은 다양한 공간 속으로 자리를 옮겨다닌다. 그 인물들은 우호적이거나 적대적이거나 중립적인 관계를 맺고 있으며, 이야기의 동력이 되는 주제의 진행 상황에 따라 그들의 관계가 변화하기도 한다. 단어는 최고의 생명력을 소유하고 있으며, 살해된 주인공을 돕는 에너지가 넘치는 조연의 여러 기능을 담당한다.

제 1 장

서사가요와 신화에
나타난 우주관

네네츠 인들의 서사가요와 신화에는 우주에 관한 수많은 정보, 즉 그 구조와 거주자들에 대한 정보가 들어있다. 서사가요의 등장인물들은 순록을 타거나 다른 거주자의 형상을 취함으로써 지상의 경계 밖에 존재하는, 하늘로 통하는 검은 '통로'로 연결된 다른 세계들과 관계를 맺는다. 서사가요의 주인공들은 지상을 다양한 특징이 나타나는 수평-수직적 세계로 보여준다. 서사가요에서 다양한 인간세계의 충돌은 남성들의 집단인 하사바됴바 xasavadjova의 현상을 통해 부분적으로 드러난다. 평화롭게 살아가는 네네츠 인들의 삶 속에서 그들의 주거지인 천막은 안식처이자 피난처가 되기도 하며 또 다양한 세계의 모델로도 등장한다.

1. 지상의 상대개념-코스모스

지상은 민요나 네네츠인들의 이단적 개념 속에서 '샤 머이 야Sja" mej Ja'라고 불린다. '샤 머이'라는 단어는 모든 민속학 연구서 속에서 '더러운, 불순한, 죄 지은'이라는 의미로 번역된다. 그러나 이 단어는 '얼굴, 산맥, 가파른 해안' 등의 의미를 지닌 과거시제 형동사 '샤Sja'와 동사 2군의 두 번째 그룹에서 파생한 형동사의 접미사인 '머이 Mej'가 결합한 단어다. 과거시제 형동사는 과거에 완결된 행위의 결과로부터 일어나는 특징을 갖는다. 따라서 '샤 머이 야'는 '더러운 지상'이 아니라 '변형된 모습의 지상'이나 '변용된 지상'을 뜻한다. 이런 결론은 용어에 대한 오랜 숙고의 결과일 뿐 아니라 민요를 체험하며 깨달은 내용이기도 하다.

이처럼 흐이나브츠 장르에서 주인공인 '젊은이 톡셀랴Toxelja'는 식인-거인의 강압을 못 이기고 한 가지 조건을 전제로 거인의 딸을 아내로 받아들이는데 동의한다. 그 조건이란 거인의 딸이 순록이 아니라 다른 동물의 모습으로 그를 썰매에 태우고 다녀야 한다는 것이었다. 일주일 만에 거인의 딸은 너무 지친 나머지 온몸이 퉁퉁 부어올랐고 주인공에게 상징적인 결혼에서 멈추자고 제안했다. 그러나 그는 그 제안을 거절하고 순록이 끄는 대신에 늑대 일곱 마리, 오소리 일곱 마리, 곰 일곱 마리가 차례로 끌도록 요구했다. 거인의 딸은 매번 기진맥진했고, 하늘나라와 지상의 짐승들을 모욕하는 것이 두려웠다. 하지만 그의 대답은 한 가지 뿐이었다. "지하신의 딸 시르티 Sirti여, 너는 샤 메이 sja"mej를 갖추지 못했도다." 이 말을 통해 그는 거인의 딸이 그 동물들에게 나쁜 영향을 미칠 성품을 가져서는 안된다고 말하고 싶었던 것이다. 결국 그는 네 마리의 여우를 불렀고 거인의 딸은 거부하지 못했다. 이 설화 속에서는 괴물의 딸이 인간으로 변신하는 방식이 드러나 있다. 아버지의 품을 떠날 무렵에 그녀는 '순록'이었으나, 남편은 늑대, 오소리, 갈색 곰을 타고 다녔고, 인간들의 거처로 돌아올 때는 여우를 타고 있었다. 그리고 마침내 인간세계에 도착한 그들은 잠에 빠져들었다. 한밤중에 천막의 주인은 알 수없는 광채로 인해 잠에서 깨어났다. 그것은 인간이 된 거인 딸의 얼굴에서 나오는 빛이었다. 그때부터 그녀는 인간이 되었고 '샤 메이', 즉 변신한 여인이 되었다.

　네네츠인들의 민요 텍스트 속에서 변용된 지상의 주민들 '샤 메(이) 야르'는 하늘나라, 즉 코스모스 속에 있는 지상의 주민들로 변한다.

　네네츠 민요 속에서 지상의 풍경들은 브이 vy(툰드라), 페다라 pedara(숲), 나로 naro(밀림), 이차다 itsjada, 토샤다 tocjada, 얌쟈다 야 jamzjada ja(물이 없는 땅, 호수가 없는 땅, 바다가 없는 땅, 즉 황무지), 라브타 labta(평야, 언덕), 나도 nado(가파른 언덕), 소호 soxo(작은 산), 세다 seda(작은 산), 눔 로르체 num' lortse(풀로 덮힌 산), 호이 xoj(산, 산봉우리), 예샤 호이 esja xoj(노란 언덕), 페 호이 pe xoj(돌산), 예샤야바 호이 esjajava xoj(구리 언덕), 후브트 호이 xubt xoj(아연이나 알루미늄 산), 나츠데이 호이 natsdej xoj(바위 언덕 또는 쐐기풀 언덕), 수트이/소트이 suty/soty(언덕), 토 to(호수), 하스료 xasrjo(메마른 호수), 멘가 menga(작은 호수), 푸노 멘가 puno menga(이끼 낀 호수), 야하 jaxa(강), 페다라타 야하 pedarata jaxa(숲속의 강), 얌 jam'(맞은 편 언덕이 보이지 않는 큰 강), 야브 jav'tel(바다), 야브 텔 jav'tel(강이나 바다의 웅덩이), 야보 javo(큰 바다), 이탸 나브테냐 Itja nabtenja(북방의 얼음바다) 등이다.

네네츠 민요 속의 모든 주인공들은 자신들의 땅(영토 혹은 국가)를 가지고 있으며 땅주인의 허가를 받지 못하면 통과하지 못한다. 예를 들면, 느게바 스이흐이됴바의 땅 Ngeva Syxydjoda, 하글라바 Xaglava의 땅, 두 순록지기 람도 Lamdo의 땅, 슈흐네브 Sjuxuneev의 땅, 만도 Mando 삼형제의 땅 , 야브통게 Jabtonge의 땅 , 파리세 Parise의 땅 등이 그렇다.

네네츠 민중창작 속에서는 지역을 뜻하는 민속지형학적 의미 이외에도 실제의 명칭들을 만날 수 있다. 예를 들면 살랴 얌 Salja' jam(강변이 깎아지를듯 가파른 강)은 오비 강과 오비 강변을, 나르카 네르치 야하 얌 Narka nertsi jaxa jam'(바다에 접한 큰 버드나무 강)은 야말 지역에서 오비 강을 의미한다. 나르카 느그이드 Narka Ngdy는 야말-네네츠 자치주 내의 나드이스키 지역에 있는 느이드 Nyd 강이다(주민들의 말에 따르면, 이 강의 이름은 강의 소유주였던 느이드 Nyd라는 사람의 이름에서 기원했다고 한다). 그러나 그 단어의 어원은 분명치 않다.

옌샤 얌 Ensja jam'(완만한 강변이 있는 강)은 예니세이 강을 의미한다. 신화-이야기 〈슈드뱌 베사코 Sjudba besako〉에서 주인공은 자신의 썰매를 직접

끌며 길에서 만나는 사람들을 모두 태운다. 몇 시간동안 썰매를 끌다가 지친 그는 뒤를 돌아보다가 썰매 자국을 따라 강이 갈라지는 장면을 목격하고는 소리친다. "언젠가 이 강은 예쟈 야하 Enzja jaxa라고 불릴 것이다." 결국 이 야기는 강의 신 야브말 Javmal이 슈드바 베사코의 형상으로 지나가는 내용 으로 끝을 맺는다.

페초로브 야브 Pechorov jav(페초라 강), 메르챠테 야하 Mertsjate jaxa(베트리스타야 강), 만투 세르 페 Mantu" ser" Pe(예니세이 강 하구의 흰산 만토), 야브 하닌 Jav Xanin(카닌 해) 등은 실제 지형학적 명칭과 관련이 있다.

네네츠 민요 속에는 여러 종류의 덤불과 나무들이 등장한다. 그리고 버드나무, 진피리버들, 오리나무, 자작나무, 사시나무, 전나무, 소나무, 잣나무, 참나무, 딸기나무, 활엽수 등은 등장인물들에게 길을 안내한다. 그중 몇 몇 나무들은 평화의 나무 혹은 생명의 나무로 등장한다. 말하 하데야 Malxa xadeja(천막을 닮은 거대한 전나무)는 티르니-베사코 Tirnij Vesako의 길안내자 역을 맡는다. 여기서는 나무가 상하를 가리키는 평화의 나무 형상을 발견할 수 있다.

같은 작품에서 발이 여섯 개 달린 거대한 여우가 주변을 돌아다니는 무성한 잣나무 리얌보레-트이데 Ljambore-Tyde는 시베리아 여러 민족에게 평화의 나무로 간주된다. 다른 텍스트 속에서 가지가 일곱 개인 잣나무 시이브므 타르카타 트이데야 Si"ivm' tarkata tydeja는식인-거인에게 생명의 나무이기도 하다. 거인의 자식들은 자신들의 방식대로 피를 흘리지 않는 희생 의식을 치르다가 질병에 걸리고 비명을 질러댄다. 그러면 할머니들은 손자를 잡아먹는다. 그런데 거인들이 두려워하는 괴물의 이름을 알고 있던 한 할머니의 손자는 거인들이 도착하기 전에 병든 몸을 이끌고 잣나무 위로 기어올라 그들을 내쫓는다. 놀란 거인들은 집을 버리고 달아나고, 손자와 할머니는 가마솥에 가득한 음식을 차지한다. 결과적으로 훗날 큰 강의 신 야브말 Javmal로 변하는 할머니의 손자에게 가지가 일곱 개인 잣나무는 생명의 나무인 셈이다.

거대한 모닥불 슈드뱌코-토다브티 Sjudbjako-Todabt'는 얀데헤-베사코에게는 멀리 떨어진 휴식처이다. 고통받는 사람들이 도움을 청하는 강의 신 야브말이 살고 있는 대지는 빛이 들어오는 지하세계와 거대한 모닥불 사이에 존재한다. 모닥불 위에서는 새고기가 끓는 구리 가마솥이 놓여있고, 영원히 꺼지지 않는 그 모닥불의 의미는 잘 알려져 있지 않다.

이 텍스트 속에는 보통 나무 말고도 무쇠 나무들이 등장하는데, 그 나무들은 마치 땅에 뿌리를 내린 것처럼 우주에서 자란다. 보통 그 나무의 주인들은 인간에게 적대적인 존재들이다. 그 나무들은 무쇠 언덕에서 자라는데, 그 주변에는 인간들을 고문하고 죽이는 무기들이 놓여있다. 무쇠 그네, 무쇠 요람, 무쇠 칼집에서 꺼낸 거대한 무쇠 칼 등이 그것이다. 그 나무들도 때로는 인간들을 고문하는데 사용된다. 이렇듯 나무의 형상은 매우 복잡하며 그 기능도 다양하다.

네네츠 인들의 관념 속에서 우주 공간은 매우 광활하다. 필자가 알고 있는 민속연구서들 속에서는 일반적으로 하늘에 대해 언급되지만, '우주'라는 단어는 사용하지 않는다. 그와 더불어 네네츠 민요 속에는 누보 냐 nuvo nja"/ 나르카 누보 냐 narka nuvo nja"라는 표현을 사용한다. 이 말은 '하늘을 향해', '위대한 하늘을 향해'라고 번역될 수 있는데, 우주라는 의미를 지닌다. 보통 하늘을 여행하는 등장인물들은 무쇠 등에나 무쇠 딱정벌레 또는 무쇠 도마뱀으로 변신한다. 대단히 흥미로운 사실은, 지상에서의 여행이 며칠, 몇 주, 몇 달, 몇 년 혹은 한평생 걸린다면, 우주로의 여행은 훨씬 압축된다는 점이다. 은하수는 주인공에게 계시를 내리고, 이어서 주인공은 별의 틈새로 들어가 다른 우주에 도달하게 된다.

종종 주인공의 길안내자로 큰 곰들과 북극성이 등장한다. 지상의 주인공들은 천둥, 태양, 불, 인간의 형상 같은 천상의 육신으로 살아간다. 신의 형상을 한 우주의 거주자들은 인간들의 일상에 간섭하기 위해 지상을 방문한다. 하지만 지상의 공간이 때로는 정확히 묘사되는 반면, 우주는 항상 대략적으로 묘사된다. 하늘나라의 인간들이 살아가는 모습을 그린 텍스트들은 여기서 제외시켰다. 서사시와 신화─이야기는 지상의 다양한 세계를 보여주고 있다.

종종 주인공들의 길안내자로는 거대한 곰 소옴 눔그이 So"om numgy, 북극성 얄렘다드 눔그이 Jalemdad numgy가 등장한다. 지상의 주인공들은 천둥, 태양, 순록, 인간 등의 다양한 천상의 육신을 취한다. 신성한 모습의 우주 거주자들은 인간들의 일상에 간섭하기 위해 자주 지상을 방문한다. 그러나 지상의 공간이 종종 사실적으로 묘사되는 반면, 우주는 거의 윤곽만 드러나고 있다. 천상의 인간들은 텍스트에서 제외되었다. 서사시와 신화─이야기는 지상의 수평적 수직적 세계를 보여주고 있다.

2. 지상 —주인공들의 다양한 세계

서사시와 신화—이야기의 텍스트 속에서는 주인공들의 여행을 통해 우주의 구조가 묘사된다. 그리고 새롭게 구술되는 작품 속에서는 주인공들이 인식하는 세계 구조, 세계상, 우주 구조가 매번 새롭게 만들어진다. 네네츠 민요 작품에서는 주인공에 따라 세계상이 개성화되어 나타나는 것이 특징이다. 필자의 견해로 이런 개성화는 어떤 등장인물 혹은 몇몇 등장인물들이 동시에 또는 교대로 이야기하는 진술 속에 묘사된다고 생각한다.

수직적 요소를 갖는 수평적 구조는 라하나코 〈넬네먀코 Nel'nemjako(나뭇조각)〉 속에서 찾아볼 수 있다. 이 작품에서 세계의 수평성은 주인공과 그의 할머니가 살고 있는 탈니코바야 강 이야기에서 나타난다. 그 강을 출발점으로 망자의 이빨을 찾는 주인공의 여행은 시작된다. 이 작품의 줄거리는 다음과 같다.

한 할머니가 손자와 함께 살고 있었다. 어느 날 손자는 칼에 손가락을 베어 죽고 말았다. 할머니는 나뭇조각을 손자의 상처에서 나온 피에 적신 후, 일주일 동안 그 나뭇조각을 흔들었다. 그러자 일주일째 되던 날 나뭇조각은 갓난아기로 변했다. 소년으로 자란 갓난아기는 '넬네먀코'라고 불렸다. 소년은 매일 쑥쑥 자랐고 얼마 후 사냥을 다니기 시작했다. 할머니는 강 상류로 다니지 말고 하류로 다니라고 손자에게 충고했다.

어느 정도 시간이 지난 후 할머니의 이야기를 들은 소년은 강 상류가 자기 부모들이 죽는 원인을 제공한 흑갈색여우가 출몰하는 장소라는 사실을 알게 된다.

소년은 왕궁을 찾아가려고 했다. 그러자 할머니는 집과 왕궁 사이에는 울창한 숲길이 있으니 날이 밝을 때만 지나가고, 가죽은 신하가 아닌 왕에게만 팔라고 손자를 타일렀다. 왕의 신하는 넬네먀코에게 썰매 서른 대 분량의 물건을 주고 가죽을 사들였다.

그 다음에도 넬네먀코는 다시 서른 대 분량의 물건과 신하의 딸을 받고 가죽을 팔았다. 돌아오는 길에 그는 울창한 숲길에서 평소 자신을 형제처럼 여기던 파르네 parne 들에게 붙잡히고 만다. 그는 반짝반짝 윤이 날 정도로 잘 닦인 구리 솥을 보고 놀라 도망쳐 버렸다.

넬네먀코가 집으로 돌아오자, 신하가 보낸 병사들이 쫓아왔다.

그리하여 넬네먀코는 어려운 세 가지 난제를 풀어야하는 상황을 맞는다. 세 가지 난제란 첫째, 맘모스 일곱 마리를 데려올 것, 둘째, 용 일곱 마리를 데려올 것, 셋째, 인간의 생이세 번 걸릴 만큼 멀리 떨어진 곳에서 3년 전에 죽은 망자의 금이빨을 가져올 것 등이었다. 할머니의 도움을 받아 두 가지 난제는 해결되었다. 맘모스는 집 맞은편에 위치한 호수에 살고 있었고, 용은 천막 성지에서 멀지 않은 곳에 살고 있었던 것이다. 하지만 세 번째 난제는 할머니도 해결책을 알지 못했다. 할머니는 눈에 보이지 않을 만큼 먼 곳으로 죽음을 찾아가라고 손자에게 말할 뿐이었다. 그래서 넬네먀코는 망자의 이빨을 찾아 길을 떠났다.

도중에 그는 서로 다투는 두 사람과 서로 부둥켜안고 있는 두 사람을 만났다. 그는 그들에게 조언을 구했으나, 그들은 자신들이 죽은 사람들이니 방해하지 말라고 대답했다. 첫 번째 만난 두 사람은 생전에 친구였으며, 두 번째 만난 두 사람은 생전에 원수였던 것이다.

이어서 넬네먀코는 괴물들의 집 세 채를 발견한다. 그 집에는 예전에 괴물들에게 납치당한 자신의 여동생들이 살고 있었다. 괴물 매부들은 넬네먀코를 보자 그를 죽여 버렸다. 그러나 넬네먀코의 여동생들인 자신들의 아내들이 자살할까 겁이 난 괴물들은 그를 다시 살려내고는 세상에서 가장 강력한 힘까지 부여했다. 또 막내 매부 괴물은 망자의 이빨 주인인 켄민-칸토리크 Kenmin-Kantorik의 왕국과 자신들의 왕국을 갈라놓은 불의 강까지 그를 데려다주었다. 그리고 켄민-칸토리크를 잠들게 해서 망자의 이빨을 훔치는 방법을 가르쳐주었다. 결국 모든 난제들은 성공적으로 해결될 수 있었다.

돌아오는 길에 괴물 매부들은 그에게 녹슨 상자들을 건네주었다. 막내 매부는 자신들이 3년 만에 인간의 생을 세 번 살았으며, 신하의 딸은 아직 세정의식을 받지 않았고, 또 그녀의 아버지는 비행체를 만들도록 요구할 것이라고 미리 귀띔해주었다. 그가 자신의 스키로 비행체를 만들자, 햇살이 비치는 방향에서 화살이 날아왔다. 만일 그가 그 화살을 잡으면 살 것이요, 그렇지 못하면 죽게 될 것이다. 왕의 신하는 비행체를 보자 화가 치밀어 올랐고, 넬네먀코는 화살이 날아간 곳으로 찾아가야만 했다. 거기서 그는 막내여동생과 네 번째 매부를 만난다. 막내매부는 결혼할 때부터 여동생과 말을 하지 않고 있었다. 넬네먀코는 매부의 입을 열게 만들었다. 그러자 네 번째 매부도 상자를 건넸다.

넬네먀코는 세 번째 매부의 조언대로 행동했다. 왕의 신하는 죽어버렸다. 네 번째 매부는 다시 그에게 상자를 건넸다. 그는 자신의 아내가 된 신하의 딸을 왕궁으로 데려다주었다. 그는 상자 두 개를 썰매 밑에 숨겼고 나머지 두 개는 품 안에 숨겼다. 아침이 되자 천막 주변에 순록들이 나타났고, 천막 안에서는 두 명의 아내가 깨어났다. 그들은 언덕을 향해 길을 떠났다. 그리고 자신의 할머니를 지상의 공동창조자—할머니 야소이 하다 Jasoi xada로 만들었다.

이 신화—이야기 속에 묘사된 모든 세계는 평면적이며, 그 세계는 탈니코바 강이나 여기저기 흩어진 천막과 관련되어 있다.

강의 상류는 조상들이 죽은 장소이며 포획된 짐승들이 죽은 장소이기도 하다. 강 하류는 개척된 낯선 세계이기도 한 식인들의 음산한 숲길과 왕궁이다. 모든 공간은 왕궁 거주자들과 주인공 간의 관계를 통해 묘사된다. 천막의 문 앞에는 생활양식에서 지하세계(저승)와 연관된 길이 나있고, 매머드가 사는 호수가 있다. 천막 뒤편에는 용(물속의 생물)의 세계, 하늘과 연관된 세계가 있다. 물론 이 텍스트 속에서는 그에 관해 직접적인 언급을 생략하고 있다.

그 두 방향으로 넬네먀코는 망자의 이빨을 찾아 떠나지만, 그가 도중에 만난 첫 번째 사람들은 땅 위나 집에 존재하는 죽은 자들이었다. L.홀미치는 네네츠 민요와 관련하여 저승이 땅 위에 있다는 사실에 주목했다. 네네츠 인들의 장묘가 땅 위나 땅 밑에 있다는 점을 고려하면 그것은 그리 놀라운 일은 아니다.

세 매부의 땅은 불의 강 또는 괴물 켄민—칸토리크와 분리되어 있다. 그러나 악의 세계는 주인공이 별다른 어려움 없이 도달할 수 있는 왕궁, 즉 바로 주거지 부근에 존재한다는 결론에 도달할 수 있다. 그 왕궁에서는 인간이 세 번 살아야 갈 수 있는 먼 곳에 있는 망자의 이빨이 필요했다.

복잡한 공간 설정 이외에도 라하나코 장르에서는 왕의 신하를 위해 주인공이 찾아야하는 망자의 이빨이 무엇을 의미하는가에 주목하고 있지만, 넬네먀코의 비밀은 언급되지 않는다. 그의 할머니는 그것이 황금이라는 사실을 알고 있다. 그리고 켄민-칸토리크 왕에게 황금은 은술잔을 바꾸고, 또 왕궁도 꾸밀 수 있는 신성한 것이지만, 넬네먀코에게 황금은 모험 도중에는 황금술잔이지만 모험을 마친 후에는 평범한 물건에 지나지 않았다.

우주의 수직적 구조는 흐이나브츠의 〈외아들 하류치 Xarjuchi〉 속에서 드러난다. 작품 내용은 다음과 같다.

흐이나브츠는 외아들 하류치를 노래한다. 하류치는 만 마리의 순록을 소유하고 있다. 외아들 하류치는 매일 잠만 잔다. 어느 날 그는 여동생에게 천막 안에만 너무 오래 있어서 머리가 아프니 밖을 좀 돌아다니다 오겠다고 말한다. 아버지에게도 그런 이야기를 하자, 아버지는 나가지 말라고 조언한다. 하지만 아들은 아버지의 말을 듣지 않았다.

백곰 가죽 두 장으로 의자를 만든 황동 썰매에 튼튼한 순록 네 마리를 묶은 후, 그는 주변 세상을 둘러보러 길을 떠났다.

정오 무렵 험준한 해안가에 도착한 그는 백곰이 눈에 띠자 백곰을 쫓기 시작했다. 백곰은 바다를 헤엄쳐 달아나기 시작했지만, 외아들 하류치는 백곰이 숨을 장소를 안다고 외치며 계속 쫓아갔다. 그는 백곰을 향해 화살을 쏘아댔다.

백곰은 하늘로 달아났고, 주인공은 그 뒤를 쫓아갔다. 그 앞에 거대한 천막 열 채가 나타났다. 그러자 백곰은 가운데 천막으로 뛰어들어 여인의 모습으로 변신했다. 천주(天主)는 변용된 대지의 거주자인 외아들 하류치에게 작은 북을 들고 하늘을 향해 또 땅을 향해 주술을 외우라고 명령했다.

외아들 하류치는 얼른 작은 북을 들고 땅과 하늘의 모든 신들을 불렀고, 그때 미래에 무슨 일이 일어날지 알려달라고 부탁하는 바프로-페드로 Vapro-Pedro의 도움을 받는다. 외아들 하류치는 주술을 멈춘 채, 미래에는 하늘의 거주자인 인간들이 짐승의 모습으로 돌아다니지는 않을 것이고, 하루만 지나면 이런 부락의 거주자는 사라질 새로운 날이 시작될 것이며, 더 이상 아무도 백곰의 형상으로 살고 싶지 않은 하늘의 거주자들처럼 대지의 거주자들도 그렇게 살아가고 싶어 한다고 말했다. 외아들 하류치는 천주가 아내로 맞이하도록 보내준 백곰여인을 치료했다.

아침이 되자 천주 영토의 열 개 부락에 사는 거주자들은 모두 죽어있었다. 하류치는 천주의 딸이자 아내인 백곰여인과 함께 지상으로 내려왔다. 자신의 천막으로 돌아온 하류치는 아버지에게 제물을 가져다 달라고 부탁했다. 그래서 노란색 순록들은 땅 쪽으로, 이마털이 하얀 순록은 하늘 쪽으로 향하게 했다. 사람들은 제물의 피를 천막 안으로 가지고 들어가서 신의 축복을 받았다.

이 이야기에서는 대지와 우주의 대립관계가 존재한다. 대지로 돌아온 주인공들은 신성한 존재, 즉 대지와 우주의 매개자가 된다. 많은 민족들이 우주이원론을 가지고 있다는 것은 잘 알려진 사실이다. F. 투무소프 교수는 "고대 야쿠트 족은 우주를 하늘과 땅으로 이분화 시켰다. 우주삼원론은 훗날 등장한 것"이라고 강의한 바 있다. 이런 관념은 네네츠 서사시 속에서도 분명히 묘사되고 있다.

3. 남성 집단의 세계 – 하사바됴바 *Xasavadjova*

네네츠 민요작품을 낭송하거나 감상할 때면 하사바드이/ 하사바드이흐이/ 하사바드이 xasavady/ xasavadyxy/ xasavady라는 반복구에 주목하게 된다. 네네츠–러시아어 사전 속에는 〈하사바됴(시) xasavadjo(si)〉는 '썰매에 앉아 (남자들의 일에 관해) 이야기하다'란 의미로, 〈하세브도 하노토 니냐 하사바드이 xasevdo' xanoto' ninja xasavady〉는 '그들의 남편들이 썰매에 앉아 이야기를 하다'란 의미로 풀이되어 있다. 민요에서의 반복구 의미를 살펴보기 위해 민요 텍스트를 분석해보도록 하자.

테샤다 하사바 Tesjada xasava(순록 없는 인간)

---

* 네네츠 인들은 태어나자마자 부모로부터 자신의 순록을 선물 받는다. 그리고 그로부터 순록과 함께 일생을 보낸다. 순록이 없는 인간이란 네네츠 인의 운명에서 이탈한 사람을 가리킨다.

테샤다는 세브-세르 sev-ser 족 출신의 아내와 함께 고향으로 돌아가는 길이다.

얼마나 오랫동안 썰매를 타고 왔는지, 난 기억이 나지 않아. 하지만 우린 산정상에 올라왔지. 앞으로 나가면서 난 전방을 바라보았어. 내 발밑에는 언덕이 놓여있고, 저 멀리에 천막이 보이더군. 대지에는 일곱 개 천막의 일곱 개의 유숙지가 있는 느낌이 들어. 천막 앞에 한 남자가 앉아 있군. 천막만큼이나 거대한 저 남자는 따뜻한 지방에서 자란 것 같아. 난 저자가 거인이 틀림없다고 생각했지.

사촌 여동생

친척들(주인공의 여동생을 포함하여)은 고아들을 노예로 갖고 있는 남자의 천막으로 향한다. 노예를 버린 그의 누이가 이야기한다.

우린 썰매 두 대를 준비했지. 천막으로 달려갔어. 그런데 그 남자는 천막 뒤에 앉아 있었어. 정말이지, 그 남자는 천막만큼이나 그렇게 덩치가 크더군! 그의 썰매 앞에 매인 순록도 어쩜 그렇게 거대한지! 저 거대한 순록이 아무 이유 없이 나를 향해 사납게 달려들면 어쩌지.

시시브다 노요챠 Sísivda Hojotsja(시브 노예챠 Siv Noetsja)

할머니를 새로운 유목지로 데려간 주인공이 두 명의 적을 물리친 후 평화로운 일상을 보낸다.

그들은 그곳에 서 있었다. 사람들이 천막을 칠 때 그(시브 노예챠 Siv Noetsja)는 썰매 주변에 앉아 내내 북극여우와 이야기를 주고받았다. 일곱 개의 곳이 흔들리는 것이 보였다. 한쪽 곳 위로 주인(지배자) 예시 토타 Es' tota가 솟구쳐 올랐다. 다른 곳 위로는 네네이 세야드 Nenej Sejad가 솟구쳐 올랐다. 또 다른 곳 위로는 티박 바카챰 Sivak Vakatsjam이 솟구쳐 올랐다. 일곱 개의 곳 중에서 네 개의 곳이 천막들로 넘쳤다. 천막에는 손님들이 서로 내왕했다. 노래가 그치지 않았다. 그들은 그곳에 살았다.

야리게챠 Jarigetsja 삼형제

<u>두 형이 한 썰매 위에 앉아 있었다.</u> 형들은 앉아 있었다. 일을 하고 있는데, 말소리가 들려왔다. 큰형이 이렇게 말했다. "넌 대체 뭐하니, 동생이 결혼할 때가 되었는데. 동생을 결혼시켜야 해, 그러려면 이웃에서 신부를 찾아줘야지."

형들은 동생을 하글라브이 Xaglavy의 딸이 사는 부락에 데려다주었다. 하지만 젊은 신랑과 신부는 사이가 좋지 않았고, 결국 헤어지고 말았다. 어느 날 바다사냥을 나갔을 때 신랑은 얼음덩이 위에 고립되었다. 바다용이 그를 구출한 뒤, 세브 세르의 땅까지 데려다주었다. 그곳에서 그는 예샤 니 로게이 Esja Ni Logei와 한때 약혼했던 세브 세르 족의 딸과 결혼했다. 신부를 쟁취하기 위한 싸움에서 막내 야리게챠가 예샤 니 로게이에게 승리를 거두었다. 그 싸움이 끝난 후 그는 고향으로 되돌아왔다.

나는 천막을 향해 길을 떠났고, 형들이 사는 곳에 도착했다. 두 형은 썰매 위에 앉아 있었다. 나는 밝은 색 순록 네 마리를 풀어놓았다. 나는 형들에게 다가갔다. 두 형은 아무 말이 없었고, 나도 입을 다물었다.

둘째 형이 나를 한번 바라보더니 이어서 순록들을 바라보았다. 그리고는 다시 나를 바라보며, 이렇게 말했다.

"난 네가 누군지 알고 싶은데, 도통 알아 볼 수가 없구나. 우리는 동생을 결혼시키기 위해 길을 떠났고, 그곳에 그 애를 남겨두었지. 그런데 사람들이 말하더구나, 그 애는 죽었다고. 그 애는 죽은 거야. 난 우리 순록을 알아볼 수 있어. 썰매 끄는 순록들이 동생과 함께 돌아온 거로구나. 네가 데려온 네 마리 밝은 색 순록들은 키도 크고 뿔도 크구나. 이제야 알아보겠어. 옛날에 동생은 키는 컸지만 말랐었거든. 넌 그 애보다 키가 좀 작을 뿐이야. 얼굴을 보니 널 동생으로 받아들여야 하겠구나."

세르 야 예발료 Ser'ja Evaljo

"수백 마리의 순록들을 둘러본 다음, 나는 다시 천막 안으로 들어갔다. 내가 집으로 돌아가 식사하고 잠을 자는 동안 아무 일도 없었다. <u>나는 다시 썰매 위로 올라갔다.</u> 사방을 둘러보았다. 어린 여동생이 문 앞에서 놀고 있었다. 여동생은 천막 안으로 사라지더니, 이어서 여동생의 목소리가 들려왔다.

–엄마, 저기에 시커먼 물체가 나타났어요. 저곳에는 저런 게 없었는데.

–여동생이 춤(천막) 안으로 사라지고 얼마 후 어머니가 밖으로 나오더니 이렇게 말했다.

–저런 건 가끔씩 나타난단다. 저건 아마도 썰매꾼 같구나."

썰매꾼의 요청대로 세르 야 예발료는 어머니와 여동생을 데리고 부락으로 자리를 옮겼다.

"거기서 나는 그 애를 품에서 세 바퀴 돌렸다. 그 애를 세 바퀴 돌린 후에는 얌전히 땅위에 내려놓았다. 만일 내가 그 애를 힘껏 내동댕이쳤다면 우리는 말다툼을 벌였을 것이다.

작은 아들 냐다코 Njadako는 자기 썰매에 깡충 뛰어올랐다. 그 애는 순식간에 썰매에 자리를 잡은 것이다. 난 이렇게 말했다.

—큰아들 냐다꼬야, 이제 잘 쉬었니.

큰아들 냐다꼬는 천막 안으로 들어갔고, 나는 순록 떼가 있는 곳을 향해 길을 떠났다.

나는 천막 안으로 들어갔다. 작은 아들 냐다코는 썰매 위에 앉아서 이런 생각에 잠겼다. '아버지는 아직 순록들을 보살피겠지.' 나는 천막 안으로 들어갔다. 바깥은 완연히 가을이었다. 첫 눈이 살짝 내렸다."

얼마 후 우리는 야리게챠 삼형제의 부락으로 이동했다.

"내가 천막들이 있는 곳에 도착했을 때, 야리게챠 삼형제는 썰매 위에 앉아 있었다. 나는 그들의 썰매 옆을 지나갔다. 우리의 눈이 서로 마주쳤다. 동생 야리게챠가 눈을 내리깔며 입을 열었다. 그는 이렇게 말했다.

—젊은이, 당신은 대체 어떤 사람이 되려고 하시오? 우린 한 번도 당신을 본 적이 없잖소.

나는 대답했다.

－내 이름은 세르야예발료요.

우리가 이야기를 주고받는 동안 천막에서 한 여인이 밖으로 나왔다. 그녀는 멀리 떨어진 채 웅얼거렸다.

－세르야예발료, 천막 안으로 들어와요. 당신이 밖에 서 있다고 해서 안으로 들어가자고 할 사람들이 아니니까요. 그 사람들은 아무 것도 몰라요."

아리게챠 삼형제는 썰매 위에 앉아 있었다. 나는 썰매가 있는 곳으로 걸어갔다. 내가 움직이기 시작하자, 절름발이 여인이 밖으로 나왔다. 그녀는 '이제 떠나시오, 돌아왔을 때, 어떤 사람이 되었는지 다시 보리다'하고 생각했다.

두 순록지기의 땅

어느 날 아침이었다. 나의 두 형은 썰매 위에 앉아 있었다. 그때 그들의 이야기 소리가 들려왔다. "우리 양아들을 결혼시켜야 해. 타시니 Tasinij의 땅에서 신부를 데려와야 해. 우리 누이와 내 딸한테 노예들을 맡기지, 뭐. 우린 천막이 70채나 되니까, 금방 돌아오지 않아도 돼."

전방에 백여 개의 천막들이 눈에 띠었다. 나는 그 천막들 쪽으로 다가서 멈춰 섰다. 괴물 같은 툰구스 Tungus가 썰매 위에 앉아 있었다. 그는 썰매에서 내리더니, 이렇게 말했다. "두 순록지기의 딸이 직접 찾아왔으니, 그녀를 찾아다닐 필요 없소." 그는 내가 있는 곳으로 다가왔다. '그가 나를 잡아들이면, 난 도망칠 수가 없어. 조금 떨어져 있을 때, 떠나야지'하고 나는 생각했다.

야브통게 Javtonge 삼형제

어느 겨울날이었지만 아직 춥지 않았다. <u>야브통게 삼형제가 한 썰매 위에 앉아 있었다.</u> "형님들, 우린 내일 유목지를 옮깁시다. 세 땅의 주민들이 우리 땅으로 이동했으니, 내일은 우리가 유목지를 옮겨야죠. 죽음을 당하기 전에 우리가 옮겨가야죠." 막내 야브통게가 이렇게 말하는 소리가 들려왔다. 물론 야브통게 삼형제는 '새로운 유목지에서 죽더라도, 옮겨가야지'라고 말할 것이다.

나는 강을 건너 천막으로 다가갔다. <u>거인 프이랴티 Pyrjati가 있는 것이 분명했다. 그는 썰매 위에 앉아 있었다.</u> 나는 천막에서 20미터 쯤 거리를 두고 멈추어 섰다. 그들은 단단한 고삐를 들고 서 있었다. 거인 프이랴티가 말했다. "아가씨여, 야브통게의 여동생이여, 그대는 먼 길을 오셨구려." 나는 이렇게 대답했다. "거인 프이랴티시여, 야브통게 막내오빠가 나를 보냈소. 세 땅의 거인들이 막내오빠를 공격했다오. 그들이 우리를 공격했다오. 막내오빠는 지쳐 있소. 막내오빠는 당신이 도우러 올거란 희망을 갖고 있소. 만일 당신이 도와주어서 그들을 물리칠 수 있다면, 자신이 소유한 수만 마리 순록 가운데 절반을 넘겨주겠다고 했다오."

"언덕 한 복판에 천막이 눈에 띠어서, 나는 그 천막으로 달려갔다. <u>천막에 다가선 나는 천막 옆에 있는 썰매에 두 사내가 앉아 있는 것을 목격했다.</u> 그 중 한 사내는 머리가 하얗게 센 노인이었다. 다른 사내는 젊은이였는데, 그의 입술은 튀어나와 있었다. 나는 그들의 썰매 옆을 지나갔다. 노인은 머리부터 발끝까지 훑어보기도 하고 순록들을 살펴보기도 했다. 그 노인은 내게 말했다. "순록들이 훌륭한데, 당신은 어떤 사람이 되려고 하시오?" 나는 대답했다. "저는 야브통게의 여동생입니다. 노인이신 것 같은데, 귀가 밝으시군요." 야말 Jamal이란 이름의 그 노인은 아들을 보내 야브통게를 도와주었다.

한 겨울에 막내 야브통게가 걸어서 찾아왔을 때, 야말의 아들은 썰매 위에 앉아 있었다. 야말의 아들은 이렇게 물었다. "거인 프이랴티와 무슨 일이 있었소?" 막내 야브통게가 대답했다. "난 거인 프이랴티를 죽이기 직전까지 갔었소. 야말의 아들이여, 천막 안으로 들어갑시다." 두 사람은 천막 안으로 들어갔다. "야브통게 오빠, 저분의 누이를 아내로 맞지 않겠어요?" 그 자리에서 우리들은 결혼식을 치렀다. 결혼식이 끝나자, 이번에는 나를 야말의 아들과 결혼시켰다. 그로부터 나의 두 오빠는 그곳에서 살았다.

나단나 하류치 Nadana Xarjutsi

어느 겨울날이었다. 나의 형 하류치는 썰매 위에 앉아 있었다. 그는 썰매 위에서 화살을 만들고 있었다. 나는 형 옆에 올라탔고, 형은 소매로 화살 길이를 재고 있었다.

가을이 찾아왔다. 만물이 얼어붙었고, 대지는 눈으로 뒤덮였다. 나의 형 하류치는 두 사내 옆에 앉아 있었다. 부락 주민 세 명이 그 주위에 모여들었다. 나의 형 하류치는 이렇게 말했다. "내일이면 유목지를 옮길 것이오."
길 뒤편에서 여덟 무리의 순록 행렬이 나타났다. 그들은 이쪽을 향해 다가왔다. 네 명의 순록지기 야르 Jar가 앞에 타고 있었고, 툰구스의 천막 근처에서 멈추었다. 그 뒤를 바이 Vaj 사형제가 따라왔고, 타시니의 천막 부근에 멈춰 섰다. 아들 람도 파드로코 Lamdo Padroko는 네 마리 얼룩 순록을 이미 풀어놓았다. 사람들은 천막을 쳤고, 형 하루치는 천막 안으로 들어갔다. <u>아들 람도 파드로코는 썰매 위에 앉아 있었다.</u> 그곳에서 아들 람도 파드로코는 이렇게 소리치기 시작했다. "당신들은 젊은 순록지기 람도를 찾는 모양인데, 내가 바로 젊은 람도요."

손자들과 함께 그들은 신부에게 청혼을 하기 위해 눈앞에 보이는 천막을 향해 나갔다. 그들은 마치 대지처럼 움직였다. 내가 보고 있을 때, 람도 형제는 화살을 쏘기 시작했다. 그들은 앞날 따위는 생각하지 않았다. <u>큰형 하류치는 보통 썰매 위에 앉아 있었다.</u> 나는 큰형의 썰매터 쪽으로 갔다. 전사들 쪽에서 순록지기가 외치는 소리가 들려왔다. "순록지기 람도 형제여, 천막 옆에 앉아 있는 형님이 일어서면, 당신들은 죽은 목숨이나 다름없소."

우리는 람도 형제의 천막에 도착했다. <u>동생 람도는 썰매 위에 앉아 있었다.</u> 동생 람도는 말했다. "나의 두 친구여, 적들은 어느 방향으로 갔는가? 천막으로 들어가 즐거운 이야기를 나누자."

순록지기 하토로 Xatoro

우린 다시 그곳으로 갔다. 눈앞에 보이는 천막을 향해 얼마 안가서 우리는 그곳에 도착했다. <u>나로 Naro의 땅 순록지기가 썰매 위에 앉아 있었다.</u> 나는

'저 젊은이가 틀림없이 그 사람의 아들'일 것이라고 생각했다. 나로 땅의 순록지기가 말했다. "순록지기 하토로야, 넌 이곳으로 왔구나!"아버지 하토로가 말했다. "난 아버지가 어떻게 살고 있는지 궁금해서 이곳에 왔습니다. 아버지를 방문하러 온 것이죠."

우리는(하토로가 아들과 함께) 그 천막으로 다가갔다. 썰매 위에는 한 사내가 앉아 있었다. 나로 땅 순록지기의 큰 아들이 말했다.

―순록지기 하토로여, 당신네 얼룩 황소 네 마리를 풀어주면 좋겠소?

아버지 하토로가 말했다.

―물론 풀어주면 좋겠소. 마음대로 돌아다니게 해주시오.

나로 땅 순록지기의 큰 아들은 얼룩 황소 네 마리를 풀어주었다. 우리들은 그곳 천막으로 들어갔다.

나로 땅 순록지기가 도착한 이후 우리는 일주일째 머물렀다. 일주일 후 나로의 땅 순록지기와 순록지기 하토로는 한 썰매 위에 앉아 있었다. 나로 Naro의 땅 순록지기의 큰아들은 이렇게 말했다. "사천 마리 순록 가운데 괜찮은 순록은 두 마리로군요. 뿔 없는 얼룩 순록 두 마리 말이오. 그놈들을 넘겨주신다면, 앞으로 훌륭한 순록으로 클 거요." 하토로 노인은 대답했다. "그놈들은 넘기는 게 좋겠지만, 견디기 힘든 계절이 오게 되면 놈들은 탈출하고 말거요."

저녁 무렵 사람들은 그곳에 천막을 설치했다. 우리는 앞에 설치된 천막들 옆에 멈추었다. 부락 장로의 천막은 항상 눈에 띄는 법이다. 부락 장로는 썰매 위에 앉아 있었다. 우리는 그의 썰매 가장자리 부근을 지나갔다. 나로 땅 순록지기의 큰아들과 장로는 서로의 눈을 바라보았다. 부락 장로는 시선을 떨구었다. 시선을 떨군 채, 그는 말을 건넸다. 그는 이렇게 말했다.

−당신은 어떤 사람이 되려하오? 인근 땅에서 당신 같은 사람은 본 적이 없는데.

나로 땅 순록지기의 아들이 말했다.

−내 이름은 네르크이흐이 Nerkyxy입니다. 당신은 어떤 사람이 되려 합니까?

사내가 이렇게 말했다.

−나는 순록지기 하류치라 합니다.

어느 날 순록지기 하류치, 하토로의 막내 아들, 젊은 타시니가 한 썰매 위에 앉아 있었다. 순록지기 하류치가 말했다.

−당신네 하토로 땅에는 거위들이 날아옵니까?

아버지 하토로가 말했다.

−아마도, 여름에는 날아오는 것 같은데, 여름에 우리는 거위를 잡지 않아요. 사만 마리의 순록으로도 우린 충분하니까.

순록지기 하류치는 침묵했다.

우리가 거기서 말한 대로 우리는 여기서 3년째 살고 있다. 그곳에서 실레로 Silero 하류치와 순록지기 하류치가 썰매 위에 앉아 있었다. 그들은 가족 이야기를 하고 있었다. 순록지기 하류치가 말했다.

―우리가 저 두 젊은이들을 사위로 맞으면 어떻겠소? 난 하토로 막내아들의 부인을 그의 며느리로 삼고 싶어요. 그런데 당신은 딸이 있잖소. 당신이 그를 딸의 남편, 사위로 삼으면 좋겠소.

실레로 하류치가 대답했다.

―하류치 할아버지, 어떤 게 나쁜지 말씀해주면 좋겠어요.

바이 Vaj 삼형제

순록들을 감시하던 노예 마르치 사그 March' Sag가 오늘은 순록 무리 속에 있지 않고 천막 옆 썰매에서 무언가 만들고 있었다.

그는 바다라 아치크이 Vadara Achiky에게 선물할 활을 다듬었다. 나중에 바다라는 그 활로 주인에게 복수하게 된다.

어느 날 개들이 짖기 시작했다. 개들이 짖자, 나는 옷을 입고 밖으로 나갔다. 누군가를 태운 썰매 두 대가 도착해서 바이 삼형제의 천막 옆에 멈추었다. 순록지기 바이 삼형제는 썰매 위에 앉아 있었다.

그 뒤를 이어 청혼이 이어졌다. 아르카 바이 Arka Vaj와 하비 예르보보마 Xavi Ervovoma가 바이 타클라두 Vaj Takladu와 네르크이흐이 칠형제의 누이를 맺어주기 위해 도착한 것이다.

우리들은 눈에 띠는 천막을 향해 달려갔다. 그리 길지 않은 시간을 달렸다.

네르크이흐이 칠형제가 썰매 위에 앉아 있었다. 우리들은 그곳에 썰매를 잡아맸다.

곧이어 청혼이 이루어졌고, 혼인예물과 혼인 날짜가 결정되었다. 뒤이은 이야기 속에서 긴 승강이가 이어졌다. 승강이가 끝나자, 하비 에르보보마가 집으로 돌아가 일 년간 잠에 빠져 들었다.

일 년 후 개들이 짖기 시작했다. 개 짖는 소리에 나는 밖으로 나갔다. 나는 썰매 두 대가 다가오는 것을 보았다. 썰매는 내가 있는 곳으로 다가왔다. 앞 썰매에는 검은 색 순록 네 마리가 매어있었다. 그들은 썰매 위에 앉아 있는 내 옆을 지나갔다. 나는 말했다.

―순록지기 파드로코 Padroko의 아들이여, 순록지기 파리세 Parise여, 어디로 가는 길이오?

그들은 이렇게 대답했다.

―우리는 이렇게 썰매를 타고, 당신을 찾아오는 길이오.

나는 이렇게 말했다.

―천막 안으로 들어오시오!

이어서 그들과 마르치 사그는 하비 에르보보마가 도착한 후에 벌어진 말다툼에 대해 이야기했다. 마르치 사그는 하비 에르보보마를 순록지기 얄리제 Jalise의 딸과 결혼시켰다.

소년

적을 죽이고 죽음을 겨우 모면한 주인공이 도중에 천막 한 채를 목격했다.

나는 천막에 도착했다. 썰매 위에는 노인이 앉아 있었다. 노인은 내 썰매 한번 훑어보고 다시 나를 훑어보았다. 노인은 말했다. "당신은 누구요?" 나는 대답했다. "어떤 부족 출신인지 저도 모르겠습니다. 그런데 누구십니까?" 노인은 천막을 향해 소리쳤다. "할멈, 음식을 좀 데우시오!" 노파가 대답했다. "나는 파하세디테타 Paxasediteta요."

주인공이 노시테타 Nositeta를 죽인 후, 노시테타 일가와 친해진 파하세다 Paxaseda의 아들은 그를 살해했지만 누이가 그를 소생시켰다. 그는 노시테타의 땅에 도착해 파하세다의 아들을 만났다.

나는 노시테타의 땅에 도착했다. 70채의 천막이 보였다. 파하세디테타의 아들은 노시테타 천막에 있는 썰매에 앉아 있지 않았다. 그는 자신의 천막 주변에 앉아 있었다.

우쿠 파넴나 세도라나 녜 Uku pane'mna Sedorana Ne

사람들은 아르카 에바 세르 녜에게 두 번 청혼했다. 그러나 그녀는 결혼할 생각이 없었다. 중매쟁이가 사흘간 청혼했다. 여주인공이 밖으로 나왔다.

사흘 후 나는 밖으로 나왔다. 한 사내가 초췌한 모습으로 썰매 위에 앉아 있었다. 나는 내 썰매가 있는 곳으로 걸어갔다. 내가 썰매 옆에 서 있는데, 그 사내가 다가왔다. 그는 이렇게 말했다.

─하비의 딸이여, 이제 당신도 성인이 된 것 같소. 난 늙은 에바 세르 Eva

ser 때문에 온 것이 아니라, 당신 때문에 온 것이오.

　위의 발췌된 예문들을 개략적으로 분석해보면, '썰매 위에 앉아서 이야기 한다(하사바됴바)'라는 남성들의 행위는 그들의 평온한 상태를 의미하고 있음을 알 수 있다. 그러나 그 평온한 상태는 남성들 자신의 결정으로 인해 또는 그 남성들을 끌어들이는 일련의 사건들로 인해 깨어지고 만다. 남성들의 평온한 상태는 평온 자체로 또 과거의 비극적 사건들에 대한 생각으로 나타난다. 그것은 주변 세계와 아름다움에 대한 명상이며, 책임 있는 결정을 내리기 직전에 나타나는 평온한 상태이다. 또한 그것은 피살된 형제를 애도하는 평온 상태이며 미래에 대한 평정심이다. 뿐만 아니라 그것은 적군이 나타났을 때의 평온한 마음이며, 죽음을 앞둔 기쁨의 평화이고, 노인과 청년 사이에 주고받는 교감의 평온 상태이기도 하다. 남성들의 평정심을 깨뜨리는 사건들은 매우 다양하게 나타난다. 즉, 다른 땅에서 나타난 사람들의 전쟁 선포, 도움 요청, 누군가를 시집보내고 장가보내는 문제의 결정, 죽은 줄 알았던 형제의 귀향, 적들의 환성, 새로운 유목지로의 이동, 전쟁 출전, 지원 요청의 거절, 적군의 도발, 전투 준비, 순록의 방목, 진지한 대화, 여자 약탈, 방목지 쟁탈, 아내 부역의 중단 등의 사건들이다.

　수집된 위의 서사가요 텍스트들 속에 등장하는 인물들은 다음과 같다. 사내(전에는 고아소년이었다), 시로테타의 아들이었던 시브 노예챠, 막내 야리게 챠의 두 형제인 이야기꾼들, 이야기꾼 세르 야 예발료, 냐다코의 막내아들, 야리게챠 삼형제, 괴물 같은 툰구스, 야브통게 삼형제, 거인 프이랴티, 두 사내, 나의 형, 아들 람도 파드로코, 나의 형 하류치, 젊은 장자 람도, 나로 땅의 순록지기, 사내, 나로 땅의 순록지기와 순록지기 하토로, 순록지기 하류치와 하토로의 젊은 아들과 젊은 타시니, 실레로 하류치와 순록지기 하류치, 바이 삼형제, 네르크이흐이 칠형제 등등이다.

이제 '썰매 위에 앉아서 이야기한다(하사바됴바)'라는 행위가 무엇을 의미하는지 살펴보자. 그러려면 이런 행위가 묘사된 문장을 먼저 선별해야만 한다.

1. 그런데 그 남자는 천막 뒤에 앉아 있었어. 정말이지, 그 남자는 천막만큼이나 그렇게 덩치가 크더군!
2. 사람들이 천막을 칠 때 그(시브 노예차 Siv Noetsja)는 썰매 주변에 앉아 내내 북극여우와 이야기를 주고받았다.
3. 두 형이 한 썰매 위에 앉아 있었다.
4. 나는 다시 썰매 위로 올라갔다.
5. 작은 아들 냐다꼬는 썰매 위에 앉아서 이런 생각에 잠겼다. '아버지는 아직 순록들을 보살피겠지.'
6. 아리게챠 삼형제는 썰매 위에 앉아 있었다.
7. 괴물 같은 툰구스 Tungus가 썰매 위에 앉아 있었다.
8. 야브통게 삼형제가 한 썰매 위에 앉아 있었다.
9. 거인 프이랴티 Pyrjati가 있는 것이 분명했다. 그는 썰매 위에 앉아 있었다.
10. 천막에 다가선 나는 천막 옆에 있는 썰매에 두 사내가 앉아 있는 것을 목격했다.
11. 한 겨울에 막내 야브통게가 걸어서 찾아왔을 때, 야말의 아들은 썰매 위에 앉아 있었다.

12. 나의 형 하류치는 썰매 위에 앉아 있었다. 그는 썰매 위에서 화살을 만들고 있었다.

13. 나의 형 하류치는 두 사내 옆에 앉아 있었다. 부락 주민 세 명이 그 주위에 모여들었다.

14. 아들 람도 파드로코는 썰매 위에 앉아 있었다.

15. 큰형 하류치는 보통 썰매 위에 앉아 있었다.

16. 동생 람도는 썰매 위에 앉아 있었다.

17. 나로 Naro 땅의 순록지기가 썰매 위에 앉아 있었다.

18. 썰매 위에는 한 사내가 앉아 있었다.

19. 일주일 후 나로의 땅 순록지기와 순록지기 하토로는 한 썰매 위에 앉아 있었다.

20. 어느 날 순록지기 하류치, 하토로의 막내 아들, 젊은 타시니가 한 썰매 위에 앉아 있었다.

21. 그곳에서 실레로 Silero 하류치와 순록지기 하류치는 썰매 위에 앉아 있었다.

22. 네르크이흐이 Nerkyxy 칠형제가 썰매 위에 앉아 있었다.

23. 그들은 썰매 위에 앉아 있는 내 옆을 지나갔다.

24. 썰매 위에는 노인이 앉아 있었다.

25. 한 사내가 초췌한 모습으로 썰매 위에 앉아 있었다.

'썰매 위에 앉아서 이야기한다(하사바됴바)'의 의미에 대해서는 앞서 언급된 바 있다. 그러면 그런 행위는 어디에서 어떻게 이루어지며 또 어느 정도의 빈도로 일어나는가? 실제사건으로 눈을 돌리면, 그 행위는 특정한 장소에서 벌어지고 있음을 알 수 있다. 즉, 그 공간은 천막 출입구의 반대편에 있는 천막 뒤편의 남성용 썰매터이다. 25개의 예문에 나타난 이 공간들의 대부분은 남성들의 공간, 주인공들의 장소인 것이다.

'썰매 위에 앉아 있는 (죽음을 준비하거나 유언이나 교훈을 남기는) 고대 러시아인들'과는 달리 '썰매 위에 앉아 있는 네네츠 인들'의 입장은 자아와 타자, 자신들의 땅과 먼 나라, 아군과 적군, 자신의 세계와 동맹의 세계, 남성적 기원과 여성적 기원이라는 두 세계의 경계에 서 있는 민요 속 주인공들의 입장을 상징적으로 보여준다. 앞서 밝혔듯이 '썰매 위에 앉아서 이야기하는(하사바됴바)' 남성들은 천막 뒤편에 존재했다. 다시 말해서 천막은 남성들의 장소에서 방향타 역할을 했던 것이다.

4. 다양한 세계의 모델 –천막(춤 Tsum)

어째서 남성들은 다른 장소가 아니라, 천막(춤(–네네츠 어))의 뒤편에 앉아 있었던 것일까? 천막의 내부 공간과 그 주변의 유기적 구조를 살펴보자.

천막 내부는 두 개의 주거지 바아브냐츠이 va"avnjatsy로 구성되는데, 주거지의 두 부분은 나란히 붙어있다. 천막은 두 개의 기둥축(3개의 기둥축을 갖는 구조도 가능하다)이 포함된 34개의 장대가 세워져있으며, 장대의 개수는 주인의 능력, 계절, 유목의 거리, 여행의 목적에 따라 20~50개까지 유동적으로 바뀔 수 있다. 네네츠 인들의 천막은 여느 주거지와 마찬가지로 대단히 성스러운 건축물이다. 그 공간적 원칙에서 드러나는 중요한 점은 주거 부분 바아브냐츠이와 접객실 부분 펠레이냐츠이 pelejnjatsy로 나뉜다는 사실이다. 그 두 공간의 경계에는 출입구 뇨라타 njo'lata, 아궁이 투 tu, 식탁 나람 naram, 정화석 심베 simbe가 놓여있다.

출입구(뇨라타 njo'lata)는 사생활 보호 기능 이외에도 신성한 기능을 담당한다. 그곳에는 자리를 차지하는 것이 금지된 지점이 있다. 즉, 출입구에는, 특히 그 중앙에는 오랫동안 서 있는 것이 금지되고 있다. 이에 적당한 '신들이 당신을 향해 화살을 쏘아댈 것'이란 금언이 있다. 이런 원칙에 따라 주인의 초대를 받은 손님은 천막 내부로 들어가서 출입구의 왼쪽이나 오른쪽에 자리를 잡게 된다.

아궁이(투 tu)는 네네츠 인들의 생활 속에서 가장 중요한 장소이다. 아궁이는 생활을 지탱시켜준다. 그곳에서 가족들은 음식을 만들고, 체온을 유지하며, 옷을 말리고, 제사를 드린다. 또 아궁이의 공동 사용을 통해 가족의 일원으로 인정받게 된다. 그래서 친척의 인연이 끝나는 것은 '불이 꺼졌다'고 표현한다.

천막의 중심에는 장대가 세워지게 되는데, 신성한 것으로 여겨지는 그 장대는 우주나 대지와의 관계를 상징한다. 또한 점술(생업에서의 성공 여부를 묻는) 행위가 이루어지는 장소이기도 하다.

이어서 탁자(나람 naram)을 세우는데, 탁자는 유목지를 이동할 때를 제외하곤 절대 자리를 옮길 수 없다. 나람은 명칭상으로나 기능상으로도 일반 식탁과는 구별되는 특별한 탁자이다. 그 안에는 음식물들이 보관되며 또 그 위에는 여러 제사 도구들이 놓인다. 그것은 일가의 제단인 것이다. 그 탁자의 기능은 다른 민족들의, 부분적으로 불교도들이나 이웃민족인 만시 족들의 가족 제단에서 볼 수 있는 기능과 매우 유사하다. 만시 족들은 가족 성물들을 보관하는데 쓰이는 노르마 norma라는 넓은 선반을 가지고 있다. 노르마라는 용어는 네네츠 어의 나르마 narma와 발음이 비슷하다.

정화석(심베 simbe)은 부적인 동시에 천막 공간을 안에서 닫을 수 있는 물건이다. 천막 안에 그 돌이 보관되어 있으면, 가족들이 가까운 곳으로 길을 떠나더라도 해를 입지 않는다. 다시 말해서 그런 경우에 신성한 공간은 천막 공간으로 제한된다. 그러나 만일 그런 돌이 없다면 신성한 공간은 한정된 공간 안으로 담아낼 수 없다.

이런 조건을 바탕으로 천막 중앙선에는 사람이 지나다니는 서너 개의 원 (열린 원들과 닫힌 원들)들과, 천막 내부의 한쪽 절반에서 다른 쪽 절반으로 이동할 수 있도록 나누어진 신성한 원들이 만들어진다.

첫 번째 보행 원은 입구를 향해 나있고, 그곳에서는 나이나 건강상태와는 관계없이 남녀노소 누구나 자리를 옮기며 돌아다닐 수 있다.

두 번째 보행 원은 아궁이와 장대 사이에 있는 장소다. 그곳에서는 성인이 되기 이전의 소년과 소녀들 그리고 남자들이 자리를 옮기며 돌아다닐 수 있다.

탁자 나람을 포함하여, 장대에서 정화석까지의 천막 내부는 절대적으로 신성한 장소이다. 그곳에는 아무도 지나다닐 수 없다. 만일 철부지 아이들이 이따금 장대 뒤로 지나간다면, 그 아이는 유뇨증에 걸리게 된다고 사람들은 믿는다.

천막 내부는 건강 상태와 관계없이 모든 가족들이 돌아다닐 수 있다. 그러나 월경중인 신부측 가족들에게는 돌아다니는 것이 금지된 장소이다.

침대 위에서는 다리를 올려놓을 수 있다. 침대 위에 다리를 올려놓을 수 있는 사람은 남자들과 소년, 소녀로 제한된다.. 그러나 여자들은 잠잘 때나 다리를 올려놓을 수 있다. 만일 누군가 이 금기사항을 깨뜨린다면, 당장 정화의식을 거행해야 한다. 그렇지 않을 경우에는 남자아이들이 지속적으로 편두통을 앓게 된다고 믿는다.

천막 내부에는 시냐츠이와 뇨냐츠이 두 부분으로 나누는 가상의 선이 존재한다. 그 선은 아궁이를 지나, 중심 장대들과 나란히 형성되어있다. 그 선 위에는 느이타르마 nytarma"라는 조각품들이 놓이게 된다. 그리고 그곳에는 부모의 침대와 아이들의 침대가 나란히 놓인다(갓난아이들의 침대가 아닌, 어린애들의 침대는 문 입구 쪽의 어머니 방향으로 놓인다). 이런 자리배치에는 종교의식의 특징이 반영되어 있다. 네네츠 인들은 결코 다른 사람의 침소에 눕지 않는다. 이런 규칙에는 무엇보다 위생상의 문제가 전제되어있다. 그러나 일상생활 속에는 항상 종교의식적인 설명이 뒤따르지 않을 수 없다. 즉, 다른 사람의 침소를 차지한다는 것은 침소 주인의 죽음을 촉발시킬 수 있다는 것이다. 따라서 누군가를 죽음으로 위협하고자 할 때나 그렇게 행동한다.

아궁이를 지나가는 것은 전통적 아궁이에서 그리 어려운 일이 아니다. 하지만 필자가 알고 있는 한 그런 행위는 절대로 금지되어 있다.

수평대 티히 tixi'는 실용적인 기능에 사용된다. 그곳에서는 옷가지와 남자들이나 아이들의 신발을 말린다. 또 음식물을 건조하고 훈제하기도 한다. 그 종교적 기능은 주술을 외울 때 북을 올려놓는 행위에서 찾을 수 있다. 수평대 위에 북을 올려놓으면 북의 가죽 부분이 달아올라서 맑은 소리를 내게 된다.

장대의 명칭을 알아보자. 장대의 일반적인 명칭은 누 nu라고 한다. 중심 장대들(두 개 혹은 3개)은 마카다 makada라고 불리며, '솟구친'이라는 의미를 지닌다. 숲 지역에 사는 네네츠 인들은 그 장대들을 '남자'라는 의미를 지닌 카사바 kasava라고 부르기도 한다. 티/티 ti/ti라는 단어의 의미는 분명치 않다. 하지만 '앉다'라는 의미의 동사 티시 tis'에 가깝다고 볼 수 있다. 다시 말해서 세 개의 다른 장대들 위에 '앉은' 장대들이란 의미를 지닌 것이다.

호니 Xoni는 침실로 번역되는데 '잠자다'라는 호뇨 xonjo(s) 동사에서 유래한 것이다. 뇨느이 Njony는 단어 뇨 njo에서 유래했고, '문 근처에 있는'이란 의미로 번역된다. 죽은 사람의 발 부근에 놓는 장례용 장대들 뇬 njon은 그 명칭이 비슷하다. 천막 입구의 좌우인 첫 번째 장대와 두 번째 장대 사이의 공간은 죽은 사람을 옮겨놓는 금역 중의 하나다.

시냐그이 sinjagy 라고 불리는 장소에는 보통 즉석 음식과 깨끗한 접시를 보관하는 장소이다. 날씨가 나쁠 때 문쪽에서 바람이 들이닥치면, 그 장소 중 하나를 출입구로 사용한다. 그곳에는 톨리 tol'라고 부르는 낮은 소탁자가 놓인다.

식사를 할 때 그 소탁자는 천막 가운데 놓이게 된다. 소탁자는 일상적 기능 말고도 의례적 기능에도 사용된다. 네네츠 인들은 죽은 사람을 묘지로 옮기기 전에 죽은 사람에게 아침식사와 저녁식사를 대접한다. 식사를 대접하기 위해 죽은 사람들을 일으켜 깨우고 또 자리에 눕히는 것이다. 그때 그 소탁자는 출구 부근에 놓이고, 그 위에는 음식물이 차려지며, 친척들 중에서 한 사람이 죽은 사람과 함께 식사를 하게 된다. 그 소탁자는 신성한 영역 시냐그이, 산 사람들의 영역 바브냐츠이 vavnjatsy, 죽은 사람들의 세계 뇨냐츠이 njonjatsy를 오가는 것이다.

장례의식에서 뇬시 njosi는 사람들에게 출구인 동시에 입구이며 죽은 사람들이 음식을 대접받는 길이기도 하다. 문은 네네츠 인들에게 단순히 출입구적 기능만을 하는 것이 아니라, 창문의 기능도 하게 된다. 그래서 문은 항상 열려있어야 한다. 최근 들어 네네츠인 들의 문은 닫히기 시작했는데, 그것은 플라스틱 창문들이 천막에 설치되었기 때문이다.

이처럼 천막의 기본 구조는 땅의 공간과 장대의 공간이라는 수직적 요소로 나뉜다. 그 이외에도 마코단시 makodansi(장대들을 허공에서 떠받히는 이음새 부분으로 '솟구친 틈새'라고 번역된다)라는 세 번째 공간이 있다. 또 장대들의 끝부분이 교차하는 네 번째 공간 마코다먀드 사르바/사르부 makodamjad' sarva/sarvu가 있다. 그곳에서는 모든 장대들이 우주를 향해 머리를 내밀고 있다. 그곳에서 우리는 공간의 확대 현상을 만나게 된다.

다시 말해서 천막의 공간은 위와 아래로 끝없이 확장되어 있다. 그래서 민요의 등장인물들이나 샤먼의 영혼을 지닌 사람들은 마코단시에 특별한 애정을 보이는 것이다. 마코단시는 언제나 열린 우주를 향해 만들어진 열린 창, 망원경의 역할을 수행한다. 천막은 지하세계로 들어가는 입구의 역할을 하기도 한다.

이제 천막 주변의 공간을 살펴보기로 하자.

천막 주변의 공간은 천막 내부의 공간과 관련되어 있지만, 내부 공간처럼 세분화되지는 않는다. 그곳은 시냐츠이 sinjatsy, 두 개의 먀드 한조 mjad' xanzo, 뇨냐츠이 njonjatsy의 네 구역으로 나뉜다. '한조'의 어원은 명확하지 않으나, '머리맡 부분'으로 번역될 수 있다(천막 내부의 침대 머리맡도 '한조'라고 불린다). 이 단어는 '하 xa(귀)'와 '소시 sos'(들리다, 느끼다)'의 결합어이다. 즉, 이 단어는 '들을 수 있는 장소'를 의미한다. 민요 속에서 이 구역은 예외적 장소이다. 적들은 이 구역을 침범하며 천막 주민들에게 자신들의 출현을 통고하기도 하고 또 여자들을 약탈하기도 한다.

남자들이 대화를 나누는 남성 전용 구역은 천막 뒤편에 있으며, 여자들이나 성숙한 여자애들은 지나갈 수 없다. 그 구역은 남자들이 명상, 협상, 휴식을 취하는(적극적인) 장소다. 실생활에서 하사바됴바의 공간은 민요 속의 공간보다 더 넓다.

천막의 공간과 천막 주변의 공간은 눈으로 쌓은 방어벽 타하 taxa로 서로 분리되어 있다. 눈으로 만든 방어벽은 바람을 막아주거나 천막 안으로 눈이 들이치는 것을 막아준다.그 방어벽은 때로는 여름에 제작되는데, 그때 사람들은 하나의 일과로서 뿐만 아니라 종교적 의무감을 가지고 참여한다.

텍스트로 돌아가, 썰매구역에서 '남자들이 일을 보는' 하사바드이 xasavady가 아니라, 앉아 있는 느가므드이 ngamdy에도 주목해보자.

"천막 앞에 남자들이 앉아 있었다." 유감스럽게도 이 번역은 본래의 의미를 전달하지 못한다. 보다 더 정확하게 번역하자면, "한 사내가 천막 뒤에 앉아 있었다"라고 해야 한다. 이 문장은 경멸적 의미의 지소격 어미 '야 ja'가 행위동사 '남됴브이 namdjovy'에 사용되고 있으므로, 결국 적대적 관계를 보여주는 구문으로 이해되어야 한다.

"나의 두 형이 한 썰매에 앉아 있었다." 이 문장에서도 다시 그 뉘앙스를 번역하기란 매우 어려운 지소격 어미 '예 —e'가 사용되고 있다. 접미사 이렇게 사용되고 있으므로, 형제들의 결심이라는 해석은 오역이 될 수 있다.

이처럼 민요와 민속자료의 콘텍스트 속에서 다양하게 묘사되는 하사바됴바(그 일종으로서의 느가므드이를 포함하여) 현상은 남자들이 결탁하거나 이별하는 신성한 영역이자 일상적인 영역이기도 하다. 하사바됴바는 남성사회에서 하나의 학교이자, 클럽인 것이다.

제 2 장

우주의 구성원

네네츠 인들의 민요 장르에서 분석된 것처럼 세계의 수평적 수직적인 유기적 특성은 지상의 거주자, 지상-코스모스의 거주자, 코스모스의 거주자라는 민요의 등장인물들을 상계, 중계, 하계라는 관습적인 세 가지 우주 공간에서 드러내지는 않는다.

지상의 경계에서 거주자들은 천상-지상(새들과 신화적 존재들), 지상(인간과 동물들), 지상-지하와 물속에 배치된다. 지상과 우주에 거주하는 대표적 거주자들은 작은 그룹을 이룬다. 가장 큰 그룹은 당연히 지상의 거주자들이다. 이후 필자는 민요의 가장 중요한 인물들에 주목하게 될 것이다.

첫째 민요 텍스트 속에 등장하는 이름을 갖는 인물들, 둘째 그들의 성격, 셋째 동물 세계에 실제로 존재하는 유형, 실제 존재하는 인간들의 혈통(종족명) 또는 실제 존재하는 현상과 인물의 관계, 넷째 어원학 또는 명칭의 의미에 관한 정보로 이 글은 구성될 것이다. 자료가 확보된다면. 자주 등장하는 인물들은 그 성격이 분석되겠지만, 일회적으로 등장하거나 아주 드물게 등장하는 인물들은 그렇지 못할 것이다.

1. 지상의 거주자

지상의 거주자들은 그 존재감에 따라 천상-지상의 거주자, 지상의 거주자, 지상-지하 거주자로 나뉜다.

1.1. 천상-지상 거주자

새

네네츠 민요 속에서 새들은 상당히 중요한 역할을 맡고 있다. 인간들은 종종 '학-아가씨', '백조-아가씨', '거위-사내'처럼 새들의 형상을 취하기도 한다. 새들은 때때로 거대한 모습으로 등장한다. 어치나 섬까마귀를 가리키는 쇼마꼬 Sjomako는 한 번에 소 열 마리, 곡식 160킬로그램을 먹어치우고 또 장사꾼 일라 바스꾸이 Ila' vaskij를 등에 태우고 다닌다. 동물 이야기 속에서 가장 자주 등장하는 새는 까마귀와 그 새끼들이다.

까마귀 – 바르네 varne/ 바르네스 varnes/ 바르나 varna/ 훌르이 xuly/ 하르네 xarne/ 하르네스 xarnes/ 하늘의 하르네스/ 하르나 xarna

까마귀는 적극적인 동물로 등장한다. 까마귀는 맡은 역할에 따라 긍정적일 수도 부정적일 수도 있다. 까마귀는 여우로부터 어치 새끼들을 구하기도 하고, 동물의 몸뚱이를 찢기도 하고, 작은 새가 사냥한 물고기를 훔쳐 먹기도 한다. 까마귀 어미는 북쪽나라 왕의 보물 중에서 주인공을 구할 생명수를 구해오기도 한다.

서사시 속에 종종 등장하는 까마귀 떼들은 누군가의 죽음을 예고한다. 남주인공과 여주인공은 까마귀 떼의 등장을 목격하고 가까운 지인의 죽음을 예감한다. 보통 까마귀는 시체를 먹고 사는데, 이런 행위를 통해 자신의 본성을 드러낸다. 서사시 속에서 부정적인 인물은 보통 까마귀로 변신한다. 세르야 예발료를 뒤쫓는 메다르카나(절름발이 여인)은 때로는 까마귀로 또 때로는 늑대로 변신한다.

작은 새 레 모로코 Le' moroko'

작은 새는 까마귀와 마찬가지로 적극적인 동물이다. 신화–이야기 속에서 작은 새는 복수심에 불타고 있다. 작은 새는 인간의 피가 더 맛있다고 느가 Nga에게 고백한 모기의 혀를 잘라버린다. 환상적인 신화–이야기 속에서 작은 새는 긍정적인 존재로도 등장한다. 작은 새는 형 바이가 버려두고 간 막내 동생 바이를 굴 속에서 구출한다. 인간–여인의 딸은 파르네 인들이 잡아먹으려고 하자 자기 대신에 누이와 두 마리 작은 새를 남겨둔다. 여기서 작은 새는 소녀를 죽음에서 구원하는 구원자로 등장한다. 〈테탐보이 Tetamboi 삼형제〉라는 흐이나브츠이 가요에서 작은 새는 혼인계약을 무시하고 파르네 인들에게 넘겨지게 된 얄렘다드 뉴 Jalemdad-Nju (유가 Juga의 아들)의 약혼 녀에게 조언자, 길안내자의 역할을 하기도 한다.

갈매기 할렙 Xalev

갈매기는 동물들이 등장하는 신화-이야기 속에서 본래 긍정적인 역할을 맡고 있다. 한 옛날이야기에서 갈매기는 어느 천막 사람들이 이웃 천막 사람들을 죽이려는 음모를 엿듣고 그들 중에서 한 여인을 구출한다. 또 다른 옛날이야기 속에서 갈매기는 식인-거인을 괴롭히며 인간들에게는 평화를 불러온다. 환상적 옛날이야기 속에서 일곱 마리 갈매기는 식인-거인으로부터 도망치는 두 자매에게 길을 알려준다. 이 갈매기 들은 인간에게 부를 가져다 주기도 한다. 갈매기들은 행복의 화신으로 등장하는 것이다. T.레흐티살로는 네네츠 인들이 새들 중에서도 작고 흰 갈매기를 영물이라고 여겼다고 한다. 신화학 보고서에 따르면 갈매기는 다른 이미지로도 나타나는데, 갈매기가 누군가 죽기를 바라면 장례용 장대 위에 앉고 또 기념물로 세워둔 동물의 뼈를 쪼아댄다고 한다.

메추리 호르크이Xorky/ 하베프xabev/ 하베브코xabevko

네네츠 인들의 민요 속에 드물게 등장하는 날짐승이다. 동물에 관한 신화-이야기 속에서 메추리는 먹을 것이 부족한 겨울철에 자신을 잡아먹으려는 부엉이들로부터 도망치기도 하고 빵을 구우려는 생쥐가 도움을 요청하자 거절하기도 한다. 신화-이야기 속에서 환상적 성격을 가진 메추리의 기능은 매우 복잡하게 나타난다. 메추리들은 한 네네츠 인에게 부자가 되려면 아내를 죽이라고 권한다. 물론 그런 권유는 당연히 거절당한다. 〈괴물 티를레이 Tirlej〉의 텍스트 속에서 아홉 명의 괴물 티를레이들은 메추리로 변신해서 태양을 향해 날아간다. 〈야브말 Javmal의 편력〉이라는 신화—이야기 속에서 우주의 아들인 야브말은 메추리의 모습으로 바람 여왕의 딸을 찾아다닌다. 신화 속에서 메추리들은 불행에 빠지거나 가난한 사람들의 먹이가 되기도 한다. '호르크이'라는 단어는 '자작나무 숲에 존재하는'이란 의미로 번역될 수 있다.

네네츠 인들의 민요 속에서 소리새, 거위, 부엉이, 어치, 딱따구리, 오리뿐만 아니라 독수리, 매 등도 아주 드물게 등장한다. 그러나 이 날짐승들에게는 상당한 의미와 비중이 부여되며, 적극적인 역할을 수행해나간다.

신화적 존재

위대한 강의 신 야브말 Javmal/ 야브말 베소코 Javmal Vesoko

네네츠 신들 중에서 가장 존경받는 신으로서 샤만의 노래와 서사가요에 등장하는 인물이다. 서사가요 〈시브다 노예차 Sivda Noetsja〉에서 위대한 강의 지류 '야보 타르카헤챠 Javo" Tarkatexetsja'로 불린다. 그러나 신화—이야기 속에서 이 형상은 가장 세련된 모습을 한다. 신화—이야기 속에 묘사된 정보를 토대로 야브말의 모습을 재구성해보면, 그는 네러티브 속에서 한티 족(이민족) 삼형제 중의 한 노인, 노인 형제들 중의 막내, 바보, 한티 족 노인, 노인 부부의 아들, 노파의 갓난아기 등의 모습으로 등장한다. 그가 신화—이야기 속에 등장하는 인물 형상은 매우 다양하지만 그는 항상 평범한 사람의 모습을 띠고 있다. 그런 이유로 D.D.프레제르는 '신적 능력과 초월적 능력을 지닌 인신 혹은 인간관은 본질적으로 신과 인간이 서로 분리되지 않고 질서 있게 배치되었던 시대의 종교사에 속하는 것'이라고 정의한 바 있다.

야브말의 부모에 관한 정보는 대부분의 텍스트 속에 존재하지 않는다. 그가 어렸을 때는 형제와 누이들 또는 할머니들이 양육을 담당한다. 그의 아내는 신화적 존재이기도 하고 '바람나라 왕의 딸, 할머니 야미니Jamini, 할머니의 딸, 한티 족의 딸, 파르네 등 사회적 지위가 높은 평범한 인간이기도 하다. 어떤 작품에서는 실제의 아내가 아니라, 붉은 머리의 미녀나 버짐투성이 코를 가진 노파의 딸 등 상징적인 아내로 등장하기도 한다.

바위 곳의 주인 - 페 살리 예르브 Pe sal' erv, 모래 곳의 주인 - 야라 살랴 예르브 Jara salja erv, 숲의 주인 - 페다라 예르브 Pedara erv, 대지의 주인 - 야 예르브 Ja erv, 작은 주인 - 예르브코 Ervko

'예르브 erv'라는 단어는 현대 사전에서 주인, 책임자, 관리, 신화 속의 영령 등으로 표기되어 있다. 민요 작품들을 읽게 되면 '눔 Num(날씨, 하늘, 신)'에서 '야 Ja(대지)'에 이르기까지 예르브가 나란히 사용되고 있음을 알게 된다. 민요에서 인간에게 적대적인 예르브들은 파멸하며, 인간에게 우호적인 예르브들과 함께 세계는 유지된다. 실제 생활에서 네네츠 인들은 이 단어 속에 존경의 의미를 담기도 한다. 수많은 자연현상을 주재하는 영령들이 존재한다는 것은 결국 절대신 예르브코 Ervko가 출현하도록 한다. 민요 속에는 한티 족 삼형제(첫째형은 예르브코 Ervko, 둘째형은 야드나코 Jadnako, 막내는 야브말롬

Javmalom)가 등장하는데, 거기서 그들은 신이 되기도 한다.

노파 – 푸후탸 Puxutja/ 대지의 공동창조자 – 야미냐 Jaminja/ 대지의 어머니 – 야네뱌 Janebja/ 대지의 가슴 – 야-뮤냐 Ja-mjunja/ 대지를 창조한 처녀 – 야소이하다 Ja'soj xada

L. 호미츠와 Ju. 심첸코의 문헌들 속에서는 '야뮤냐'라고 기록되어 있지만, Ju. 심첸코의 민요 텍스트 속에서는 '야메냐'라고 기록되어 있다. 그러나 필자는 '야미냐 푸후탸'가 이 신화소를 더욱 정확하게 표현하는 것이라고 생각한다. 네네츠 어로 얌미냐 'Jam'minja'는 대지란 의미의 '야 Ja'와 '만들다, 건설하다, 준비하다' 등을 뜻하는 '미니 Min'' 동사가 결합한 합성어이다. 따라서 이 인물의 이름은 '대지의 여성건설자'로 번역될 수 있다.

이 인물에 대해 어원학 문헌들은 여러 가지 해석을 내린다. L. 호먀츠는 야뮤냐를 대지의 여주인, 산파라고 지적한다. 반면에 Ju. 심첸코는 이 인물을 자연의 어머니에 대한 신앙을 가진, 문명에 눈을 뜬 순록사냥꾼과 연관시킨다. 심첸코에 따르면, "라플란드*인들은 자연의 어머니를 악카akka(아가씨)라고 불렀다. 사암 족**에게 초자연적인 어머니를 포함한 마데르-악카 Mader-akka와 그의 딸들 사르-악카 Sar-akka, 우르스-악카 Urs-akka, 유크스-악카 Uks-akka는 중요한 존재였다. 마데르-악카는 네네츠 인들의 야뮤냐, 느가산 족의 모우냐므이 Mounjamy, 유카리 족의 로치드-아마이

---

* 노르웨이, 스웨덴, 핀랜드를 포함하는 고대국가
** 라플란드 지역에 사는 소수민족

Lochid-amai와 매우 흡사하다. 마데르-악카는 인간과 동물의 영혼을 소유한다. 그녀는 그 영혼들은 막내딸 사르-악카에게 전해주며, 사르-악카는 영혼들을 육신에 불어넣어 완전한 생명체로 만든다. 또한 여자들이나 순록들이 출산할 때 도움을 주기도 한다. 다른 언니들 우르스-악카와 유크스-악카는 아이들과 집을 보호한다"고 한다.

네네츠 인들의 실질적인 종교관이 반영된 민요 텍스트를 연구하면서, A. 골로브뇨프는 야-뮤냐를 대지의 자궁이라고 불렀다: "그녀는 만물을 탄생시키는 자궁일 뿐만 아니라, 모든 것을 빼앗아가는 존재였다. 달리 표현하면, 그녀는 생명(눔의 아내)과 죽음(느가의 어머니)을 관장하는 것이다." 네네츠 샤먼에 관한 최근 연구논문 속에서 우리는 이런 내용을 확인할 수 있다.

"제7 하늘에는 달과 별들이 있고, 제8 하늘에는 태양이 있다. 그리고 제9 하늘에는 아이들의 영혼과 가족의 수호신인 여신 야미냐가 눔과 함께 살고 있다. 네네츠 인들의 신앙에 따르면, 눔은 어린아이의 영혼을 창조하고, 어머니-공동창조자 야미냐는 인간들에게 그 영혼을 위임한다. 그녀는 인간의 운명을 조종하는 것이다. 운명이 어떻게 될 것인지에 관한 기록은 그녀의 특별한 명부 일파다르 il'padar"에 들어있는 것이다."

어느 기록 속에는 야미냐 할멈이 파르네 족 출신의 수양딸에게 자기 자식들인 파리, 딱정벌레 등 여러 벌레들을 목욕시키라고 명령한다. 변함없는 그녀의 역할은 여자들의 수호신, 특히 출산을 맞은 여자들의 수호신이다. 뿐만 아니라 민요 자료들 속에는 그녀가 출산하며 죽어가는 여자들을 상징한다고 기록되어있다. 이런 역할 속에서 그녀는 긴 얼굴, 굽은 허리, 작은 발을 가진 존재로 묘사되어있다. 이런 점에서 그녀는 죽음의 세계와 관계를 맺은 러시아의 마귀할멈 바바-야가 Baba-Jaga와 비슷하다.

욤보 Jombo/ 욤베이코 Jombejko/ 욤보 Jombo Vesako/ 욤부 Jombu/ 욤포 Jompo/ 욤푸 Jompu/ 이옴보 Iombo

욤보는 네네츠 인들의 사랑을 가장 많이 받는 민요 주인공 중 한 명이다. V. 바실리예프의 주장에 따르면, 그 인물 속에서 여러 역사서사시에서 기원하는 세 인물의 형상이 결합되어 있다. 즉, 우랄 통일 시대를 언급하는 사기꾼 욤푸 Jompu와 사모예드 족 통일시대의 마법사 요옴푸 Joompu와 진정한 문화창시자 일림베-페르체 Ilimbe-perche와 손을 잡은 사기꾼 요옴푸 Joompu의 이미지가 욤보 Jombo에게 투영되어 있다. 네네츠 문명의 수호자였던 그 인물의 다면적 성격이 사람들의 관심을 집중시킨다. 욤보가 등장하는 작품을 공연할 때면 그의 파렴치하고 호방한 웃음에 관객들은 수군거리게 되고, 흥분과 공포에 빠져든다.

나르달료 Nardaljo/ 나르달리코 Nardaliko

이 인물이 보여주는 일련의 행위들은 〈사체〉를 다룬 주제와 연관이 있다. 느가르달료 Ngardaljo의 간계를 다룬 한 텍스트 속에서도 동일한 주제가 반복된다. 느가르달료는 무덤에서 할머니의 시체를 끌어내서 썰매에 싣는다. 그리고 한티 인들의 천막에 도착한 그에게 사람들이 식사대접을 하려고 하자, 그는 굶주린 할머니가 밖에서 기다리신다며 슬피 울어댄다. 집주인의 딸은 할멈을 모시러 집에 갔다가 시체와 부딪히고 만다. 그러자 느가르달료는 마치 집주인의 딸이 할멈을 죽이기라도 한 것처럼 분노한다. 집주인은 느가르달료에게 큰딸을 시집보내지 않을 수 없게 된다. 느가르달료는 아들을 낳는다. 그러던 어느 날 처제가 갓난아이를 돌보다가 느가르달료의 간계를 밝혀낸다. 느가르달료는 처제의 혀를 자른다. 벙어리가 된 딸을 치료하기 위해 샤먼이 초청된다. 샤먼이 느가르달료의 간계를 폭로하는 동안 느가르달료는 샤먼의 말을 따라하기 시작한다. 그때 신부가 도착하고, 신부의 방문에 놀란 사람들은 도망치고 만다. 그때 느가르달료는 샤먼마저 죽인다. 천막의 주민들은 샤먼의 시체를 그 가족들에게 넘겨주라고 부탁한다. 샤먼의 집으로 가던 도중에 느가르달료는 다람쥐를 쫓던 사냥꾼들이 할머니를 죽인 것이라고 생각한다. 사냥꾼들은 50마리의 순록을 그에게 넘기고 위기에서 벗어난다. 다시 길을 가던 느가르달료는 천막들은 발견하자, 신부가 오는 길이라고 소리친다. 개들이 짖어대고 소동이 벌어진다. 그후 느가르달료는 두 사람이 할머니를 죽였다고 소리치기 시작한다. 침묵하는 댓가로 느가르달료는 두 명의 아내를 얻게 된다. 한티 족 길안내자는 느가르달료로부터 두 아내와 순록들을 빼앗고 느가르달료를 얼음구멍에 빠뜨리기로 결심한다. 그러나 느가르달료는 썰매 세 대에 짐을 싣고 가던 러시아 인과 자리를 서로 바꾸었기 때문에 러시아 인이 대신 얼음구멍에 던져진다. 다음 날 아침 느가르달료는 짐을 실은 썰매 세 대를 끌고 길안내자를 찾아서는 자신이 빠진 강바닥에서 얻은 수확물이라고 말한다. 물욕에 눈이 먼 길안내자가 강에 뛰어들려고 하자, 느가르달료는 오히려 그를 말린다. 느가르달료는 할머니를 싣고 온 세상을 돌아다니는 순록지기가 된다.

이 인물의 일련의 행위 속에서는 마법사의 신화적 행위들이 어떻게 빈부투쟁의 사회적 관점으로 이행되는지 볼 수 있다.

대장장이 야다르타 Jadarta/ 대장장이 할멈 야다르타 푸후챠 Jadarta Puxutsja

대장장이는 네네츠 민요에서 자주 볼 수는 없지만 강렬한 인상을 주는 인물이다. 그의 형상은 소박한 동화 〈딱따구리〉 속에 등장한다. 〈딱따구리〉의 내용은 다음과 같다. "굼벵이 노인은 솜씨 좋은 대장장이였다. 그는 단단한 무쇠 부리를 만들었다. 날카로운 발톱도 만들었다. 그는 그 모든 것을 딱따구리에게 선물했다. 그때부터 딱따구리는 할머니가 대장장이 노인을 위해 만든 옷을 가져왔다. 대장장이가 선물한 무쇠 부리로 먹이를 구했다. 그는 멋진 발톱도 가지고 있다." 이 동화 속에서 대장장이는 문명에 눈을 뜬 주인공으로 등장한다.

다른 텍스트에서 검은 천둥은 무쇠 숲으로 둘러싸인 강가에 사는 러시아 대장장이에게 빛을 만들어달라고 주문한다. 그 일로 인해 주인공 세르 야 테타(얼음섬의 주인)는 러시아 대장장이를 만나게 된다. 세르 야 테타는 많은 숲의 거인들을 죽이고, 나중에는 자신의 아내와 함께 야브말이 된다. 그리고 나서 세르 야 테타는 자신의 나라로 함께 가서 다른 사람들에게 대장간 기술을 보급하도록 대장장이에게 명령한다. 이때 대장장이는 조물주의 역을 맡고 있는 것이다.

또 다른 서사가요에서는 앞서 언급한 대장장이 노파의 모습을 볼 수 있다. 여기서 우리가 생각해볼 앞으로의 과제는 대장장이나 대장간 기술은 어떤 규모였는지, 사용된 금속들의 종류는 어떤 것인지, 또 그 금속들로 제작된 물건들이나 건축양식은 어떤 것이 있는지 등등이 될 것이다. 금속은 네네츠 인들의 정화의식에 사용되는 필수품이기도 하며, 세계의 다른 민족들과 마찬가지로 한티 족이나 만시 족 같은 이웃 종족들의 모든 의례에도 사용되었기 때문이다.

1.2. 지상의 거주자

인간

현존하는 대표적 종족들이 대부분을 구성한다. 여기서 가장 먼저 언급하게 될 인명은 바이Vaj인들이다. 네네츠 민요에는 바이 인들이 등장하며, 에네츠* 족 만도 Mando는 부차적인 인물이나 주인공으로 등장한다. 예를 들면, 오늘날 널리 알려진 흐이나브츠-노래의 7장은 만도와 바이 인들을 찬미한다. 그 작품 속에는 바이-세브-세르 Vaj-Sev-Ser, 즉 푸른 눈의 바이 인들이 형상화되어 있다. 민요에서는 네네이 바이 Nenej Vaj란 이름도 눈에 띠는데, 그것은 '바이 족 출신의 진정한 여인' 또는 '바이 족 출신의 빛나는 여인'으로 번역될 수 있다. 늙은 테타-바이 Teta-Vaj는 바이 족의 신 '헤헤 xexe'가 되었고, 젊은 바이는 '일리벰베르탸 Ilibembertja'가 되었다. 흐이나브츠에서 느이바이 Nyjvaj는 느그이바이 Ngyjvaj 족의 '헤헤'가 되었고, 라하나코에서 느이바이-테타 Nyjvaj-Teta는 남쪽지방으로 떠나갔다.

Z.N.쿠프랴노바의 해석에 따르면, 바이는 예니세이 강변에 거주하는 에네츠 족 바이 Baj의 네네츠 식 명칭이라는 것이다. 또 N.M.테레쉔코의 견해로는, 바이는 야말 반도에 거주하는 네네츠 족 가운데 한 부족의 명칭이라고 한다. 테레쉔코가 주장했듯이, 우랄 산맥 서부지역에 거주하는 네네츠 인들에게 바이라는 단어는 '사악한', '악의적인', '고약한' 등의 의미를 연상시킨다. 그녀의 지적에 따르면, 이 단어의 이차적 의미는 에네츠 족의 명칭이라고 한다.

---

* 예니세이 강 하류에 거주하는 소수민족.

현대 네네츠 어에서 바이라는 단어는 '죄악'이라는 뜻을 갖는다. N.V.플루쥐니코프는 바이가츠 Vajgatsj 섬의 명칭을 어원적으로 규명하면서, 섬의 명칭이 '바이 vaj'와 '나치 natsj'의 합성어로 구성되어, 결국 '사악한 용사들의 섬'을 뜻한다고 주장했다.

20세기 초 네네츠 지역과 네네츠-야말 지역을 조사한 G.D.베르보브이의 인명사전에는 바이 Vaj란 성씨는 없으나 노카 바이 Noka Vaj란 성씨는 존재한다. 이 성씨는 많은 바이 인들을 뜻하기도 하다. L.P.네냥은 네네츠 인명을 연구하면서 주민들의 성씨를 다루었는데, 그 명단 속에는 바이란 성씨가 들어있었다. V.I.바실리예프가 19세기-20세기 초에 만든 네네츠 인명과 종족 사전에는 느그이바이 Ngyjvaj란 성씨가 들어있다. 느그이바이란 성씨는 '유순한 바이 인들'로 번역될 수 있겠다. 1981년 7월 3일 필자가 녹취한 자료 속에서도 살레하르드 주민인 라타 바실리예브나 파트코바는 자신의 성씨(종족명)를 바이라고 했다. 이 대목에서 바이 인들이란 네네츠 인들이며 또 에네츠 인들이라는 테레쉔코의 주장에 동의할 수 있을 것이다. 이런 정황을 고려하면, 이 명칭은 에네츠 인들과 네네츠 인들의 통합 과정이 반영된 결과라고 생각된다.

바라 Vara (보라 Vora) 족

민요에서 바라 족 사람들은 신 또는 신의 표석으로 나오기도 하며, 때로는 불효자들로 등장하기도 한다. 테레쉔코의 견해에 따르면, 바라는 툰드라 네네츠 종족 가운데 한 부족의 명칭이라고 한다. 이 명칭은 '검은 가죽 외투'로 번역될 수 있다.

브일카 Vylka 족

〈노호 족 출신의 여인〉이란 작품에서 남자 브일카와 여자 브일카는 노호 족 남매의 남편과 아내로 각각 등장한다. 흐이나브츠 〈건장한 브일카〉에서 '건장한 브일카'란 이름의 주인공은 '느가 테바루이 Nga Tevaruj', 즉 '하늘의 지혜를 깨달은 여인'을 찾아간다. 주지하듯이, 느가 Nga는 눔 Num의 형제이자, 하늘의 신이다. 이야기 속에서 주인공은 '하늘의 지혜를 깨달은 여인'과 접촉할 수 있는 특별한 능력을 얻게 된다. 그런데 네네츠-러시아 어 사전에서 '브이 vy-'는 '최상의 능력' 또는 '샤먼의 저승세계 편력'을 뜻하며, 접미사 '르카 -lka'는 그 의미가 명확하지는 않지만 종종 명사와 결합하는 현상을 보인다. 따라서 브일카란 성씨는 '최고의 능력 또는 남다른 능력을 획득한 남자'로 변역될 수 있다고 생각한다.

냐노테 벨리 Njanote Ve"li 족

벨리 Ve"li는 카닌 반도(오늘날의 발레에프 반도)에 거주하는 툰드라 네네츠 인들의 한 종족명이다.

벵가 Vennga 족

야라브츠 〈벵가 Vennga족 출신의 소년〉에서 러시아 인은 벵가 족 출신의 소년은 아버지와 삼촌을 살해한 원수이자 생식불능자인 러시아 인의 손에 양육된다. 소년은 마치 생식불능자인 러시아 인의 땅을 물려받을 생각인 것처럼 처신한다. 그러나 결국 소년은 부유한 러시아 인의 손에 넘어간 아버지의 재산을 되찾는다. '벵가 Vennga'란 툰드라 네네츠 족의 한 부족명이다. 전설에 따르면, 이 부족의 조상은 청력이 매우 뛰어났다고 전해진다. 여성을 가리키는 '벵그이 Venngy'란 변형된 이름도 찾아볼 수 있다. 이 이름은 '개의 귀'란 뜻을 가지고 있다.

베라 Vera 족

네네츠 민요 속에는 이런 명칭을 가진 부족은 전해지지 않는다. 이 부족 중에는 샤먼들도 있었다. 어느 작품에서 베리-테타야 Veri-Tetaja란 인물은 나쁜 전사로 등장한다. 세트레-베라 Setre-Vera라는 이름의 등장인물은 타인의 땅을 유린하는 약탈자이기도 하다. 베라는 야말 반도에 거주하는 툰드라 네네츠 족의 한 부족명이다. 베라 족은 가장 폭력적이고 강력한 부족이기도 하다.

라브추이 Labtsuj 족

라브추이 Labtsuj는 툰드라 네네츠의 한 부족명이다. 이 단어는 '평평한', '저지대의'란 뜻을 가지고 있다. 이 부족은 수많은 샤먼들과 뛰어난 이야기꾼을 배출하기도 했다. 이 부족의 대표적 인물은 후기 서사가요 흐이나브츠 중 한 작품 속에 등장한다. 거기서 그는 마음이 약한 사람이어서 자신이 사랑하는 여자도 지키지 못한다.

노호 Noho 족

이 등장인물은 〈베라 족의 세 부자 여인〉, 〈노호 족의 세 부자 여인〉, 〈노호

족 출신의 여인〉 등 여러 흐이나브츠 작품 속에 등장한다. 민요 속에서 노호
는 각각 베라 족, 후디 족, 브일카 족 약혼자와 결혼한다. '노호 족 출신의 여
인'은 브일카 족과 결혼한다.

타느임 샬랴 예르브 Tanym Salja Erv

곶 언덕의 주민

바다리 Vadari

단어로만 의사를 전달하는 사람

네시다 Nesjda

한쪽 발이 없는 사람

익샤다 Iksjada

목이 없는 사람, 즉 목이 짧은 사람

마르치 사그 Martsj Sag

어깨가 좁은 사람

네메레탸 Ne meretja

빠른 다리를 가진 사람

샤타 사바 Sjata Sava

얼굴이 예쁜 여자

바보 살라코 Salako

민요 속에 항상 등장하는 인물. 이 인물에 대해서는 연구가 이루어져있지 않지만, 빈둥거리다가 죽는 바보, 인간적 본성과 신성성을 동시에 갖춘 바보의 두 유형이 있다. 후자는 이야기 후반부에서 높은 사회적 지위에 오른다.

파리세 Parise

검은 순록의 주인

하토로 테타 Xatoro teta

얼룩 순록들의 주인

아미얀코 녜 Amjanko Ne

젖먹이 여자아이

푸후챠 Puxutsja

할멈

유숙지의 일꾼들

대부분의 네네츠 민요 장르 속에는 일꾼들이 등장한다. 그들은 잔심부름을 하는 소년 느가체크이 ngatseky, 일반 노예 하비 xabi, 거지 상태의 노예 함댜 xamdja, 여주인과 함께하는 일꾼 냐나 메나 njana mena, 고용 머슴 만즈라나 manzrana 등으로 나뉜다.

바이 Vaj와 만도 Mando

바이와 만도는 대부분의 경우 평범한 등장인물이 아니라, 흐이나브츠 노래의 남녀 주인공들이다. 일반적으로 그들은 하늘을 날고 사람들을 소생시키는 능력을 갖춘 용사들이거나 마법사들이다. 만도는 툰드라 부족이며, 바이는 오늘날 타이므이르 자치구에 거주하는 숲지대 에네츠 족을 가리킨다.

루차 Lutsa, 루사 Lusa

루차는 종종 러시아 인을 지칭할 때 사용된다. 천 년에 걸친 러시아와의 교류 덕분에 러시아 인들은 네네츠 민요 속에도 등장한다. 그러나 루차는 모든 유럽인들을 지칭할 때 사용되는 말이므로 반드시 러시아 인만을 가리키는 명칭으로 이해되어서는 안 된다.

파르네 Parne

네네츠 인들의 신화, 신화−이야기, 신화−가요 속에 등장하는 특별한 사람들로서 흐이나브츠이 가요에서 볼 수 있다. 〈인간−여인과 파르네 여인〉 시리즈에 이들이 등장한다. 이들이 어떤 존재인지에 대해서는 학자들도 골머리를 썩이고 있다. 이 문제에 대해 K. 라바나우스카스는 "파르네가 실제로 어떤 존재인지는 네네츠 인들의 자료를 통해서는 알 수 없다. 한티 족과 만시 족의 신화와 민요를 통해서만 그 수수께끼를 풀 수 있을 뿐이다. 이 단어는 한티 어로 포르네 Porne라고 발음되며 '포르 Por 족 출신의 여인'으로 번역될 수 있다. 야말 지역에서는 '포르 족 출신의 남자'라는 의미를 갖는 포로느구이 Pornguj라는 성이 오늘날에도 존재한다. 모시 족과 더불어 포르 족은 동족혼이 금지된 한티 족과 만시 족에 속한다. 이들은 우랄 지역과 서 시베리아에 거주하던 고대인들이었을 것이 확실하다. 어쩌면 포르 족은 야만성을 지닌 원시인들이었을지 모른다. 네네츠 전설을 살펴보면 파르네 인들은 거칠고 격정적인 성격을 지니고 있으며, 현대인들과 카니발리즘에 적대적인 태도를 드러냈던 것으로 보인다. 파르네 인들은 네네츠 인들을 죽이거나 어딘가로 끌고 갔다."고 설명한다.

동물

네네츠 민요에서 동물의 세계는 모든 장르 속에서 등장하지만, 각각의 장르들이 고유의 미학을 갖는다는 점에서 획일적인 모습으로 나타나지는 않는다. 동물들에 관한 옛날이야기에 주목하게 되면 다른 민족들의 민요에서처럼 그들은 하나의 등장인물로서 말하고 생각하고 행동한다. 신화—이야기 속에서 대표적인 가축들은 소, 개, 말, 순록 등일 것이다. 사육되는 순록은 〈야생 순록과 사육 순록의 논쟁〉에서 누구의 삶이 더 나은지를 다투는 주제 속에서만 등장한다. 서사가요 슈드바브츠, 야라브츠, 흐이나브츠, 개인들의 노래 야베 쇼 Jabe sjo, 수수께끼 호브츠 xobtsjo 같은 다른 장르들에서는 순록이 등장하지 않는 작품이란 불가능하다. 이런 장르들에서 순록을 등장인물로 볼 수 있는가 하는 문제가 제기될 수도 있겠으나, 필자의 견해로는 이는 논쟁의 여지가 없는 문제이다. 순록은 사람들의 입을 통해 항상 찬미되며, 때로는 사람들의 전우이기도 하지만, 주인의 명령에 복종하는 동물이며, 순록 유목문화의 대표적 존재인 것이다.

작품의 주인공으로 등장하는 순록은 그 성격에 따라 등장인물로서의 이름을 부여받게 된다. 야르코 팔형제에게 순록은 '라드 세르 Lad ser'(흰가슴 순록)'란 이름으로, 세르 야 테타에게는 '테트 흐이예다나 Tet xyedana(네 마리 암갈색 순록)', 느게시다코에게는 '냐데코 하브텐그 Njadeko xabteng(출산이 늦은 황소)', 노호 족 젊은이에게는 '테트 파드브이Tet padvy/ 누보 파드브이 nuvo padvy(하늘을 닮은 순록들)'란 이름으로 각각 등장한다. 네네츠 민요에서는 빠르고 인내심 많은 전투용 순록 이외에도 수많은 전투용 거인 순록들이 등장한다. 그 거인 순록들은 보통 사육 순록들 무리 속에도 살지만, 그 무리 주변에 사는 경우가 대부분이다.

큰사슴 / 하보르타 Xaborta

이 동물은 네네츠 민요 속에서 두 개의 형상으로 만날 수 있다. 첫 번째 형상은 순록처럼 이동수단으로 사용되는 가축으로서의 이미지다. 인간과의 관계에서 신성한 존재로 여겨지는 큰사슴은 사육되는 순록처럼 인간과 친근한 동물이다. 슈드뱌 베사코의 딸에게 큰사슴은 순록과 동일한 존재로 비쳐지기도 한다. 슈드뱌의 딸은 큰사슴 네 마리가 끄는 썰매를 타고 자신이 인간으로 변신하는 인간들의 거주지에 도달한다. 이 흐나브츠에서 큰사슴은 괴물들의 세계와 인간의 세계를 연결하는 매개자적 존재다. 큰사슴의 두 번째 형상은 천막의 모습을 닮은 거대한 잣나무 뿌리에 사는 다리가 여섯 개 달린 큰사슴이다. 이 형상은 신석기시대부터 북부지방에 널리 알려진 동물들의 대표적인 모습이다.

말 / 유나 Juna

말은 순록을 키우는 네네츠 인들의 민요 속에서 자주 등장한다. 라하나코 작품 〈망아지 (유노 뉴 Juno Nju)〉 속에서 망아지 〈유노 뉴〉는 제7하늘의 아들이다. 〈야브―말의 편력〉 속에서 거대한 말은 꼬리 여섯 개 달린 여우와 싸우지만, 그들의 힘은 엇비슷하다. 작품 〈귀가 여섯 개 달린 노파〉 속에서 바보는 황금 가면을 쓴 말을 얻기도 한다. 이 동물에 대한 묘사는 순록을 묘사할 때처럼 다양하지도 세밀하지도 않지만, 네네츠 인들에게는 매우 익숙하고 친밀한 존재로 느껴진다. 야브―말의 형상을 분석하는 Yu. 심첸코의 견해 속에서 이런 특성을 알 수 있다. 말은 잠재의식 속에 남아있는 과거 문화에 대한 기억의 잔재들처럼 등장한다. 이 동물은 네네츠 인의 우랄 시대와 관련된 신화―이야기의 텍스트 속에서 자주 만날 수 있다.

2. 지상과 우주의 거주자

베헬랴 Vexelia / 베헬랴 타데뱌 Vexelja Tadebja (베헬랴 샤먼)

젊은 베헬랴코는 늙은 베헬랴코란 이름의 형, 약혼녀와 함께 살고 있다. 어느 날 집을 나간 약혼녀를 찾아 길을 떠났다가, 그는 길을 잃고 식인–거인의 천막에 들어가게 된다. 거인의 약혼녀는 장작을 구하러 젊은 베헬랴코를 데리고 숲으로 갔다가 거인들로부터 도망칠 수 있도록 돕는다. 젊은 베헬랴코는 결혼했고 그로부터 얼마 후 어느 거인이 살고 있던 자작나무 언덕으로 순록 유목을 떠난다. 그는 그곳에서 거인을 죽이고 집으로 돌아온다.

이 라하나코에 등장하는 두 형제 중에서 형은 똑똑하고 동생은 약간 어리석다. 형은 사냥을 다녔고, 동생은 항상 천막 부근의 장작더미 옆에 앉아 있었다. 어느 날 사냥 나간 형이 돌아오지 않자, 약혼녀는 남편을 찾으러 집을 나섰다. 동생 베헬랴코는 그녀의 뒤를 쫓아가다가 자기가 한쪽 발에 신발을 신지 않았다는 사실을 알게 되었다. 그는 집으로 되돌아가서 나머지 신발을 챙겨 신었고 그때부터 그의 모험은 시작된다. 이 작품에서 흥미로운 점은 거인들의 약혼녀가 자기 침대 옆에 난 구멍을 통해 사람들을 지상으로 내보낸다는 사실이다. 침대 구멍 주위에서는 휘파람 소리, 울음소리, 웃음소리가 끊이지 않는 등, 거인들의 천막은 지하 세계를 의미한다. 이 작품에서 그는 평범한 결혼을 한 것이 아니었다. 그의 장인은 그가 유숙지의 주인이 될 거라고 이야기한다.

야르부츠 〈야르 족 출신의 소년〉 속에서 베헬랴는 30인의 테먀 Temja 부족 유숙지에 거주했으며, 30인의 테먀 부족들은 그를 바다의 어부라고 불렀다. 하지만 부모가 모두 피살당한 야르 족 출신의 고아는 그를 툰드라의 장인이라고 불렀다. 그는 여주인들에게 좋은 물건을, 아이들에게는 낚시 도구를 만들어 주었다. 이야기 속에서 야르 족 출신의 소년은 결국 30인의 테먀 인들을 죽이게 되지만, 자기 부모의 피살에 가담하지 않은 베헬랴만은 용서한다. 야르 족 소년은 베헬랴의 북을 사용하게 되는데, 이는 샤만의 기술을 전수받는다는 의미이다. 그리고 베헬랴는 야르 족 출신임이 밝혀진다. 이 작품에서는 이렇게 소년은 샤만이 되고, 베헬랴는 그 대신 야르 족이 되는 역할 전환이 일어난다.

야라부츠 서사가요 〈브이야 Vyja 노인〉에서 여주인공은 원수인 바이 족의 손에서 탈출하는데 성공한다. 여인을 찾는 바이 족은 유숙지 외곽에 사는 베헬랴를 초빙한다. 베헬랴는 과거에 그런 문제를 해결해준 적이 있지만, 이번에는 달랐다. 베헬랴가 알고 있는 내용을 말하지 않자, 바이 족의 계획은 수포로 돌아간다.

야라브츠 〈세로테토 형제〉에는 베헬랴의 딸 베스코가 등장한다. 하수차

코와 전쟁을 벌이는 동생 세로테토는 도움을 청하기 위해 자신의 아내 네 타시니를 화살에 태워 아미니 할미신과 베헬랴의 딸 베스코에게 보낸다. 강건한 미인인 베헬랴의 딸 베스코는 동생 세로테토에게 달려가 한 가지 난제를 제시한다. 동생 세로테토가 그 조건을 거절하자, 베스코는 어떤 참혹한 비명소리가 들리더라도 전쟁에 관여하지 않겠다며 그의 도움 요청을 거절한다. 그러자 동생 세로테토의 아내인 네타시니는 베스코의 태도에 불만을 품고 그녀를 활로 쏴 죽이라고 남편을 부추긴다. 남편은 아내가 시키는 대로 베스코를 죽였다. 그런 일이 있은 후 네타시니는 죽을병에 걸렸고 자신이 죽고 나면 자신과 베스코를 매장하지 말라고 유언을 남긴다. 그녀는 베스코의 시신에서 화살을 뽑아내면 베스코는 물론 전쟁에서 죽은 사람들이 모두 소생하게 될 거라고 예언한다. 그녀의 유언대로 남편이 따르자, 베스코는 되살아났으며, 소생한 베스코는 북을 치기 시작한다. 그러자 모든 사람들이 되살아났다.

베헬랴라는 인물의 이름은 흐이나브츠 노래에 자주 등장한다. 그는 네네츠 민요에서 가장 복잡한 형상으로 묘사된다. 그는 어떤 작품에서는 자신의 유숙지에 거주하기도 하고, 다른 작품에서는 타인의 유숙지에 거주하기도 한다. 또 몇몇 작품에서는 하늘의 거주자로 등장하기도 한다. 베헬랴는 지상의 거주자이자, 하늘의 거주자인 것이다. 베헬랴들은 비밀리 전해지는 지식을 알고 있으며 자신의 북 뿐만 아니라, 슈드바의 북을 두드리며 주문을 외운다. 이 인물의 이름은 '여기저기 새롭게 바꾸다' 또는 '부지런히 돌아다니다'란 의미의 '베헤 vexe-' 동사에서 유래한다. 결과적으로 베헬랴란 이름의 의미는 '도처에 나타나는 자'를 뜻하게 된다.

3. 우주의 거주자

지상의 거주자들과는 달리 우주의 거주자들은 민요에서 매우 단편적으로 묘사되었다. 게다가 그 본성은 지상의 거주자들과 근본적으로 다르고 또 이해하기 힘든 측면이 있다.

눔 Num

여러 민요 장르 속에서 눔은 하나가 아니라, 종종 일곱 개로도 나타난다. 눔은 어머니가 있으며, 그의 아내도 종종 등장한다. 눔은 주인공에게만 들리는 목소리에서 여우의 모습까지 다양한 형상으로 현현한다. 그 주요 기능은 사람을 보호하는 것이다. 그런 의미에서 그는 일레움바르테 Ileumbarte와 공통점을 갖는다. 물론 그들은 상이한 인물이긴 하지만 근본적인 기능은 매우 유사하다. 그러나 눔이 일레움바르테에게 명령을 내린다는 점에서 그보다는 강력한 존재이다. 하지만 일레움바르테는 보다 활동적이며 눔보다 인간의 운명에 더 많이 관여한다.

늙의 형상은 '외투 하나에 앉아있는 노인들과 노파들'의 모습에서 그 의미를 찾을 수 있다. 그들의 천막 내부 비주거 공간에서는 사람들이 유목을 떠나기도 하고, 물고기를 잡기도 하고, 수많은 순록들이 풀을 뛰놀기도 하며, 여우와 담비를 비롯한 많은 동물들이 돌아다니기도 한다. 그 노인들은 너무 늙어서 자리에서 일어나지 않는 돌 같은 존재들이다. 몇몇 작품 속에서는 그들의 머리 위로 독수리와 매가 앉아있기도 하다. 그 새들은 늙의 동반자들이라고 할 수 있다. 그 노인들에게는 부당하게 모욕당한 주인공들이 끊임없이 찾아온다. 그 노인들은 자신들을 찾는 긍정적인(부정적이지 않고 교활하지 않은) 주인공들에게 행운과 축복을 내린다. 이때 새들은 하늘과 관계하는 노인들의 상징적 존재이다.

바프로-페드로 Vapro-Pedro

기원을 찾기 힘든 이 등장인물은 민요에서 딱 한 번 등장한다. 바프로 -페드로는 외아들 하류치가 하늘 지배자의 북을 이용해 주술의식을 거행하도록 돕는다. 그 일로 인해 그는 수난을 겪는다. 그 이름의 네네츠 식 의미는 불투명하다.

굶주림의 신 세라드-호라 Serad-Xora

인간들과 싸우는 위대한 야브말의 동료로 등장한다.

미쿨레이 Mikulej(노인)/ 미콜라 베사코 Mikola Vesako(러시아 성자 미쿨레이)

성자 니콜라이는 동슬라브족 사이에서는 가장 존경받는 성자이며 그의 형상은 네네츠 민요 속에도 편입되었다. 루시(고대 러시아 국가)에는 두 사람의 니콜라이가 존재했다. 첫 번째 니콜라이는 3-4세기경 소아시아에 살았던 인물로 그리스 정교회로부터 성자로 추대되었다. 두 번째 니콜라이는 민중 출신으로 농민의 보호자이며 토지분배, 바다사냥, 양봉 등의 옹호자이기도 하다. 네네츠 민요 속에 등장하는 미쿨레이는 성자 니콜라이의 형상에 기원을 두고 있다.

제 3 장

네네츠 민요 속의 〈단어/바다Vada〉 장르

창작의 출발점이자 신의 전령인 단어의 기능을 다루지 않는다면, 네네츠 민요의 세계상을 기술하는 일은 불완전해지고 만다. 모든 민족들에게 단어라는 테마는 문화의 한 중심축이기 때문이다. 실제로 종교적 우화, 종교서, 은밀히 전해지는 전설 등의 신화 속에는 단어가 자리 잡고 있다. 주술어라는 테마도 원시민족들의 민요 속에 내포된 것이다. 그리고 열대 아프리카의 여덟 조상들이란 자신의 몸을 빗물과 지혜의 말로 변용시킨 위대한 노모 Nommo* 신의 분신들인 것이다.

단어, 내러티브, 등장인물이 의인화된 형식인 라하나코에 관해 필자는 사모예드 족과 다른 북방 민족들의 민요 속에 나타난 이런 현상에 주목했던 연구자들을 인용할 것이다. 의인화된 단어는 연구서 〈냐 두르이므이 Nja" durymy〉에서도 찾아볼 수 있다.

단어의 테마는 사모예드 족의 민요 속에, 필연적으로 시선을 돌리게 될 네네츠 인들의 민요 속에 일부 드러난 세계 형상을 이해하는데 대단히 유용하다. 그 테마는 네네츠 인들의 세계관을 해석하기 위해서 필요한 것만은 아니며, 자연–심리주의적 인류학 사상을 확인하기 위해서도 너무나 유용하다. 지금 현재 내가 알고 있는 네네츠 인들의 민요 민속적 자료들에는 우주의 분출물 같은 에너지 넘치는 조연들이 존재하고 있다. 그것은 바다 하소보 Vada xasovo, 바다–슈드바브츠 vada–sjudbabts, 슈드바브츠 sjudbabts, 바다 vada, 라하나코 laxanako, 흐이나브츠 xybnabts, 메니코 meniko/ 므이네코 myneko/므이니쿠 myniku/ 냔쟈다 njan'zjada(냔체도 njanchedo, 냔탸다 nja'tjada), 므이니코 myniko/ 므이니쿠 myniku, 야라브츠 jarabts, 야라브츠–므이니코 jarabts–myniko, 느고브 라하나나 ngob" laxanana 등이다.

---

* 말리의 도곤 Dogon 족이 숭배하는 조상신. 하늘 신 암마 Amma가 창조한 노모 신은 네 쌍의 쌍둥이로 변한다. 그중에서 한 쌍의 쌍둥이는 암마가 창조한 우주 질서에 반기를 든다.

1. 바다 하소보 Vada xasovo, 바다 vada, 바다-슈드바브츠 vada-sjudbabts, 슈드바브츠 sjudbabts : 등장인물의 호위병, 전령, 보호자

기록상으로 '바다 Vada'라는 단어가 사용된 첫 자료가 등장한 것은 18세기 무렵이다. 완전한 형태로 출판된 최초의 '바다' 텍스트는 '바다 하소보 Vada xasovo'라고 불렸다. 바다 하소보란 어떤 의미인가? '바다' 텍스트의 첫 저술가인 I.파테르는 이 텍스트를 '사모예드 족의 옛날이야기'라고 번역했다. 그러나 네네츠 언어 규칙에 따르면 그 명칭은 하소보 바다 xasovo Vada로 발음되어야 한다. 즉, 규정어가 피규정어 앞에 놓여야 하는 것이다. 이 경우에 네네츠 어가 변하는 이 단어 결합은 번역이 가능해진다. 그러면 바다 하소보는 무엇인가? 네네츠 단어인가? 남성의 단어인가? 네네츠 어인가? 남성의 언어인가? 네네츠식 담화인가? 혹은 남성적 담화인가?

테레쉔코가 발간한 네네츠-러시아어 사전에 따르면, '바다'라는 단어의 첫 번째 의미는 다음과 같다. 단어(대상의 개념을 소리로 표현), 단어(대화, 진술); 단어, 연설, 담화; 단어(행위와 대립); 단어, 의견.

이러한 사전적 단어군 속에는 '바다'라는 단어와 항상 결합된 형태의 결합어들이 등장한다. 여기서 결합어인 '느인 바다 얀구 nyn vada jangu (활이 말을 잘 듣지 않는다)', '야르 바다 얀구 jar vada jangu (그는 울지 않았다)'가 관심을 끌게 되는데, 그 표현을 축자적으로 직역하면 '활이 단어들을 소리 내다', '울음이 단어들을 소리 내지 않았다'가 될 것이다.

'바다'라는 단어의 두 번째 의미는 언어, 담화이다.

'하사바 Xasava'의 첫 번째 의미는 '남성', '남편'의 인칭소유격, 동쪽 방언으로 '네네츠'(자칭) 등이다. 두 번째 의미는 '남성'의 소유격이다. 그런데 카닌[*] 지역의 사모예드 인 아폰카 바투린이 그 옛이야기를 언급했던 것처럼, I. 파테르 시대에 '하사바'란 단어는 서부 네네츠 지역에서 네네츠 인들이 자신들을 지칭하는 명칭으로 퍼져있었다는 사실이 고려되어야 한다. 사실 그 결합어를 텍스트에서 더 이상 찾아볼 수 없다는 점은 안타깝다. 이제 《바다 하소보》가 아폰카 바투린의 작품인지, I. 파테르의 작품인 알아내야 한다. 문제는 네네츠 전통 속에서는 민요를 연행할 때 흔히 그 제목을 붙이지 않고 곧바로 시작한다는 점이다. 민요채집자들은 종종 작품을 그 첫 소절로 이름을 붙이는 경향이 있어서 흔히 제목은 작품 내용과 일치하게 된다.

이와 마찬가지로 I. 파테르가 찾아낸 의미 이외에도 우리는 바다-슈드바브츠, 바다-하소보라는 단어 결합 속에 놓인 의미가 그 내부에 들어있다고 생

---

[*] 백해와 쵸슈스카야 만 사이에 반도로서 네네츠 자치주의 최북단 지역.

각한다.

'바다'라는 단어는 우리에게 알려진 텍스트 속에서 단 한 번 만날 수 있을 뿐이다. 슈드바브차르카 sjudbabtsarka〈오소리 가죽옷을 입은 사내는 유숙지의 주인이었다〉의 21행에는 '그리고 그때 한 여인이 이야기(바다 vada)를 시작했다(Tikavaxana nekotsja vadam' xanangoda)'는 문장이 들어있다. 그런데 이 문장은 '그리고 그때 한 여인이 불쑥 단어를 내뱉었다'라고 번역하는 편이 더 나을 것이다. 그 여인은 시시에타 Sis'eta의 딸이자, 오소리 가죽옷을 입은 사내의 두 번째 아내였다. 그런데 그녀의 남편은 자신의 옛 부인이자 그로므이하유쉬흐 Gromyxajuschix의 딸인 한 여인의 화를 돋우지 않으려고 그녀와 아들을 찾아가지 않았고, 그 결과 그녀는 온갖 중상모략에 휘말리고 만다. 이에 그녀는 심한 모욕감을 느꼈고, 남편의 유숙지를 떠나는 길이었다. 그녀는 땅주인의 유숙지로 이주하려고 했고, 이런 계획을 남편에게 알렸다. 여기서 그녀가 유숙지를 옮기려는 계획의 정당성은 제3자에 의해 진술된다. 다시 말해서 그녀의 정당성을 진술하는 사람은 시시에타의 딸 자신이 아니라, 바로 '바다-단어'였던 것이다. 만일 그녀가 이야기를 이끌어갔다면, 그 이야기는 사모예드 민요에 등장하는 인물들 가운데 한 사람인 화자 단수 일인칭으로 시작되어야 했다. 그런데 3년 후 구연자 바실리 미하일로비치 라쁘수이는 그여인을 '므이네코 myneko'로 대체시킴으로써 여주인공을 버리는 독립적 입장을 취하게 되며, 자신이 세르 슌데 Ser sjunde의 유숙지로 떠난다. 하지만 '므이네코'에 관해서는 차후 언급하도록 하겠다.

G.N. 쿠프랴노프는 바다-슈드바브츠와 슈드바브츠의 구연자에 관해서 "노래 슈드바브츠의 특징은 구연적 성격에 있다. 그 마지막 구절은 보통 3인

칭으로 전개되며, '슈드바브츠—단어(바다)' 또는 '슈드바브츠—노래'는 단지 3인칭 인물로 등장한다"고 밝힌 바 있다.

'단어—노래'는 노래의 주인공들에 대해 이야기하며, 그들의 행적을 추적하기도 하고, 그들의 고난에 공감하기도 하고, 그들의 성공에 기뻐하기도 한다. 한 마디로 말해서 노래가 불리는 동안 주인공들과 항상 함께하는 것이다.

어쩌면 과거에는 '단어—노래'의 형태가 일정한 신화적 의미를 가졌는지도 모른다. 하지만 시간이 흐르면서 그 형태는 사라졌고, 그 표현은 노래의 한 에피소드가 다른 에피소드와 연결되는 독특한 구전문학의 공식으로 변했다.

그러면 바다—슈드바브츠, 슈드바브츠란 무엇인가? 쿠프랴노프는 "슈드바브츠란 명칭은 '슈드바sjudbja (거인)'이란 단어에서 유래했다. 따라서 슈드바브츠는 주인공 거인들에 관한 노래인 것"이라고 기술한 바 있다. 또한 N.M.테레쉔코도 "슈드바브츠는 거인들에 관한 옛이야기"라고 밝혔다. 네네츠 인들의 〈냐르냔 네름〉 신문 편집장인 X.X.야웅가드는 대담을 통해 슈드바브츠란 단어는 '슈드 sjud(휘파람)'와 '바브츠babts'가 아닌 '바브츠 vabts(대화)'가 결합된 말이므로 결국 '휘파람 대화'라는 의미로 번역되는 것이 옳다고 주장했다. 물론 그 주장에 동의하려면 음성학적 연구가 뒤따라야 할 것이다. 이렇듯 슈드바브츠sudbabts이든 슈드바브츠sudvabts이든 단어의 본래 의미를 이해하는 데는 아무 도움이 되지 않는다. 그러나 견고하게 결합된 바다—슈드바브츠란 말은 이 창작어의 각 매개체를 통해 산문, 음악적 산문, 음악적 시의 본질 속에 보존한 고유한 특성을 우리에게 이해시킬 수도 있다. 바다—슈드바브츠는 서사가요 슈드바브츠에 존재하는(작용하는) 단어의 의인화된 실체이다. 그리고 언어의 경제법칙에 따라 슈드바브츠란 단어는 훗날 독자적으로 그 역할을 담당하기 시작한다. 이런 현상을 보다 잘 이해하기 위해 우리는 쿠프랴노프의 저술 〈네네츠 인들의 서사 가요〉와 그 밖의 저술들에 주목해야 한다.

시이브다 노요챠 Si'ivda Nojotsja (시브 노예차 Siv Nojetsja)

버드나무 강가에 작은 천막 한 채가 있다. 노래(슈드바브츠)는 발견했다. "한 노파가 살고 있었다네."

그는 일곱 번째 무쇠 옷을 입은 채 집으로 걸어갔다. 그는 일곱 개의 활을 뽑아든다. 단어−노래(바다−슈드바브츠)는 그를 이렇게 불렀다. "틀림없구나, 시브 노예챠 Siv Nojetsja여!"

어디선가 썰매 한 대가 나타난다. 두 줄로 매인 네 마리의 순록이 끌고 있다. 노래(슈드바브츠)는 말했다. "시댜 파리세 Sidja Parise가 틀림없으리라."

산등성이에 썰매꾼 한 사람이 있다. 그는 흰 소 두 마리가 끄는 썰매를 타고 있다. 노래(슈드바브츠)는 말했다. "시댜 세르 하브트 Sidja Ser Xavt가 틀림없으리라."

작은 장화 한 짝, 그 장화 위에 네네츠 인 한 사람이 앉아있다. 노래(슈드바브츠)는 그를 '티박 바카챰 사칼파다라하 Tivak Vakatsjam Sakalpadaraxa'라고 불렀다.

언덕 위에 한 사내가 앉아있다. 노래(슈드바브츠)는 말했다. "네네이 세야드 Nenei Sejad가 틀림없으리라." 그는 가슴을 불꽃처럼 빛나는 은빛 방패로 가리고 있다.

큰 바다에 곶 하나가 깊숙이 들어와 있다. 그 큰 곶에 7백 채의 천막이 세워져있다. 노래(슈드바브츠)는 이렇게 불렀다. "틀림없구나, 느게바 스이흐이됴다 Ngeva Syxydjoda의 땅이여!" 노래(슈드바브츠)는 이렇게 말했다. "사람들은 언제나 이야기하지, 그의 땅, 느게바 스이흐이됴다의 땅은 광활하다고."

그리고 그건 사실이다, 그 땅은 광활하고, 주민들은 많다. 단어-노래(바다 슈드바브츠)는 그곳으로 걸어왔다.

구름 뒤편에 두 사람이 타고 있다. 노래(슈드바브츠)는 이렇게 말했다. "한 사람은 야보타르카헤챠 Javotakaxetsja이고, 다른 사람은 야보말헤챠 Javomalxetsja라네."

언덕 꼭대기에 한 사람이 있다. 모습을 드러낸 페코챠 후후르 Pekotsja Xuxur가 언덕 돌무더기 위에 누워있다. 노래(슈드바브츠)는 말했다. "페코챠 후후르가 틀림없으리라."

작은 언덕이 있다. 작은 언덕 위에 네네츠 인 한 사람이 앉아있다. 노래(슈드바브츠)는 그를 이렇게 불렀다. "티바크 바카챰 사칼파다라하 Tivak Vakatsjam Sakalpadaraxa여!"

작은 언덕 위에 한 사람이 앉아있었다. 노래(슈드바브츠)는 말했다. "네네니 시야드 Nenei Sijad가 틀림없으리라." 그의 가슴을 가린 순은의 방패는 마치 불꽃같았다.

그는 시브 노예챠 Siv Nojetsja의 머리 위로 그냥 날아간다. 그의 두 무쇠 날개가 불꽃처럼 빛난다. 노래(슈드바브츠)는 말했다. "예시 토타 Es' Tota 주인님이 틀림없으리라."

큰 바다에 곶 하나가 돌출해있다. 그 큰 곶에 7백 채의 천막들이 세워져 있었다. 노래(슈드바브츠)는 불렀다. "사람들은 언제나 이렇게 말하지, 그분의 땅, 느게바 스이흐이됴다 Ngeva Syxydjoda의 땅은 광활하다고."

그리고 그건 사실이다, 땅은 넓고 주민은 많았다는 것이. 단어—노래(바다—슈드바브츠)는 그곳으로 걸어왔다.

구름 끝자락을 타고 두 사람이 날고 있다. 노래(슈드바브츠)는 말했다. "한 사람은 야보타르카헤챠이고, 다른 사람은 야보말헤챠로구나.'"

그곳으로 (한 소녀가) 걸어왔다. 한 사내가 있었다. 그는 작은 언덕 위에 앉아 있다. 노래(슈드바브츠)는 이렇게 말했다. "그는 티바크 바카챰 사칼파다라하 Tivak Vakatsjam Sakalpadaraxa였다네."

그때 그들은 시브 노예챠를 죽이기 시작했다. 느게바 스이흐이됴다 Ngeva Syxydjoda는 아무 말도 듣지 못했다. 구름이 한 방향으로 흘러간다. 구름 끝자락에 올라탄 사람이 있었다. 노래가 발견했다. "예시 토타 Es' Tota 주인님이 틀림없으리라."

주인 예시 토타가 천막 뒤편으로 다가갔고, 그곳에는 사내 두 사람이 잠들어 있었다. 노래(슈드바브츠)는 알았다. "한 사내는 티바크 바카챰 사칼파다라하이고, 다른 사내는 네네이 세야드가 틀림없다네. 두 사내에게 이불을 덮어 주시네."

그곳에서 시브 노예챠는 일곱 개의 곶을 따라 일곱 개의 긴 썰매 행렬이 달리는 모습을 바라보고 있다... 일곱 개의 곶 중에서 네 개의 곶만이 천막들로 가득하다. 천막에서는 서로 손님을 초대한다. 단어—노래(바다—슈드바브츠)는 몹시 배가 불렀다. 그곳에서 그들은 그렇게 살았다. (이야기는) 여기에서 끝이 난다.

주인 야브타 샬랴 Javta Salja'의 아들

노래(슈드바브츠)는 발견했다. "냄새 고약한 가파른 호숫가에 작은 천막 한 채가, 쓰러져가는 천막 한 채가 있구나."

3년 후 노래(슈드바브츠)는 이렇게 말했다. "저편에서 썰매꾼이 오는구나, 천둥을 실은 썰매를 타고 오는구나." 노래(슈드바브츠)는 알았다. "그 사람은 한 하뎅고타 Xan Xadenggota가 틀림없구나."

쇠로 만든 짐 썰매 한 대가 나타났다. 노래(슈드바브츠)는 말했다. "그 썰매는 야브타 살랴 Javta Salja 주인님의 것이었다네."

한 소녀와 한 소년이 (썰매를) 앞질러 걸어갔다. 소녀가 앞서 갔다. 땅은 어디에도 없었다. 사흘 동안이나 어디로 가야할지 소녀는 알지 못했다. 일곱 자긴 장대*를 계속 잡아당겼다. 노래(슈드바브츠)는 말했다. "사흘 후 땅이 그들 앞에 모습을 드러냈다네."

노래(슈드바브츠)는 보았다. "소녀는 그 여자가 사람인지 아닌지 몰랐다네. 사슴 가죽옷을 입은 여자가 걸어왔다네."

소녀는 다시 뒤돌아서 도망쳤다. 일곱 번째 누이 소로 Soro가 천막 안으로 들어갔다. 단어─노래는 그곳에 일곱 번째 누이 소로와 함께 남았다.

구름 끝자락에 한 사내가 올라타 있다. 노래는 말했다. "이 사람은 어떤 사람일까?" 노래는 말했다. "아아, 이 사람은 아들 냠다시 하료에 Njamdasi Xarjoe였다네."(아들 냠다시 하료에가 밑을 내려다본다.)

벌판 한복판에 모두 백 채의 천막이 있다. 노래는 말했다. "백 명의 냠다시 하료에 일가라네."

---

* 썰매에 매인 순록을 몰 때 사용하는 장대

(아들 냠다시 하료에는) 다시 어디론가 떠나갔다. 단어-노래가 천막 안으로 들어갔다. (주인의) 아들 야브타 살랴가 머리를 돌리더니 다시 잠들었다.

(주인의) 아들 야브타 살랴가 소란을 피우며 그곳에서 뛰쳐나갔다. 그가 떠나자, 단어-노래도 (주인의) 아들 야브타 살랴를 남겨두고 떠났다. 맹목적으로 길을 따라 내달렸다. 일주일이나 달려갔다. 저 멀리 아들 냠다시 하료에가 누이를 앞세운 채 가고 있었다.

단어-노래는 그(아들 냠다시 하료에)를 앞질러갔다. 큰 바다 위로 계속 달려갔다. 그 앞에 야브타 살랴(주인)의 땅이 나타났다. 협소한 곳에 모두 백 채의 천막이 세워져있다. 단어-노래는 한 차례 선회한 후 곳의 끝에 내려앉았다. (주인의) 아들 야브타 살랴가 다른 쪽에서 빙글 돌며 도착했다.

바다-슈드바브츠 vada-sjudbabts 〈주인의 아들 야브타 살랴〉

버드나무 우거진 작은 강 주변에 작은 천막 한 채가 있었다. 단어-노래는 연기 구멍을 통해 천막 안으로 들어갔다. 그 천막에는 노파 한 사람이 살고 있었다. 그녀는 두 명의 아이들을 키우고 있었는데, 한 사람은 아들이고 또 한 사람은 딸이었다. 그곳에서 단어-노래는 바람을 타고 날아갔다. 그 천막에는 한 하뎅고타가 살고 있었다. 한 하뎅고타는 잠에 들어, '버드나무 우거진 작은 강 주변에 작은 천막 한 채가 있고, 그 천막에서 노파가 두 아이를 키우는' 꿈을 꾸고 있다.

나중에 한 하뎅고타는 소녀와 함께 길을 떠났다... 그곳에서 단어-노래는 바람을 타고 날아갔다. (단어-노래는) 작고 누추한 천막으로 날아들었다.

(단어-노래는) 늙은 여주인으로 변신하여 몸을 숨겼다. 단어-노래는 오던

길로 되돌아갔다. 그리고 한 하뎅고타의 천막에 도착했다.

(아이들이) 더 멀리 달려간다. 단어─노래는 오던 길로 날아갔다. 그것은 한 하뎅고타의 천막에 도착했다.

한 하뎅고타가 곶의 끝에서 주먹을 휘두르며 욕설을 퍼붓는다. 단어─노래 는 그 앞으로 날아갔다. 소녀가 오빠와 함께 저 앞에 걸어가고 있었다.

노파가 말했다. "개가 여기까지 따라왔구나. 내가 문을 잠갔는데도." 단 어─노래는 그 앞에서 한 바퀴 선회하더니 아이들을 향해 날아갔다. 그곳에 서 한 바퀴 선회하더니 땅에 내려섰다.

소녀는 오빠와 함께 천막 안으로 뛰어들었다. 단어─노래는 그곳에 머물렀 다. 일곱째 누이 소호가 자기 천막으로 가버렸다.

주인의 아들 야브타 살랴가 쏜살같이 달렸다. 단어─노래가 그 뒤를 쫓아 날아갔다. 주인의 아들 야브타 살랴는 작은 강에 도착했다.

주인의 아들 야브타 살랴는 그곳에서 그를 죽였다. 그리고 집으로 돌아 갔다. 단어─노래가 그 뒤를 쫓아 날아갔다… 주인의 아들 야브타 살랴는 일곱째 누이 소호를 아내로 삼았고 아버지의 곶에서 평화롭게 살기 시작 했다.

노시테타 Nositeta 삼형제

큰 호수의 주변에 칠십 채의 천막이 있었다. 단어─노래는 말했다. "노시테 타 삼형제의 천막 칠십 채가 있었다네."

막내 노시테타는 키가 크고 건장했다. 단어─노래는 말했다. "야브타코 노 시테타 Jabtako Nositeta가 살았다네."

그 소리를 들은 야브타코 노시테타는 고삐를 움켜쥐고 (람도 Lamdo의 땅으로) 썰매를 몰았다. 장남 노시테타는 그 뒤를 쫓아갔다. 단어-노래는 바람 따라 날아갔다. 장남 노시테타와 야브타코 노시테타는 한 달이고 두 달이고 계속 유랑했다.

장남 노시테타는 장대를 든 채 달렸다. 단어-노래는 다시 앞질러 날아갔다. 일곱 번째 땅 어딘가에 커다란 유숙지가 있었다. 유숙지 중앙에 큰 천막 한 채가 있었다. 단어-노래는 그 천막 부근에 내려앉았다. 천막 주변에 있는 썰매 위에 한 사내가 앉아있었다. 그는 화살을 다듬으면서 길이를 재었다. 단어-노래는 말했다. "그는 순록지기 람도라네."

순록지기 람도는 딸의 썰매를 만들었다. 야브타코 노시테타는 자기 천막으로 향했다. 순록지기 람도는 썰매에 앉아서 이렇게 생각했다. "우리 딸이 너무 불쌍해, 누구에게도 준 적이 없는데. 야브타코 노시테타가 힘으로 뺏어갔지. 조금만 기다려라, 일곱 번째 땅의 주민들을 모아서 내 딸을 되찾고 말테니."... 그는 썰매에 순록을 맨 후, 굉음을 울리며 어디론가 떠나갔다. 단어-노래는 바람을 타고 날아갔다. 야브타코 노시테타는 람도의 딸과 함께 순록을 치며 돌아다녔다고 장남 노시테타가 그 뒤를 쫓아갔다.

그들은 껑충 뛰어오르더니 하늘을 날기 시작했다. 단어-노래는 그곳에 남았다. 야브타코 노시테타는 자기 천막으로 들어갔다.

야브타코 노시테타는 순록들을 붙잡아 썰매에 매었다. 그는 람도의 딸과 썰매를 타고 갔다. 단어-노래는 그 뒤를 쫓아 날아갔다. 야브타코 노시테타의 유목생활은 한 달, 두 달 계속되었다.

야브타코 노시테타는 행복하게 살았다. 단어-노래는 이것으로 끝났다.

피얄리시 Pjalisi의 일곱 번째 누이

1. 바다—슈드바브츠는 웅덩이에 빠져가며 들판을 걸어간다. 그곳에서 바다—슈드바브츠 앞에는 고통의 대해가 펼쳐져있다. 거대한 대해에 곶이 돌출해있다.

이 예문들에서 단어—노래 슈드바브츠/노래—슈드바브츠는 주인공들을 찾아 거주지에서 벗어나고 있음을 알게 된다. 단어—노래 슈드바브츠는 주인공들을 자신의 목소리를 듣는 사람으로 간주하고 그들을 주시하며 보살핀다. 그리고 허공을 선회하고 하늘을 날며 그들의 천막으로 들어가기도 하고 그들을 보호하기도 하고 돌아다니기도 한다.

여기서 바다—슈드바브츠/슈드바브츠의 행위를 특징짓는 언어 패턴을 살펴보도록 하자. 우리가 이처럼 수많은 자료들을 예시하는 것은 그 자료들이 전문가들조차 접근하기 힘들 정도로 자료적 희귀성을 갖기 때문이다.

필자는 단어—슈드바브츠/슈드바브츠와 관련된 언어 패턴을 분석함으로써 그것을 13개의 의미 그룹으로 나눌 수 있었다.

1-1. 노래(슈드바브츠)는 발견했다. "한 노파가 살고 있었다네." 또는 노래(슈드바브츠)는 발견했다. "냄새 고약한 가파른 호숫가에 작은 천막 한 채가, 쓰러져가는 천막 한 채가 있구나."

1-2. 노래(슈드바브츠)는 알았다. "한 사내는 티바크 바카챰 사칼파다라하이고, 다른 사내는 네네이 세야드가 틀림없다네." 또는 노래(슈드바브츠)는 알

았다. "그 사람은 한 하뎅고타 Xan Xadenggota가 틀림없구나."

이 언어 패턴의 중심에는 동사 '호스 xosi'가 있다. 이 단어는 '찾다', '발견하다', '받다', '잡다', '알아내다', '풀다' 등의 뜻을 가지고 있다. 우리의 언어 패턴도 동일한 의미로 해석된다.

2-1. 단어-노래(바다 슈드바브츠)는 그를 이렇게 불렀다. "틀림없이 시브 노예챠 Siv Nojetsja이리라."

2-2. 노래(슈드바브츠)는 그를 이렇게 불렀다. "티바크 바카챰 사칼파다라하 Tivak Vakatsjam Sakalpadaraxa여!" 또는 노래(슈드바브츠)는 이렇게 불렀다. "틀림없구나, 느게바 스이흐이됴다 Ngeva Syxydjoda의 땅이여!"

이 패턴은 '사람의 이름을 부르다'나 '사물에 이름을 붙이다'란 뜻을 가진 단어 '님데시 nimdesi'를 중심으로 만들어진다. 변형된 패턴으로는 사물 또는 사람을 '소유한다'는 뜻을 가진 동사 '메치 metsi'가 사용되기도 한다. 만일 첫 번째 패턴이 독자성을 갖는 실체라면, 두 번째 패턴은 사람이나 사물에 종속된 상황을 가리킨다.

3-1. 단어-노래는 말했다. "노시테타 삼형제의 천막 칠십 채가 있었다네." 또는 막내 노시테타는 키가 크고 건장했다. 단어-노래는 말했다. "야브타코 노시테타가 살았다네."

3-2. 노래(슈드바브츠)는 이렇게 말했다. "사람들은 언제나 이야기하지, 그의 땅, 느게바 스이흐이됴다의 땅은 광활하다고."

3-3. 노래(슈드바브츠)는 말했다. "한 사람은 야보타르카헤챠이고, 다른 사람은 야보말헤챠로구나.'"

3-4. 3년 후 노래(슈드바브츠)는 이렇게 말했다. "저편에서 썰매꾼이 오는구나, 천둥을 실은 썰매를 타고 오는구나."

3-5. 노래(슈드바브츠)는 이렇게 말했다. "그는 티바크 바카챰 사칼파다라하 Tivak Vakatsjam Sakalpadaraxa였다네." 또는 노래(슈드바브츠)는 말했다. "그 썰매는 야브타 살랴 주인님의 것이었다네." 또는 노래(슈드바브츠)는 말했다. "네네니 시야드 Nenei Sijad가 틀림없으리라." 등등의 예문.

이 언어 패턴은 '말하다', '이야기하다'라는 의미의 동사 '만지 manzi'의 여러 형태가 사용되고 있다. 이 동사는 3인칭 과거형이나 3인칭 불특정시제로 나타난다. 그것은 네네츠 민요의 복잡한 시어적 특성, 다운율적 현상과 관련이 있다.

4. 단어-노래(바다-슈드바브츠)는 그곳으로 걸어왔다. 또는 단어-노래는 그곳에 남았다. 또는 단어-노래는 그곳에 일곱 번째 누이 소로와 함께 남았다.

예시된 자료들에서 유사한 언어 패턴은 이처럼 세 번 나타난다. 이 패턴은 '머물다', '남다', '보존하다'의 의미를 갖는 동사 '하요(시) xajo(si)'를 바탕으로 만들어졌다. 이 패턴이 사용될 때는 등장인물을 보호할 뿐만 아니라 자신을 지키기 위해 등장인물을 동반하는 것이 보통이다.

5. 단어—노래(바다—슈드바브츠)는 바라보는 것이 싫었다.

이 구절은 적들이 시브 노예차를 쫓기 시작하는 전투 장면을 묘사하기 직전에 사용된다. 단어—노래(바다—슈드바브츠)가 그 장면을 냉정하게 바라보기란 너무 싫었을 것이다. 그래서 그 다음 묘사는 구름이 흘러가는 장면이 나오고, 누군가 구름을 타고 등장하며, 슈드바브츠는 그가 예시 토타 주인임을 알아본다.

노래(슈드바브츠)는 보았다. "소녀는 그 여자가 사람인지 아닌지 몰랐다네. 사슴 가죽옷을 입은 여자가 걸어왔다네."

이 패턴은 '바라보다', '쫓아가다', '돌보다'의 의미를 갖는 동사 '마니예(시)manie(si)'를 바탕으로 만들어진다. 이런 구문들에서는 단어 형상의 적극적인 특성이 나타나기도 한다.

5-1. 맹목적으로 길을 따라 내달렸다. 또는 큰 바다 위로 계속 달려갔다.
5-2. 그곳에서 단어—노래(바다—슈드바브츠)는 바람을 타고 날아갔다. (이 패턴은 예시 자료 속에서 세 번 나타난다.)
5-3. 단어—노래(바다—슈드바브츠)는 바람을 타고 날아갔다. (이 패턴은 두 번 나타난다.)
5-4. 단어—노래(바다—슈드바브츠)는 오던 길로 날아갔다.(이 패턴은 두 번 나

타난다.) 단어-노래는 그 앞으로 날아갔다. 또는 단어-노래(바다-슈드바브츠)는 그 앞에서 한 바퀴 선회하더니 아이들을 향해 날아갔다. 또는 단어-노래(바다-슈드바브츠)가 그 뒤를 쫓아 날아갔다.

5-5. 일주일이나 달려갔다. 저 멀리 아들 냠다시 하료에가 누이를 앞세운 채 가고 있었다.

이 패턴의 예시문은 다섯 개의 그룹을 하나로 묶고 있다. 첫 네 그룹은 다른 단어들이 그렇듯이 '(바람을 타고) 날아가다', '(구름이) 흘러가다', '(순식간에) 사라져버리다' 등의 다의적인 의미를 갖는 '느일라(시) ny"la(si)' 동사를 공통적으로 사용하고 있다. 이 단어를 통해 바다-슈드바브츠의 경쾌함, 가벼움이 강조된다. 5-4에서는 구체적인 장소 이동이 나타난다. 5-5에서는 '(바람처럼) 가볍다', '(불꽃처럼) 기울다' '신비한 두려움으로 혼란스럽다'란 의미를 갖는 '느일라료(시) ny"larjo(si)' 동사가 사용된다. 이렇게 단어-노래(바다-슈드바브츠)는 주인공의 운명에 따라 갈등한다.

6. 단어-노래(바다-슈드바브츠)는 한 번 선회한 후 곶의 끝에 내려앉았다. 또는 단어-노래(바다-슈드바브츠)는 연기 구멍을 통해 천막 안으로 들어갔다. 또는 단어-노래가 천막 안으로 들어갔다.

이 패턴은 '내려가다', '기어오르다', '(물) 떨어지다', '(눈) 내리다', '툰드라에서 나오다'란 의미를 갖는 '하마시 xa"ma(si)' 동사를 바탕으로 만들어진다. 이 언어 패턴에서는 '위에서 아래로의 장소 이동', '한 의미 공간에서 다른 의미

공간으로의 이동'을 표현하기 위해 사용되었다.

7. 단어–노래(바다–슈드바브츠)가 그 뒤를 쫓아 날아갔다. 또는 단어–노래(바다–슈드바브츠)는 평야로 들어서는 초입을 향해 빙 돌아 걸어갔다.

두 예문의 중심에는 '가다', '(시간) 흐르다'란 의미의 '만지manzi' 동사가 들어있다. 두 번째 예문에서는 '돌아가다', '파도에 흔들리다', '(옷) 아무렇게 주름이 잡혀있다'란 의미의 '흐일보나 xylvonasi' 동사가 관심을 끈다. 이 단어에는 유동성, 가벼움, 반복, 파동성의 의미가 담겨있다.

8. 단어–노래(바다–슈드바브츠)는 다시 앞으로 날아갔다. 또는 단어–노래(바다–슈드바브츠)는 그들의 뒤를 쫓아 날아갔다.

Z.꾸프랴노프는 이 예문들에 나오는 단어 '하야 xaja'를 '날아갔다'라고 번역했지만, 동사 '해시 xesi"는 '떠나가다', '사라지다'란 의미를 지닌다. 물론 '날아갔다'라는 의미도 내포할 수는 있겠지만, 궁극적으로는 출발을 암시하는 단어이다.

9. 그가 떠나자, 단어–노래도 (주인의) 아들 야브타 살랴를 남겨두고 떠났다. 또는 단어–노래(바다–슈드바브츠)는 그(남다시 하료에)를 남겨두고 떠났다.

동사 '하예시 xaesi'는 '남겨두다', '떠나다', '지나가다', '살다', '연기하다' 등의 의미를 갖고 있지만, 여기서는 '긴 시간을 보내게 하다'란 뜻으로 이해되어

야한다.

10. (단어-노래는) 작고 누추한 천막으로 날아들었다. 또는 (단어-노래는) 한 하뎅고타의 천막으로 날아들었다.

쿠프랴노프의 경우는 이 예문들에 등장하는 동일한 단어 '먀트 테브이 mjat' tevy'를 여러 의미로 번역하고 있다. 그러나 '테바시 teva(si)' 동사는 '도달하다', '(시간) 지나다', '획득하다' 등을 뜻한다.

네네츠 민요를 번역하는 연구자들은 단어-노래(바다-슈드바브츠)에서 '날다' 동사를 즐겨 사용한다. 하지만 예문으로 제시된 어떤 텍스트에서도 '날다'라는 의미로 사용되지는 않았다.

11. 단어-노래(바다-슈드바브츠)는 샨됴 Sjandjo 누이를 얼마간 돌보았다.

이 구문에 등장하는 동사 '레뜸바시 letmba(si)'는 보호하거나 돌보는 행위의 시간을 의미한다.

12. 단어-노래(바다-슈드바브츠)는 천막 안으로 들어갔다.

동사 '토시 tosi'는 '들어가다', '관통하다'의 의미를 가지며, 야말 지방의 방언으로는 '혼례를 치르다'라는 의미로도 쓰인다.

13. 단어-노래(바다-슈드바브츠)는 몹시 배가 불렀다. 또는 단어-노래(바다-슈드바브츠)는 이것으로 끝났다.

단어-노래(바다-슈드바브츠: 슈드바브츠의 단어-노래)와 관련된 네네츠 민요의 종결 패턴은 연구자들에게 아직 충분히 이해되지 못한 것 같다. 동사 '말레시 male(si)'는 '끝나다' '완성되다' '중단되다'의 의미를 갖기 때문이다. 표현된 단어의 문체적 의미적 특성이 번역문에서는 여전히 불충분하다는 느낌을 필자는 지울 수 없다.

그렇다면 단어-노래(바다-슈드바브츠)란 무엇인가? 이처럼 형식적이든 현학적이든 바다-슈드바브츠/ 슈드바브츠에 등장하는 '발견하다', '부르다', '말하다', '남겨두다' 등의 표현에서 알 수 있듯이 그것(단어-노래)은 등장인물 행위의 동력, 보호자, 동반자, 경호원, 관찰자의 역할을 맡고 있다. 그렇지만 네네츠 민요를 연구하는 번역가들이 '역동적인 조연'의 행위를 담당하는 동사의 의미를 충분히 이해하지 못한 것도 사실이다. 필자 역시 그것은 매우 복잡한 문제 가운데 하나라고 인식하고 있다.

2. 라하나코 *Laxanako* –사건의 동력, 삶의 에너지를 충전시키는 고통받는 사람들의 보호자

의인화 과정을 통해 등장인물이 된 단어의 민요적 형상은 쿠프랴노프, 네 냥, 라바나우스카스, 필자, 골로브노프, 라르 등이 녹취한 작품들 속에서 찾 아볼 수 있다. 그렇다면 언어학적 관점에서 라하나코란 무엇인가? 네네츠– 러시아어 사전에는 '대화', '토론', '옛이야기' 등으로 설명되어 있다. 옛이야기 를 의미하는 '바다코 vadako'에 관해 언급하면서 쿠프랴노프는 "동부 지방의 방언 속에서 라하나코는 옛이야기이며, '이야기를 하다'라는 동사 '라하나코 시 laxanakosi'에서 발생한 이야기를 가리킨다"고 덧붙이고 있다. 그러나 라 하나코를 '역동적인 조연'으로 해석한 학자는 아직 아무도 없었다.

이와 관련하여 필자는 네네츠 어의 형태론적, 의미론적 기원에 근거해서 이 단어를 규명하고자 한다. 라하나코라는 용어는 본래 '(순록이나 개) 구속되 지 않고 돌아다니다', '할일 없이 돌아다니다'라는 동사 '라하시 laxa(si)'에서 파생된 단어로서 '자유로운', '구속되지 않은', '마음 내키는 대로 돌아다니는' 등의 의미를 갖는다. 이런 언어적 기원은 민요 작품 속에서 라하나코의 역할이 구속되지 않고 자유롭게 돌아다니는 존재임을 확인시켜준다. 이를 예증하기 위해 〈네네츠 민요〉 속의 작품 세 편을 소개한다.

야브말 Javmal의 편력

1. (한 노인이 노파와 함께 살았다. 두 사람은 크고 따뜻한 가죽 외투 위에 줄곧 앉아 있었다. 라하나코가 그들을 만나줄 때까지, 두 사람은 그렇게 앉아 있었으며, 아무데도 가지 않고 밥도 먹지 않았다.)

허기가 지자, 두 사람은 누가 더 젊으니, 누가 밥을 해야 하느니 하며 언성을 높이기 시작했다. 결국 언쟁이 싸움으로 번지자, 노인은 행복을 찾아 다른 지방으로 떠나기로 결심했다.

4. (라하나코는 노인에게로 찾아갔다.)

그곳에서 노인은 지하세계의 장로를 만나서 자기 아들을 장로의 처분에 맡기겠다고 약속했다.

8. (라하나코는 노인을 찾아갔다.)

노인은 집으로 돌아왔다. 노파는 노인에게 생명수를 먹였고, 노인도 젊어졌다. 밥을 먹는 동안 노인은 지하세계 장로의 집에 칼을 두고 온 것이 생각났다. 노인은 아들에게 칼을 찾아오라고 시켰다.

12. (라하나코는 아이들과 함께 떠났다.)

위험으로 가득 찬 아들의 모험들이 계속된다. 그는 야브말이 되고, 라하나코는 시종일관 그가 이룬 성취의 원동력이 된다.

야브말은 어떻게 거인들을 물리쳤는가?

1. (노파는 아이들을 데리고 외롭게 살고 있었다... 라하나코가 그들을 찾아온 이후로도 그들은 다시 3년을 살았다.)

3년 후 노파의 손자는 세 명의 거인을 만나게 되는데, 손자는 마법과 마력이 그들을 능가했다. 친구들이 사냥을 나간 시간에 노파는 집에 남아 있던 거인을 찾아가 그를 죽인다. 그런데 보초 당번으로 집을 지키던 노파의 손자가 그곳에 나타나자, 거인들은 그가 동료를 살해한 것이라고 짐작했다.

19. (그리고 그때 라하나코가 노파의 손자를 찾아왔다.)

라하나코는 신화—옛이야기의 마지막까지 노파의 손자 곁을 떠나지 않았다.

귀가 여덟 개 달린 할미(곰)

크게 성공한 부자 상인이 살았다. 그런데 그의 황금은 모두 녹이 슬고, 가축들은 미쳐갔다. 그는 후회하며 장남과 차남에게 일을 시켰으나, 바보 막내 아들에게는 희망을 갖지 않았다.

6. 라하나코가 바보 아들을 찾아갔다.

그때부터 이런 이야기는 언급되지 않지만, 라하나코는 바보 아들과 떨어지지 않았고, 바보 아들은 형들과는 달리 그들의 황금을 훔쳐간 새의 깃털을 잡는데 성공한다. 두 형들도 그 새를 찾아서 떠났으나, 오랫동안 돌아오지 못했다. 그때 바보 아들이 돌아왔다. 추위와 바람에 시달리며 험한 길을 오느라 그는 거의 죽어가고 있었다.

20. 라하나코는 이레 동안 그의 주위를 맴돌았다. 몇 시간이 지나자 갑작스러운 돌풍이 불어와 그를 감아올리더니 버드나무 강으로 데려갔다. 그리고는 그를 내려놓았다. 그곳은 버드나무 강변이었다. 그는 버드나무 강변을 따라 걸었다. 그로부터 얼마 후 그의 눈앞에 귀가 여덟 개 달린 할미 곰이 나타났다. 할미 곰은 앞발이 네 개, 뒷발이 네 개로 발이 모두 여덟 개였고, 젖도 여덟 개 달려 있었다. 할미 곰은 여덟 개의 발로 땅을 딛고 있었다. 할미 곰의 양 옆에서는 여덟 마리의 새끼 곰들이 젖을 빨아댔다. 한 겨울이고 또 땅도 얼어붙어 있었지만 할미 곰은 여덟 개의 발로 땅을 딛고 있었다. 그러나 땅에서 한 발도 떼지 않았다.

얼마 후 곰곰이 생각에 잠겼던 (귀가 여덟 개 달린 할미 곰은) 이렇게 말했다.

"크게 성공한 부자 상인의 아들아, 바보 아들아, 여덟 개의 내 젖을 먹고 자란 너는 내 자식이었다. 대체 무슨 일이 있었던 거냐?"

이렇게 말한 후, 귀가 여덟 개 달린 할미 곰은 썰매에서 뒷발로 거대한 땅덩어리를 집어던졌다. 큰 변화가 일어나는 동안, 할미 곰은 하늘로 올라갔다. 할미 곰은 라하나코처럼 버드나무 강 위로 날아갔다. 그리고는 뒷발로 내려섰다.

할미 곰은 바보 아들에게 계속 생명을 불어넣었다. 할미 곰의 도움으로 바보 아들은 황금 새를 구했고, 새의 주인은 그 대신 태양빛 머리를 가진 말을 구해오라고 요구했다. 할미 곰의 도움으로 바보 아들은 그 말을 구했고, 말의 주인은 그 대신 태양빛 얼굴을 가진 여인을 구해오라고 요구했다. 여인의 아버지는 그 대신 귀가 여덟 개 달린 할미 곰을 구해오라고 요구했다. 할미 곰은 태양빛 얼굴을 가진 여인의 아버지에게 가겠노라고 승낙했다. 태양빛 머리를 가진 말과 태양빛 얼굴을 가진 여인으로 변신한 할미 곰 덕분에 바보 아들은 황금 새를 구할 수 있었다. 그러나 그는 집으로 돌아가는 도중에 잠시도 발길을 멈추어서는 안 된다는 할미 곰의 지시를 어기고 말았다. 잠시 쉬는 동안 형들은 바보 아들이 가진 것을 모두 빼앗고 그의 머리를 잘라버렸다.

56. 라하나코는 귀가 여덟 개 달린 할미 곰을 찾아갔다. 할미 곰은 다시 발로 땅을 짚었다. 할미 곰은 온갖 동물의 소리를 내며 울었지만, 한 발도 땅에서 떼지 않았다. 할미 곰은 생각에 잠겼다.

"바보 아들이 그곳에 있군. 그 애한테 무슨 일이 생긴 거지?"

이렇게 말한 후, 할미 곰은 발을 들어올렸다. 할미 곰은 버드나무 꼭대기로 날아갔다. 그리고는 잠시 후 잽싸게 강변으로 날아갔다. 어미 곰은 바보 아들이 누워있는 버드나무 숲으로 다가갔다. 할미 곰은 버드나무 숲을 뒤졌다. 그리고 바보 아들의 시체가 뒹굴고 있는 모습을 목격했다.

할미 곰은 다시 생명을 불어넣기 시작했고, 다행히 모든 게 순조로웠다.

이 작품들 속에서 라하나코는 다양한 형태로 등장한다. 첫 작품에서 가죽 외투를 뒤집어쓴 노인들은 라하나코가 찾아오기 전까지 앉아서 기다린다. 그리고 라하나코의 방문은 노인들이 허기를 느끼게 하고 행복을 찾아 나서도록 만든다. 여기서 주목할 점은 라하나코는 특별한 사건이 벌어지는 곳을 찾아간다는 것이다. 두 번째 작품에서 라하나코는 등장인물들과 3년간 함께 지내며, 그 기간이 끝나자 일련의 사건들이 발생한다. 이때 라하나코는 3년이란 시간 동안 노파의 손자가 공을 세울 수 있도록 준비시키고 보호하는 역할을 맡는다.

그리고 거인들이 야미니 Jamini 노파에게 패배할 것을 예감할 때 두 번째로 라하나코가 노파의 손자를 찾아온다. 구속되지 않고 자유롭게 돌아다니는 단어의 의인화된 존재인 라하나코의 등장은 그가, 노파의 손자가 모든 장애물을 극복하고 야브말이 될 수 있도록 도와준다. 세 번째 작품에서 처음에는 라하나코의 출현에 대해 어떤 정보도 제공되지 않는다. 바보 아들의 아버지인 크게 성공한 부자 상인은 바보 아들에게 아무 희망도 갖지 않지만, 라하나코는 그의 머릿속을 맴도는 악몽을 이겨내고 도둑 새를 붙잡을 수 있도록 바보 아들에게 힘을 불어넣는다. 그 후 바보 아들이 추위와 배고픔으로 죽어갈 때 라하나코는 그의 주변을 이레 동안 맴돌지만, 라하나코는 그에게 생명력을 불어넣어줄 수 없었다. 하지만 갑작스러운 돌풍은보다 강력한 구원자인 귀가 여덟 개 달린 할미 곰에게 라하나코를 데려간다. 바보 아들의 머리가 잘렸을 때 라하나코는 두 번째로 귀가 여덟 개 달린 할미 곰을 찾아가서 기적을 행한다. 바보 아들이 다시 살아난 것이다. 이 나레이션 속에서 라하나코는 후견인에게 생명력을 불어넣어주는 힘의 원천의 역할 뿐만 아니라 전령이라는 직접적인 역할로도 등장한다. 라하나코의 이런 역할은 좋은 소식과 나쁜 소식을 전달했던 영웅—마법사 시대의 인어와 까마귀의 역할을 연상시킨다.

그러나 라하나코 〈진흙 움막〉은 라하나코를 이해하려는 노력의 마지막 결과를 보여주는 것이라고 할 수 있다. 이 작품 속에서 단어의 강력한 힘은 우주에서 분출되는 에너지로 나타난다. 이 작품의 주제는 다음과 같다. 단어는 곰의 소굴로 곰을 찾아간다. 그 순간부터 할미 곰은 언어 능력을 부여받고, "라하나코는 하비 예르브 유숙지의 주인 집에 나타났다"라는 말을 남긴 후 작은 에피소드를 제외한 텍스트 전체를 반복한다 : "할미 곰은 유숙지에 저장

된 말린 생선과 생선 기름을 먹어치웠다. 모든 하비 족들은 하비 예르브 Xabi erv의 중앙 천막에 모였다. 베헬랴 Vexelja만이 외딴 천막 옆에 세워진 썰매 위에 앉아 태평스럽게 발을 구르고 있다." 할미 곰은 남을 잘 속이는 여인의 거짓말을 바보처럼 가만히 듣고 있다가 그녀를 죽인다. 죽은 여인의 남편은 복수를 시도하지만, 할미 곰은 그 남편마저 죽여 버린다. 그 일이 있고나자, 할미 곰은 자식들과 이별한 후에 자신의 죽음에 대한 궁금증을 풀기 위해 사람들을 찾아간다. 할미 곰이 찾아간 유숙지에서 하늘신과 지하신을 통해 그 할미 곰이 라하나코라는 사실, 즉 할미 곰의 모든 내력과 유언 그리고 인간에게 남기고 싶었던 이야기를 알고 있는 베헬류에게 주문을 걸도록 사람들에게 요구한다. 라하나코는 할미 곰이 죽음을 맞고 있는 곳으로 사람들을 데려가고, 할미 곰은 다음날 자신을 죽이고 나서 시체 주변에서 춤을 추고 성스러운 썰매 일곱 대에 그 가죽을 깔아달라고 부탁한다. 다음날 모든 일이 할미 곰이 부탁한 대로 처리된다. 이렇게 해서 베헬랴 베사코 Vexelja Vesako는 모든 샤먼들의 아버지이자 창조자인 타데브 솜타브이 Tadev Somtavy가 되었다.

작품에 근거해서 우리는 다음과 같은 사실을 추정해볼 수 있다. 첫째, 처음부터 라하나코는 예견된 사건들을 신을 통해 알고 있다. 둘째, 그 모든 사건들이 벌어질 것이라는 사실을 일깨우기 위해 할미 곰을 찾아간다. 하지만 그 전에 두 마리 새끼 곰의 모습으로 자손을 남기는 것이 가능했다. 셋째, 라하나코는 하비의 유숙지를 찾아가서 베헬랴 베사코가 정말 샤먼인지 알아보기 위해 주문을 들어보고자 그를 초청한다. 넷째, 베헬랴는 샤먼임이 밝혀진다. 그는 모든 하늘 신과 지하의 신들을 불러내서 그들을 통해 그 곰이 라하나코라는 사실을 알게 되고 그 사실을 사람들에게 알릴 능력을 갖고 있었다. 다섯째, 라하나코는 할미 곰이 누워있는 장소로 사람들을 데려간다. 여섯째, 라하나코는 죽은 할미 곰의 영령과 접신하고, 할미 곰은 '라하나코(단어-로고스)는 생명도 죽음도 없지만 모든 것은 이야기로 남기 때문에 단어는 어디에나 존재한다'고 이야기한다. '라하나코는 그들을 할미 곰이 누워있는 장소로 데려갔다'는 할미 곰의 표현은 여기서 주목할 만한 하다. 다시 말해서, 네네츠 민요 속에 내재된 작품 철학에 따르면 할미 곰이 있는 장소로 찾아가는 것은 사람들이 아니라, 모든 신들과의 접신을 통해 할미 곰이 있는 장소를 알고 있던 베헬랴의 진술 덕분에, 즉 라하나코가 사람들을 그곳으로 데려간 것이다. 이 작품 속에서 라하나코는 3개의 인성을 가지고 있다고 필자는 생각한다. 즉, 라하나코는 할미 곰이 이야기할 때 등장하는 단어이고, 할미 곰이 라하나코라는 사실을 알았을 때 내러티브 자체가 되며, 이야기가 진행될 때 등장인물이 된다.

라하나코의 이러한 특성을 보며 우리는 '태초에 말씀이 계시니라. 이 말씀이 하나님과 함께 계셨으니 이 말씀은 곧 하나님이시니라. 그가 태초에 하나님과 함께 계셨고 만물이 그로 말미암아 지은 바 되었으니 지은 것이 하나도 없이는 된 것이 없느니라. 그 안에 생명이 있었으니 이 생명은 사람들의 빛이라'라는 성경 구절을 연상하게 된다. 비록 작품상의 유사성은 매우 적지만, 라하나코 역시 인류의 가장 오래된 세계관을 다룬다는 점에서 동일한 정신적 맥락을 가진 것이라고 필자는 생각한다.

3. 야라브츠 *Jarabts* —주변세계를 인식하는 등장인물의 의인화

"단어-노래의 형상은 우리 시대에 녹취된 슈드바브츠 속에서 만들어졌다. 단어-노래는 이야기를 언제나 일인칭으로 전개시킴에도 불구하고 우리가 알고 있는 야르브츠 텍스트 중 하나에서 뜻밖에도 단어-노래가 나타난다는 사실을 매우 흥미롭다"고 Z.쿠프랴노프는 생전에 기술한 바 있다. Z.쿠프랴노프가 전하는 야르브츠 〈사촌누이〉의 내용은 다음과 같다.

순록지기 부부가 집에 사내아이와 어린 딸을 남긴 채 죽었다. 겨울이 되자 사촌형과 누이는 아이들을 자기 천막으로 데려갔다. 친척들은 아이들을 제대로 돌보지 않았고 아이들의 순록과 유산을 모두 빼앗아 나누어가졌다. 여러 해가 지난 후 친척들은 고아 소녀를 남의 첩으로 시집을 보냈으며, 오빠는 결혼한 후에 고향을 찾았고, 누이와 친척들을 찾아 나섰다. 그는 친척들을 징벌하고 누이를 자기 집으로 데려온다.

Z.쿠프랴노프가 언급했듯이, 통곡의 노래의 귀환이 이루어지는 것은 소년이 훗날 결혼한 후, 즉 언젠가 오누이가 유산을 빼앗겼던 장소, 고향 땅을 다시 찾았을 때이다.

그들이 길을 걸어가던 그곳으로 통곡의 노래만이 질주했다. 눈앞에 커다란 천막이 나타났다. 천막 주변에는 40대의 수레용 썰매가 놓여있었다. 그 썰매들 중에서 열 대는 얼룩무늬로 칠해졌고, 나머지 서른 대는 보통 판자로 만들어져 있었다. 통곡의 노래는 천막의 긴 장대 위에 앉았다. 천막 안에는 모닥불이 타고 있었다. 한 사내가 천막 침대 위에 앉아있었다. 다른 침대에는 사내들이 없었다. 사내가 앉아있는 침대의 한쪽 구석에 두 여인이 앉아있었다. 빈 침대의 다른 쪽 구석에 한 여인이 앉아있었다. 헤어진 옷 사이로 그의 맨살이 보였다. 그녀의 모피외투는 털이 다 벗겨져 가죽이 드러나 있었다. 통곡의 노래는 그 여인 쪽으로 내려갔다.

위의 번역본에서 우리는 '통곡의 노래'를 도처에서 만나지만, '야라브츠-므이니코 myniko'의 원본에서 '므이니코'는 두 번 등장한다. '므이니코'는 실제로 번역이 불가능한 말이다. 야라브츠는 '통곡의 노래'라고 번역해야 할 것이다. 이 단어는 '통곡하다'라는 의미의 '야르치 jartsi' 동사에, 명사형 접미사 '-bts'가 붙어서 야르브츠의 노래를 의미하게 된다.

툰고 Tungo 오형제
야라브츠가 찾아온 이후로 그들은 일 년 내내 행복하게 살았다.

샤먼 베헬랴 Vexelja

그 후 가을 눈, 눈이 내렸다. 야라브츠는 새로운 다른 삶에 대해 이야기하기 시작했다.

우주의 본질인 야라브츠에 대해 이야기한다면, 우리가 보았듯이 그것은 단지 세 번 등장했을 뿐이다.

야라브츠에서 그 특성에 상응하는 것은 무엇인가? 필자의 관점에서 그것은 '인 토마하드 in tomaxad', '테난 토마드 tenan tomad', '세빈 타하드 sevin tjaxad' 등의 패턴뿐이다.

내가 기억하기 시작한 바에 따르면, 우리는 십 년을 살았다.

내가 기억하기 시작한 바에 따르면, 나의 두 형들 중에서 둘째 형은 내내 잠만 잤다.

내가 기억하기 시작한 바에 따르면, 우리는 버드나무 강변에서 살았다. 우리 천막에는 세 사람뿐이었다. 어머니와 형이 있었다.

우리 집에는 순록이 없다. 나의 형은 나무 어망으로 고기를 잡았다. 겨울에는 사냥을 나가서 야생 순록을 잡아왔다. 내가 기억하기 시작한 바에 따르면, 우리는 3년을 그렇게 살았다. 우리 집 부근에는 사람들이 살고 있을까? 나는 아무도 보지 못했다.

내가 기억하기 시작한 바에 따르면, 나는 10년을 살았다. 만일 순록지기 바이 Vai 삼형제가 순록을 잡는다면, 나의 노모는 순록의 더러운 위장과 뼈를 얻어 오실 것이다. 위장을 세척하고 끓이면 그것도 맛이 괜찮다.

내가 기억하기 시작한 바에 따르면, 나는 노시테타 Nositeta의 집에서 살았다. 노시테타의 집에는 딸이 두 명 있었는데, 샤타 사바 Sjata Sava 자매였다. 노시테타의 집에는 미녀가 세 명 있었는데, 그의 아내도 미녀였다.

내가 기억하기 시작한 바에 따르면, 우리는 강변에 살고 있었다. 우리들 가운데서 누구도 떠나지 않았고, 아무도 찾아오지 않았다. 어린 시절부터 우리는 늙은 아버지 라드 세르 Lad Ser만을 보고 자랐을 따름이다.

브이야 Vyja 노인은 우리 할아버지다. 그분이 나를 키웠다. 우리 할아버지는 약간의 천막, 70채의 천막을 가지고 있다. 내 기억에 따르면, 할아버지는 아들은 없었고 나의 숙모인 딸만 두 명 있었다.

나의 슈후네 Sjuxune가 언제 나를 키웠는지는 기억나지 않는다. 나는 형과 함께 둘이서 천막에 살았다. 비록 우리는 둘이지만, 우리 천막 주변에는 만 마리의 순록이 있었다.

내가 기억하는 순간부터, 순록지기 푸치 Putsi 삼형제가 나를 키웠다. 나는 순록을, 3천 마리의 순록을 돌보았다.

브이야 할아버지의 집에는 3백 마리의 순록이 있다. 할아버지는 아내가 두 명이었다. 두 명의 아내에게서 할아버지는 딸을 둘 얻었다. 내가 기억하는 바로는, 브이야 할아버지가 나를 키웠다.

내가 기억하는 순간부터, 나의 세 오빠 헤노 Xeno 삼형제는 여름이면 가족들과 함께 호숫가에 살았고, 겨울이면 고기를 잡고 또 야생 순록의 가죽으로 물건을 만들었다. 나는 헤노 삼형제의 막내 누이다.

9. 내가 기억하기 시작한 바에 따르면, 우리는 러시아 식 계산으로 십 년을 살았다. 10. 만 마리의 순록들이 제멋대로 방목되었다.

1. 내가 기억하는 순간부터, 나는 부유한 러시아 성불구자의 집에서 자랐다. 2. 부유한 러시아 성불구자의 순록 3천 마리를 나는 돌보았다. 3. 우리는 고통의 바다 곳에 살았다.

이런 전형화된 언어들은 길지는 않지만, 몇 개의 패턴으로 구분할 수 있다.

첫 패턴은 '인 토마드 in tomad/ 인 토마하드 in tomaxad (내가 기억하기 시작한 바에 따르면)'이다. 이 관용구적 표현은 '지혜', '이성'을 뜻하는 명사 '이i'의 일인칭 단수와 행위의 과정을 나타내는 동사 '토마드 to'mad'로 구성된다. 테레쉔코 사전에 따르면, 이 표현은 '정신이 들다', '의식이 생기다'를 뜻한다고 한다. 다만 쿠프랴노프는 이 관용구를 '내가 기억하는 순간부터'로 번역하고 있다. 이는 정당한 번역이긴 하지만, 필자는 그것이 의식, 기억 등에 관한 것이 아니라, 지혜, 이성 등을 표현하는 말이라는 점을 강조하고 싶다.

두 번째 패턴은 '테난 토마드 tenan tomad (내 기억에 따르면)'이다. 이 표현의 언어 구성도 첫 번째 패턴과 동일하다. 그러나 중심적 의미는 '텐 ten (기억, 회상)'이라는 단어에 있다. 따라서 '테난 토마드'는 단순히 '내 기억에 따르면'이 아니라, '내 기억할 수 있는 순간부터'가 될 것이다.

세 번째 패턴은 '세빈 타하드 sevin tjaxad (내가 기억하는 순간부터)'이며, 직역하면 '내 시선 너머로'가 된다. 이처럼 네네츠 관용어의 다양한 표현은 네네츠 방언의 다양성과 텍스트 채집의 시대적 차이 때문이다. 또한 다양한 번역이 이루어지는 것은 텍스트 의미에 이해 정도에 따라 나타나는 현상이기도 하다. 사전적으로 '세브 sev'는 '시선'을, '타하드 tjaxad'는 '누군가 세상에 나타나기 전까지'라는 의미를 갖는다. 다만 여기서는 주인공의 시선에 관해 언급한 것이 아니라, 세상에 벌어지는 사건들을 볼 수 있는 능력을 표현하는데 사용되고 있다.

이처럼 야르브츠라는 언어 패턴 속에는 '이성', '기억', '시선'을 갖추는 순간들이 각기 존재한다. 비록 이 관용구들이 '내가 기억하는 순간부터' 등으로 번역된다고 할지라도, 그 미묘한 의미상의 차이는 기억되어야 한다.

4. 흐이나브츠 Xynabts - 흐이나브츠 노래의 의인화 형상

테레쉔코 사전에 따르면, '흐이나브츠 Xynabts'는 '(네네츠) 노래'를, '흐이나브차코 xynabtsako'는 '작은 노래'를 의미한다. Z. 쿠프랴노바는 민요 장르의 특징을 언급하면서 이렇게 기술했다. "다른 용어들은 노래 창작과 관련이 있다… 흐이나브츠는 노래를 뜻한다.(특히 네네츠 노래를 뜻한다. 이 단어는 '네네츠 노래를 부르다'라는 의미의 '흐이노치 xynotsi' 동사에서 유래했다.) 이 용어는 모든 네네츠 노래와 인척관계에 있다." 이에 반해 필자는 이렇게 기술한 바 있다. "네네츠 용어 흐인츠 xynts, 흐이나브츠 xynabts, 히노프수xinopsu (동사 '흐이노치 xynotsi'에 기원을 두고 있다)는 첫째, 대평원 방언으로 '(네네츠 노래를) 부르다'이며, 둘째, 야말과 타이미르 방언으로 '(다양한 방식으로 해석하여 부르는) 노래를 한다'라는 의미를 갖는다. 이때 두 개의 노래 장르가 존재하는데, 하나는 강력한 서사적 사건의 일면이 드러나는 개인적 노래이고, 다른 하나는 보존가치가 있는 사건을 다룬 음악적–시적 작품이다. 이처럼 우리는 대부분의 연구자들이 이 노래 장르의 내적 특성이 아니라, 외적 특성에 주목하는 현상을 목격할 수 있다. 사실 흐이나브츠에는 앞서 언급한 것 이외에도 노래의 인물화 형상 자체라는 의미가 들어있다. 비록 상당히 드문 현상이긴 하지만, 그것은 다음의 텍스트 속에서 찾아볼 수 있다.

외아들 하류치 Xarjuchi

주연행자(主演行者) : 외아들 하류치여

부연행자(副演行者) : 외아들 하류치여

주연행자 : 흐이나브츠가 그대를 만난 이후에나, 외아들 하류치여, 마음대로 잠 자거라.

부연행자 : 외아들 하류치여, 그저 잠 자거라.

주연행자 : 마음대로 잠 자거라. 그러나 이렇게 말했네, 소—

부연행자 : 소녀여

주연행자 : 녀여, 나는 머리가 아팠다오

부연행자 : 나는 머리가 아팠다오

주연행자 : 가까운 주변 땅을 향해서

부연행자 : 가까운 주변 땅을 향해서

주연행자 : 나는 떠날 거요.

부연행자 : 나는 떠날 거요.

함카 Xamka 삼형제

주연행자 : 함카 삼형제는, 흐이나브츠가 그들을 찾아갔을 때,

부연행자 : 당신의 함가 삼형제는, 흐이나브츠가 그들을 찾아갔을 때,

주연행자 : 흐이나브츠가 그들을 찾아갔을 때, 십 년을 살았네.

부연행자 : 십 년을 살았네.

젊은 토헬랴 Toxelja

1. 주연행자 : 젊은 토헬랴 toxelja에게, 흐이나브츠가 찾아간 이후로, 아버지는 젊은 토헬랴에게 말했네. "나는 진피리 숲에서 짐승들을 사냥하고 싶구나."(젊은 토헬랴가 대답했다) "진피리 숲에서 꼭 사냥할 필요는 없어요, 만 마리나 되는 순록들도 고기를 제공하니까요."

네 명의 부자

1. 흐이나브츠가 테탐보에프 Tetamboev 삼형제를 찾아갔을 때, 막내 토탐보예프가 고개를 들고 말했다. "소녀여, 내게 고기를 삶아주오, 나는 가까운 주변 땅을 향해 떠나기로 결심했다오."

위에 제시한 몇몇 예문들 속에는 '흐이나브츠 호마드 xynabts xomad'란 관용어가 반복된다. '호마드 xomad'는 '발견하다', '받다', '(수수께끼를) 풀다', '만나다'라는 뜻을 지닌 '호시 xosi' 동사에서 파생된 말이기도 하다. 그러나 필자가 알고 있는 작품 속에서는 이런 패턴이 등장하지 않는다. 그것은 므이니코 myniko 장르에 공존하기 때문에 우주적 본질로서의 기능이 축소되고 있음을 알 수 있다. 위의 예문들 속에서 흐이나브츠는 주인공들을 만나지만, 므이나코는 존재하지 않는다는 사실에 유념해야 한다.

5. 므이니코 myniko/ 므이나코 mynako/ 므이네코 myneko/ 므이니쿠 myniku – 생명력을 부여하는 존재

1973년 야말–네네츠 자치주의 나드임 지역에서 T.E. 라프수이[*]는 필자에게 이렇게 말한 적이 있다. "흐이나브츠의 주체는 벙어리 므이니코이며, 그것이 무엇인지는 알 수 없다. 어쩌면 새일 수도 있다. 므이니코는 드물게 나타나지만, 그것은 야라브츠나 흐이나브츠를 노래하지는 않는다."

그렇다면 므이니코란 무엇인가?

므이네코 myneko는 누군가의 불행을 노래 형식으로 이야기하는 야라브츠의 주인공이며, 이야기를 전개시켜 나간다. 또 므이네코 myneko는 '짧은 이야기'(민요 속에서 한 에피소드를 다른 에피소드로 연결시키는 특별한 기법)를 뜻하

---

[*]야말–네네츠 자치주 라드임 지역에 거주하면서 순록방목과 고기잡이 등으로 생활하는 네네츠 음악가.

기도 한다. N.M.테레쉔코는 저서 〈네네츠 서사시〉 속에서 이렇게 기술하고 있다. "네네츠 민요의 보편적인 특징이라고 할 수 있는 이야기 전개의 의인화 기법은 슈드바브츠에서 폭넓게 수용되고 있다. 므이네코('작은 이야기')는 연구 자료 속에서 이런 역할로 등장한다. 그것은 각각의 에피소드를 연결시킴으로써 이야기를 유기적으로 만들 뿐만 아니라, 벌어지는 사건의 증인이 되기도 한다. 의인화된 이 '작은 이야기'는 등장인물들과 교류하기도 하고, 목격한 사건에 대해 진술하기도 한다. 슈드바브츠의 등장인물들처럼 '작은 이야기'는 하늘을 날기도 하고 허공으로 증발하기도 하고 천막의 연기구멍으로 스며들기도 하고, 주변을 맴돌거나 유숙지에 내려서기도 한다. 그 한 예로 "작은 이야기'는 미지의 먼 곳으로 떠나버렸다(이때 아무 일도 일어나지 않으며, '작은 이야기'도 앞으로 무슨 일이 벌어질지 모르기 때문에 아무 말도 하지 않는 것이다)"라는 표현을 들 수 있다." A.V.골로브뇨프는 므이니쿠를 말없이 노래만 부르는 인간-새로, '냔체도 므이니쿠 Njanchedo Myniku'를 '벙어리 인간-새'로 해석하고 있다. 그렇지만 네네츠 민요 보유자 T.라프수이나 네네츠 언어와 민요에 해박한 N.테레쉔코 등은 므이니코(므이니쿠)라는 단어를 번역하는 것은 위험한 일로 간주한다. 그들은 이 단어의 번역 자체에 동의하지 않으면서 '미지의 작은 새' 또는 '노래와 작은 이야기'라는 의미상의 해석만을 내놓았을 뿐이다. 본래 므이니코(므이니쿠)는 '므이네시 myne(si)' 동사와 지소격 어미 '-코 -ko' 혹은 '-쿠 -ku'가 결합한 단어이다. 그러나 '므이 my'는 '음식'을, '므인다시 mynda(si)'는 대평원 방언으로 '배부르다'는 의미를 나타내므로, 필자는 므이니코(므이니쿠)란 만족 혹은 기쁨을 가져다주는 '그 무엇'으로 이해하고자 한다. 따라서 조연으로서의 바다, 바다-슈드바브츠, 슈드바브츠 등이 무엇보다 사건의 정보를 제공하는 것이라면, 므이니코/므이니쿠는 정보뿐만 아니라 만족과 기쁨을 제공하는 것으로 이해되어야 한다. 텍스트 속에서 므이니코/므이니쿠는 어떻게 나타나는지 살펴보도록 하자.

흰 순록들의 어린 주인

이 작품의 주제는 강탈당한 아내 찾기, 피살된 아버지의 복수, 변심한 아내의 처벌, 주인공의 결혼 등이다.

1. 물 없는 땅에, 호수 없는 땅에, 바다도 없는 땅에 온통 철광석으로 이루어진 언덕이 있었다.
2. 철광석 언덕 한 복판에 철로 만든 울타리 하나가 있었다.
3. 그 울타리는 지붕도 없이 둥글게 만들어져 있었다.
4. 울타리의 일곱 면은 마치 사방에서 불어오는 바람이 바위를 깎아낸 듯했다.
5. 철로 만든 울타리의 문 쪽에는, 그곳에는 진짜 흙 땅이 있었고, 나사 천을 씌운 외로운 천막이 있었다.
6. 썰매들 사이에 있는 그 천막 주변에는 모두 백 마리에 이르는 흰 순록들이 앉아 있었다.
7. 순록들은 고개를 높이 쳐든 채 이끼를 와작와작 씹어댔다.
8. 순록 한 마리가 말했다. "'작은 이야기'가 천막 연기구멍으로 사라지네."
9. ('작은 이야기'가) 천막 연기구멍으로 들어갔다.
10. 흰 순록들의 어린 주인이 침대 한 가운데서 잠들어 있었다.
148. 노인이 말했다. "어서 일어나! 여인이 네 머리에서 이를 잡아줄 수 있게. 흰 순

록들의 어린 주인아, 이곳을 떠나면, 다신 돌아오지 못할 게다."

149. 천막의 빛이 들어오는 쪽에서 잠자던 어린 주인은 등을 돌렸다.

150. 그는 '그건 언젠가 당신에게 재앙으로 돌아올 거예요'라고 말하는 듯했다.

151. 그는 머리를 여인의 무릎 위에 올려놓았다.

152. 여인은 남자의 머리에 손을 뻗으려는 것처럼 보였다.

153. 이 이야기는 그만하도록 하자.

154. '작은 이야기'는 나사 천을 덮은 우리의 천막으로 찾아왔다.

155. 흰 순록들의 어린 주인은 이레 동안 잠만 잤다.

156. 이레가 지나자 그는 잠에서 깨어났다.

157. 잠에서 깨어나자, 그는 누이에게 고개를 돌렸다. "소녀야, 옷을 다오!"

158. 소녀는 밖으로 나갔다.

159. 소녀는 자리에서 일어나더니, 밖에서 가죽 외투 두 벌을 가져왔다.

160. (흰 순록들의 어린 주인은) 사슴 가죽을 덧댄 전투복 일곱 벌을 겹쳐 입었다.

161. 연기가 천막의 연기구멍으로 빠져나가 허공으로 피어올랐다.

162. '작은 이야기'는 철로 만든 울타리로 들어갔다.

163. 노인이 말했다. "소년아, 옷을 입어라! 흰 순록들의 어린 주인아, 그렇게 무기
력하게 굴면, 당장 죽고 말아."

164. 그의 착한 세 아들은 옷을 입기 시작했다.

165. 큰 아들은 큰 활과 화살통이 있는 곳으로 달려갔고, 둘째 아들은 쇠로 만든 화
살통을 허리춤에 둘러찼고, 막내아들은 전투복을 입었다.

166. ('작은 이야기'가) 소리를 내며 연기 구멍으로 빠져나갔다.

167. 흰 순록들의 어린 주인이 밖으로 나갔다.

168. 노인의 세 아들이 흰 순록들의 어린 주인을 사방에서 포위했다.

이 작품 속에서 흰 순록들의 어린 주인의 집으로 들어간 므이네코는 그를 주인공으로 만들고, 여기서는 언급되지 않은 곳에서 그와 동행하고 그를 보호한다.

유숙지의 주인은 오소리 가죽옷을 입었다

이 작품의 주제는 남편 때문에 화가 난 여인의 가출, 세르슌데 Sep sjunde 라는 이름의 주인공이 아버지의 활을 분실하고 찾는 이야기, 적들과의 전투 그리고 결혼 등이다. 이 이야기는 피살된 아버지의 복수라는 테마를 구현하고 있다.

이 작품에서 '작은 이야기'의 의인화된 형상은 나중에 언급하게 될 다양한 인물들을 구연자의 입을 통해 재현시킨다.

두 노파는 유숙지 주인의 두 번째 아내를 모략하고, 유숙지 주인은 첫 번째 아내의 질투 때문에 공개적으로 그녀를 찾아가지 않는다. 이 일로 인해 그녀는 고향으로 돌아갈 결심을 한다.

20. 천막을 걷자, 긴 장대들이 언덕 너머로 자취를 감추었다.

21. 그때 여인이 이야기를 늘어놓기 시작했다.

49. 여인은 3년째 조용히 살고 있다.

50. 여인은 그렇게 살았고, 그녀의 '작은 이야기'는 미지의 먼 곳으로 떠나갔다.

51. 미지의 먼 곳에서 세르 슌데가 가족들과 함께 일하며 살아가기 시작했다.

68. '작은 이야기'는 전한다, 세르 슌데는 말했다. "친구에게 박힌 화살 두 개를 뽑아 버려, 뭘 기다리는 거야? 그의 시체를 밖에 던져버려, 개나 먹도록!"

N.M.테레쉔코는 위의 작품을 번역하면서 '작은 이야기'라는 단어를 사용했다. 그것은 '마니프 ma'niv/ 마니프 maniv/ 마 ma'라는 단어를 이해하는데 열쇠말이 될 수 있는데, 그 단어는 네네츠 민요에서 직설적인 표현을 하지 않을 때 항상 사용되는 것이다. 1979년 8월 게오르기 한사비치 야프투나이는 '마 Ma'라는 표현이 들어가는 므이니코와 라하나코로 된 〈게으른 두 노인〉이라는 텍스트를 녹음했다. ('마, 한 노인이 말했다. "아니, 누린 널 잡아먹겠어, 그게 너한테 하고 싶은 말이야.") 그리고 '마'라는 표현이 '작은 이야기' 속에서 예고를 뜻하는 것이라고 해석했다. '마'라는 이 표현은 바다, 바다─슈드바브츠, 라하나코, 므이니코, 흐이나브츠보다 더 자유롭고 더 많은 정보를 제공하는 누군가의 이야기다.

92. 자리에 앉은 세르 슌데는 시위가 늘어진 활을 들지 않았다.

96. (파느이로티 Panyroti 주인은) 한 바퀴 선회해서 하강하더니, 시간이 갈수록 시위가 늘어지는 활을 집어들었다.

98. 그는 고통의 바다 한복판으로 시위가 늘어진 활을 집어던졌다.

99. 그는 집어던졌고, '작은 이야기'는 원래의 장소로 돌아갔다.

100. ('작은 이야기'는) 그곳에 있는 시시예토프 Sisietov 주인의 딸을 찾아왔다.

108. 가엾은 어린애의 머리는 날아가 버렸다, 저 멀리 날아가 버렸다.

109. 그곳에서는 세르 슌데의 천막 200채에 사는 가족들이 자유롭게 활동하고 있었

다.

110. '작은 이야기'는 미지의 장소로 날아가 버렸다.

111. 고통의 바다 해안에는 30명의 테먀 Temja 일가가 살고 있었다.

133. 그물을 잡아당긴 후, 그들은 긴 활 주위에 모여 앉았다.

134. 그들은 자리를 잡고 앉았고, 나의 '작은 이야기'는 그들의 천막으로 떠났다.

135. 거인 모요타의 집에는 자식을 세 명이나 낳은 후에도 아들을 한 명 더 두었다.

136. 그의 이름은 흐이리 호바 파르카(철갑상어 가죽옷)였다.

이 작품에서 의인화된 '작은 이야기'의 형상은 여성적 인물이라는 특징을 가지고 있다(21번째 예문과 50번째 예문). 또한 청자가 되기도 하고(99번째 예문), 화자 V.M. 라프추이가 되기도 한다(134번째 예문). 이처럼 므이네코는 공간을 초월하기도 하고(작품 내부 어디에나 나타나기도 하고 작품 외부에서 청자나 구연자와 함께하기도 한다), 시간을 초월하기도 한다(작품 속의 사건이 벌어지는 시간에도 또 작품을 구연하는 순간에도 등장한다). 이 이야기를 종합하면, 므이네코의 장소 이동이란 무대에서 무대장식을 교체하는 것과 같다고 할 수 있다. 작품의 전반부에서 의인화된 단어 형상은 남편의 유숙지를 떠난 시시에티의 딸을 데리고 주인의 땅으로 향한다. 3년 후 화자가 된 그녀의 므이네코는 세르 슌데의 유숙지로 날아간다. 그리고 세르 슌데와 주인이 얼마나 울부짖는지, 주인 파느이로티가 어떻게 세르 슌데의 활을 훔쳐내어 바다에 버리는지 목격한다. 그후 므이네코는 전반부에 함께했던 시시에타의 딸에게로 돌아간다. 그리고 그곳에서 땅 주인의 손에 살해된 그녀의 아들을 목격한다. '작은 이야기' ─므이네코는 미지의 땅으로 떠나, 30명의 테먀 일가가 바다짐승들을 잡아

수공업을 하는 고통의 바다 해안에 도착한다. 그때 테먀 일가는 세르 슌데의 활을 그물에서 끌어올렸고, 므이네코는 그들의 천막으로 돌아간다. 이어서 므이네코가 이야기 진행에 관여하고 영향을 미치는 흥미로운 일이 벌어진다. 몇몇 인물들이 므이네코의 장식적 역할을 대신하기 시작하는 것이다. 무엇보다 므이네코의 자질을 갖춘 거인의 아들 모요타 흐이리 호바가 두드러진다.

138. 그곳에 앉아있을 때, 바람처럼 소리 없이 그를 데려갔다. 그리고 천막 입구를 한 바퀴 선회하더니 하강했다.

142. 천막 입구에서 바람이 불어왔다.

143. 그는 한 바퀴 선회하더니 막내동생 주변에 내려섰다.

그후 흐이리 호바는 그 여인이 세르 슌데의 활을 가져가도록 했다.

202. 세르 슌데는 말했다. "활을 가져다준 것은 너무나 값진 일이오."

203. 늙은 거인은 밖으로 나가 바람도 부르지 않은 채 사라져 버렸다.

그후 세르 슌데는 하늘나라와의 싸움에서도 승리했다.

흰 사슴의 주둥이

작품 〈게으른 두 노인〉에서 므이네코와 라하나코는 동의어로 사용된다.

—므이네코는 바람에 실려가, 많은 사람들이 살고 있는 왕궁을 보았다.

—너의 라하나코는 늙은 게으름뱅이 노인만을 보호하는군.

—너의 라하나코는 왕을 찾아갔다. 벙어리 왕 무르질카가 있었다. 므이네코는 벙어리였다.

—너의 라하나코는 그곳에 남았다.

—너의 라하나코는 순은왕국의 왕을 찾아갔다.

—너의 라하나코는 이것으로 끝이 난다.

므이네코는 작품의 줄거리에서 어떤 언어패턴을 만들어내고, 또 거기에서는 어떤 특징을 밝혀낼 수 있을까?

1. 그들이 길을 걸어가던 그곳으로 통곡의 노래만이 질주했다. 또는 그때 그 여인이 이야기를 늘어놓기 시작했다.

2. 통곡의 노래는 천막의 긴 장대 위에 앉았다. 또는 통곡의 노래가 그 여인 앞으로 내려왔다.

3. 한 순록이 말했다. "'작은 이야기'가 천막 연기 구멍으로 사라지네." ('작은 이야기'가) 천막 연기구멍으로 들어갔다.

4. '작은 이야기'가 나사 천을 덮은 우리 천막으로 찾아왔다. 또는 그들은 자리에 앉았고, 나의 '작은 이야기'는 그들의 천막으로 떠나갔다. 또는 여인은 그렇게 살았고, 그녀의 '작은 이야기'는 미지의 먼 곳으로 떠나버렸다. 또는 그 여인은 그것을 놓쳐버렸고, 당신의 므이네코는 떠나온 곳으로 돌아갔다. 또는 '작은 이야기'는 미지의 먼 곳으로 떠났다.

5. 그곳 어딘가로 ('작은 이야기'가) 주인의 딸을 찾아갔다.

6. '작은 이야기'는 이 천막의 주인이 오래전부터 세 땅의 주인이었다고 판단했다.

7. 벙어리 '작은 이야기'는 기나긴 3년 동안 맴돌았다.

8. 므이니코는 바람에 실려가, 많은 사람들이 살고 있는 왕궁을 보았다.

9. 라하나코는 그곳에 남았다.

이렇게 묘사된 행위나 언어 패턴 속에서 발견되는 아라브츠, 바다, 므이네코, 므이니쿠의 성격은 무엇인가?

첫 번째 그룹에서 바람은 그(그녀)를 주인공이 가는 길로 데려가고, 여인은 스스로 이야기를 시작한다. 이때 사용된 단어 '하나(시) xana(si)'는 '데려가다'를 뜻한다. 다시 말해서 이 경우 단어의 형상은 비독립적 성격을 지니며, 따라서 누군가가 그(단어 형상)를 데려가야하기 때문에 바람이나 여인은 필연적이 된다.

두 번째 그룹에서 그(그녀/그것)는 '라브체이 labtsei'를 시도한다. 이 단어는 '라브체(시) Labtse(si)' 동사의 단축형로서 '달라붙다'라는 의미다. 여기서는 통곡의 노래가 하강한다는 의미로 번역된다. 그러나 네네츠 동사 '라브체(시)는 어떤 장소에 의도적으로 고착되려는 능동적 성격을 지닌다.

세 번째 그룹에는 '므이네코 먀르트이 myneko mjary'란 단어가 사용된다. 동사 먀르툐시 mjartjosi는 '펼쳐지다', '전개되다', '펴지다' 등의 의미를 갖는다. 므이네코라는 동사에서는 날개가 달린 크고 넓은 것이라는 의미가 들어 있다. 테레쉔코는 먀르트이 동사를 '연기구멍을 통해 사라지다'로 번역하고 있으나, 러시아어의 경우에는 반드시 어떤 사물 위로 날아가야하며, 동사 먀르툐시는 형태의 넓이와 펼치는 행위를 무엇보다 강조한다.

네 번째 그룹에서는 므이네코 하야 myneko xaja라고 표현된다. 헤시 xesi 동사는 '떠나다', '사라지다'의 의미를 갖는다. 이 동사는 무엇보다 출발의 의미를 함축한다.

다섯 번째 그룹에서는 므이네코 테브이 myneko tevy라고 표현된다. 격변화 제3형인 '테바(시) teva(si) 동사는 '도착하다'란 의미를 갖는다.

여섯 번째 그룹에서는 므이네코 호다 myneko xoda라고 표현된다. 이 동사는 라하나코나 므이네코의 행위를 묘사할 때 사용된다.

일곱 번째 그룹에서는 작은 이야기가 반복되는 므이네코 슈라 myneko sjura라고 표현된다. 테레쉔코에 따르면, 슈라(시) sjura(si)동사는 '맴돌다', '돌아오다', '(등을) 돌아눕다', '무엇이 될지 전혀 모르다', '같은 장소로 돌아오다'를 의미한다. 테레쉔코의 예문 속에서는 '같은 장소로 돌아오다'란 의미로 사용된다.

여덟 번째 그룹에서는 므이니쿠 레티트 myniku letit(러시아 번역본에서만 기원을 찾을 수 있다), 므이니코 풀라르 myneko pularjosi이란 표현이 있다. 풀라료시 pularjosi/ 푸"라료시 pu"larjosi 동사는 '확실해지다(바람에 의해)', '한쪽으로 밀려나다(바람 때문에)', '신비한 힘의 영향으로 비정상적 상태가 되다'란 의미를 갖는다.

므이네코/므이니쿠에 관여하는 네네츠 단어들을 러시아어로 번역하면서, 대부분의 연구자들은 다른 사람들 혹은 우리들처럼 허공을 날아다닐 능력이 없는 보통사람들이 므이네코에게 날아다니는 능력을 부여하는 법에서 당연히 므이네코의 특성을 찾는다. 연구자들의 이런 확신은 바다—슈드바브츠나 슈드바브츠에서처럼 므이네코의 언어적 기원에 '날다'라는 의미의 티르치

tirtsi 동사가 사용되지 않은 것으로 연구의 방향을 이끌고 있다.

게다가 므이네코나 므이니쿠의 본질에 관해 고민해야 할 다른 문제가 남아있다. 그것은 항상 말 못하는 존재인가, 혹은 상황에 따라 말 못하는 존재로 등장하는가 하는 문제다. 오늘날의 지식으로 그 문제에 답할 수 있는 가능성은 없다. 여주인공의 주위를 3년간 맴도는 냔자다 므이네코 njanzada myneko(벙어리 므이네코)는 결국 그녀를 소생시킨다. 즉, 그녀는 남주인공 바데시 살로쿠 Vadesi Saloku의 꿈에서 깨어나 천막을 둘러보게 되고, 남주인공은 나중에 하늘이 된다.

등장인물의 성격을 연구하면서 이런 현상 속에는 N.K. 레리흐가 말했던 다음과 같은 내용이 상당히 반영되었을 거라고 필자는 생각하게 되었다. "로고스의 삶과 의식은 일종의 진동, 일종의 에너지로 나타난다. 만물은 진동으로 창조된다. 우주는 신의 세계에서 흘러나오는 진동으로 구성되고, 그것들은 물질의 형태를 취하며, 온갖 다양성이 거기서 유래된다. 객관적 세계를 형성하는 물질은 로고스의 분출이고, 그 힘이며, 우주적 삶의 에너지 흐름이다. 그것은 모든 원소 속에 내재하고, 모든 것을 유발시키며, 모든 것을 함축하며, 모든 것을 배양시킨다. 그것은 우주의 출발이자 끝이며, 그 근원이고 목적이다."

6. 노브 라하나나 Nob laxanana(항상 말하는 자) – 정보의 소유자이자 전달자

네네츠 민요 속에 나오는 단어들의 핵심을 진술할 때 보통 청자로 등장하는 등장인물에게 주목하게 된다. 그러면 그 등장인물이란 대체 누구를 말하는가? 그는 어째서 목소리만으로 자신에 관한 많은 부분을 이야기하는가?

바다 하소보(사모예드족의 옛이야기)

한 사모예드 인이 빛을 찾아서 하늘로 올라갔다. 얼마 후 그는 하늘로 올라온 이유가 무엇이냐고 묻는 목소리를 들었다. 깜짝 놀라 몸이 얼어붙은 채 사모예드 인은 대정령이 빛을 찾아오도록 파견한 것이라고 대답했다.

이 이야기는 천상의 신이 사모예드 인과 대화하는 형식을 취하고 있다.

순록 없는 사람

그리고 나는 그곳 빙산에 살기 시작했다. ······ 나는 누운 채로 귓가에 맴도는 소리를 들었다. 내 머리 위에서 누군가의 목소리가 들려왔다. 그는 이렇게 이야기하는 듯했다.

"순록 없는 사람이여, 어째서 잠들어 있는가, 어서 일어나라! 이곳으로 배가 도착했구나. 만일 그 배에서 멀어지면, 너는 영영 죽고 말리라. 네가 찾은 것은 얼음덩이에 불과하니, 그것이 떠내려가면, 너는 땅을 발견하지 못하리라."

주인공의 눈에는 아무도 보이지 않았고, 그는 다시 잠자리에 들었다.

"순록 없는 사람이여, 어째서 잠들어 있는가, 어서 일어나라! 이곳으로 배가 도착했구나. 만일 그 배에서 멀어지면, 너는 영영 죽고 말리라. 네가 찾은 것은 얼음덩이에 불과하니, 그것이 떠내려가면, 너는 땅을 발견하지 못하리라."

나는 다시 깨어났지만 아무 것도 보이지 않았다.

나는 잠시 잠에 들었다가, 얼마 후 꿈속에서 내 머리 위로 누군가의 목소리가 울려 퍼지는 것을 들었다. 그 목소리는 이렇게 말했다.

"순록 없는 사람이여, 어째서 잠들어 있는가, 어서 일어나라! 이곳으로 배가 도착했구나. 만일 그 배에서 내리면, 어딜 가더라도 너는 땅을 발견하지 못할 것이며, 영영 죽고 말리라."

그 소리를 들은 후, 나는 자리에서 벌떡 일어나 앞을 내다보았다. 내가 있는 빙산 주변의 인근에 가지 달린 통나무배 하나가 흔들리는 것이 보였다. 나는 그것이 틀림없이 내 배라고 생각했다.

나는 그 통나무로 건너갔다.

나는 얼마나 오랫동안 잠이 들었는지 기억하지 못한다. 얼마 후 꿈속에서 내 머리 위로 누군가의 목소리가 울려 퍼지는 것을 들었다. 그 목소리는 이렇게 말하는 듯했다.

"순록 없는 사람이여, 어째서 잠들어 있는가, 어서 일어나라! 이곳으로 음식이 흘러왔구나. 만일 네가 그 음식을 얻지 못하면, 너는 가지 달린 통나무 배 위에서 영영 죽고 말리라."

그 소리를 들은 나는 사방을 둘러보았다. 그때 나는 통나무 배 위로 백곰 한 마리가 기어오르더니 눈을 감은 채 내 옆자리에 몸을 눕는 것이 보였다.

그 화자의 조언 덕분에 주인공은 목숨을 구할 수 있었다. 작품 속에서는 그 목소리가 누구의 것인지 밝히지 않고 있다.

두 순록지기의 땅

남편 얄리제 하브트 Jaljze Xabt가 죽은 후 그의 아내는 두통으로 시달리기 시작했다.

일 년 후 머리 위에서 누군가의 목소리가 들려왔다. 그 목소리가 이렇게 말했다.

"두 순록지기의 막내 누이야, 두통을 낫게 하려면 가슴 털이 흰 순록 네 마리를 잡거라."

사람들은 그 목소리가 시키는 대로 따라했다. 하지만 얼마 후 두통이 다시 발작했다.

일 년이 지났다. 2년째 나는 두통에 시달렸다. 내 머리 위에서 누군가의 목소리가 들려왔다. 그 목소리가 이렇게 말했다.

"두 순록지기 땅의 막내 누이야, 몸은 좀 어떠냐? 네가 밝은 색 순록 네 마리를 제물로 바치면, 병도 낫고 몸은 좋아지리라."

사람들은 시키는 대로 따랐으나, 한 달 후 두통이 다시 찾아왔다.

그렇게 3년이나 두통에 시달렸다. 다시 일 년이 지난 후 내 머리 위에서 누군가의 목소리가 들려왔다.

"퉁구스 족 악당한테 네가 정말 진 것 같으냐? 그자는 죽었단다. 그자가 너를 지하로 끌어당기는 거란다. 너의 남편도 끌어당겼단다. 무리를 이끄는 뿔 달린 암사슴을 낮에 제물로 바쳐라. 네가 그 암사슴을 제물로 바치면, 너는 (미친 듯) 날뛰지 않을 거다. 마치 죽은 자의 말에 순종하듯이 너는 마법을 부릴 수 있지 않겠니?"

누군가의 목소리가 들려준 조언에 따라 여주인공은 두통을 치료했고, 그 조언에 따라 죽은 남편도 다시 살렸으며, 자신이 샤먼이 되었음을 증명하기도 했다.

노호 Noxo 족 출신의 여인

못된 사람들의 모략으로 남편 브일카 Vylka는 자신의 아내 노호 Noxo를 작은 천막에 버린다.

296. 길게 이야기할 필요는 없다. 눈이 내렸다, 세 번 눈이 내렸다.

297. 순식간에 그녀가 앉아있는 곳은 표적의 거리만큼 멀어졌다.

298. 잠시 후 그녀의 눈빛은 어두워지기 시작했다.

299. 그녀의 눈빛이 어두워지자, 머리 위에서 누군가의 목소리가 들려왔다. "노호 족 출신의 여인아, 너는 죽기라도 하려는 거야? 어서 일어나라! 관목이 우거진 일

곱 개의 큰 강을 건너가라. 고통의 바닷가에서 다리가 다섯 개 달린 너의 순록이 썰매를 준비한 채 가다리고 있을 것이다."

그러나 그녀의 순록은 그녀의 눈앞에서 죽고 말았다.

311. 어느 날 노호 족 출신 여인의 눈빛은 어두워지고 또 어두워졌다.

312. 누군가의 목소리가 다시 이렇게 말했다. "바로 네 옆에 다리가 여섯 개 달린 너의 순록이 기다리고 있잖니."

그러나 다리가 여섯 개 달린 그녀의 순록은 다시 그녀의 눈앞에서 죽고 말았다.

318. 그녀는 다시 걸어갔고 그녀의 눈빛은 어두워졌다.

319. 다시 누군가가 이렇게 말했다. "노호 족 출신의 여인아, 아직 살아있는 거냐? 너의 순록이 지금 달아나려고 하는데."

다리가 여덟 개 달린 그녀의 순록은 그렇게 죽었다.

323. 순록과 이별하고 나자, 그녀의 눈빛은 어두워졌다.

324. 누군가의 목소리가 다시 말했다. "만일 네가 살아있다면, 어서 일어나라. 얼룩 순록 네 마리가 기다리고 있단다. 그걸 타고 가면 좋은 일이 생기리라.

그런데 그 순록들마저 죽고 말았다.

329. 나도 그곳에서 넘어졌다.

330. 누군가의 목소리가 들려왔다. "사냥개가 되살아났단다, 네 앞에서 되살아났단다. 그 개는 밀림 속에서 너의 길동무가 될 거다."

그리고 그 개도 그녀의 눈앞에서 죽어버렸다.

335. 한참을 걸은 후 그녀의 눈빛은 다시 어두워졌다.

336. 누군가의 목소리가 다시 말했다. "잘 살펴보아라! 건조한 저지대에 가족들이 지나가며 일으킨 (먼지가) 네 눈에 보일 것이다. 작은 숲에 자욱한 먼지 사이로

나타나는 모래 여울 위에서 무쇠처럼 단단한 풀들을 너는 보게 될 것이다. 무쇠처럼 단단한 굵은 풀들은 예지력이 있으며, 그 풀들이 너를 통과시키지 않으면, 너는 그곳에서 죽음을 맞을 것이다."

337. 그 목소리를 듣고 나는 일어섰으며, 힘차게 활보했다.

338. 나는 먼지를 뚫고 그곳을 통과했다.

무쇠처럼 단단한 굵은 풀들은 그녀의 간청을 물리치지 않고 보내주었다.

348. 의식이 희미한 채, 어딘가를 바라보았다.

349. 다시 누군가의 목소리가 들려왔다. "거 참, 이 못된 녀석들아, 그녀를 보내줘."

350. 그리고 다시 이렇게 말했다. "보아라, 건조한 저지대를 지나며, 무쇠처럼 단단한 버드나무 숲을 지나며 가족들이 일으킨 먼지가 바로 네 눈앞에 보이지 않느냐. 그 먼지 사이로 모래섬이 있고, 그 모래섬에 일곱 마리의 물벌레가 있단다. 누구도 그 벌레들로부터 벗어나지 못했단다."

351. 그 목소리가 울려 퍼지는 순간, (벌레들이) 내 머리카락을 잡아당겼고 마구 달려들었다.

일곱 마리의 물벌레들은 내 간청을 물리치지 않고 보내주었다.

362. 그녀의 머리 위로 누군가의 목소리가 선명하게 들려왔다. "그런데, 넌 다시 길을 떠난 거냐? 네 눈앞에 먼지가 나타날 거다. 그 먼지 사이로 숨은 일곱 마리 철갑도마뱀들은 아무도 통과시키지 않는단다."

363. 그 목소리가 울려 퍼지는 순간, (철갑도마뱀들이) 내 머리카락을 잡아당겼다.

364. 나는 먼지를 뒤집어쓴 채 넘어졌고, 땅 위에는 일곱 마리의 철갑도마뱀이 있었다. 그 도마뱀들은 (나를) 일곱 조각으로 찢어놓았다.

도마뱀들은 그녀의 간청을 물리치지 않고 그녀를 보내주었다.　　　372. 그곳

어딘가에서 다시 누군가의 목소리가 들려왔다. "너는 다시 길을 떠난 거냐? 네 앞에 거인 할멈이 나타날 것이다. 그 할멈은 대장장이인데, 평생 쇠를 벼리며 살았지. 그 거인 할멈 집에는 너의 가족이 간 곳을 말해주는 화톳불이 하늘로 솟구치고 있단다. 나는 너를 그곳으로 보내주겠다. 그러니 그곳에서 너는 석탄 없이 불을 피워라."

하지만 그 사악한 예언자의 말은 실현되지 않았다. 쇠를 벼린 후에도 노호족 여인은 아름다운 자태를 잃지 않았다. 그리고 그곳에서 야브말 노인은 그녀에게 행복한 삶이 열릴 것이라고 예언해 주었다. 그 사악한 예언자는 노호족 여인과 그녀의 오빠를 파멸시키려고 했던 못된 두 악령 중의 하나였다.

여기서 흥미로운 점은 처음의 다섯 조언은 행동을 촉구하는 긍정적인 키워드이지만, 다음의 네 조언은 죽음을 예언하는 조롱투의 금언이라는 사실이다. 그리고 그 결과는 그녀의 눈앞에서 순록들과 개가 죽는 처음의 다섯 장면과 그녀의 간청을 받아들이는 파괴적 존재들을 묘사한 네 장면으로 대비되어 나타난다.

야르 Jar 족 출신의 소년
야르 족 출신의 소년은 누이를 잃은 후 순록들마저 잃었다.

174. 어느 날 꿈에서 깨어났고 나 자신을 극복할 수 있었다.
175. 얼마 후 누군가의 두 목소리가 대화하는 소리가 들려왔다.
176. 한 목소리가 이렇게 말했다. "길들여 놓은 황소(순록)를, 저 황소를 잡아먹자."

177. 다른 목소리가 말했다. "저 앞의 언덕까지 가자구, 황소 주인이 너무 가까이 있어."

178. 그들이 걸어가는 소리가 내가 있는 곳으로 들려왔다.

179. 나는 벌떡 일어났지만, 아무도 보이지 않았다.

180. 목소리가 들려온 곳으로 나는 걸어갔다.

181. 누가 눈에 띌 수 있겠는가?

182. 나는 먹던 사슴 고기 앞으로 되돌아왔다.

183. 식사를 마친 후 나는 다시 잠자리에 들었다.

184. 잠이 들었을 때 다시 똑같은 목소리가 들려왔다.

185. 두 개의 목소리가 대화를 나누고 있었다.

186. 그들은 이렇게 말했다. "어쩌면 황소 주인이 언덕에 있을지도 모르니, 저리로 가지."

187. 그 소리를 듣자 나는 벌떡 일어났다.

188. 그리고 그 소리가 들리는 방향으로 달려갔다.

189. 거기서 누구를 발견할 수 있겠는가?

190. 나는 썰매를 타고 가면서 잠이 들었다.

191. 그때 두 목소리가 길들인 내 황소를 죽이는 소리가 들렸다.

192. 두 사내가 서로 욕설을 퍼부으며 싸우고 있었다.

193. 길들인 내 순록은 순순히 죽으려들지 않았다.

194. 한 목소리가 말했다. "우리는 저 앞 언덕에서 주인을 만날 수도 있을 거야."

195. 다른 목소리가 대답했다. "어떤 사람이냐고? 주인이 무얼 하는 사람인 줄 알고 안타까워하나?"

야르 족 소년은 자신의 적 세브세로 예르바 Sevsero Jerva를 물리친 후 잠이 들었다.

250. 잠이 들어있을 때 누군가의 목소리가 머리 위로 들려왔다. 그 목소리는 이렇게 말했다. "야르 족 소년아, 네 썰매가 도착했단다."

251. 그 소리를 듣자 나는 벌떡 일어났다.

252. 누구를 보았겠는가! 거기에는 아무도 없었다.

253. 나는 이렇게 말했다. "누가 나를 놀리는 거냐? 썰매가 내 뒤를 따라올 리 없어."

254. 다시 잠이 들자, 똑같은 목소리가 들려왔다. "야르 족 소년아, 네 썰매가 도착했단다."

255. 태양이 작열하는 방향으로 고개를 돌리자, 이쪽을 향해 움직이는 아지랑이가 눈에 띠었다.

256. 가까이 다가가서 보니, 그것은 늑대 일곱 마리였다.

이 이야기에서 두 개의 목소리는 주인공을 슬픔에 빠뜨렸다. 소년은 그 목소리들을 추적하면서 손에도 발에도 동상이 걸렸다. 그러나 조언을 통해 목소리는 늑대의 모습처럼 보이는 순록들에 옷과 신발과 음식을 실어 보내 소년을 구원했다.

벵가 Venngga 족 소년

벵가 Venngga 족 소년은 일족들에 의해 빙산에 버려졌다.

159. 3년간이나 굶주림으로 인해 기력이 쇠약해졌다.

160. 기력이 고갈되었을 때 나는 잠이 들었다.

161. 내 머리 위로 누군가의 목소리가 분명히 들려왔다.

162. 그 목소리가 들려왔다. "벵가 족 소년아, 일어나라. 어서 일어나라, 배가 도착했 단다."

163. 마치 죽음에서 깨어나듯 소스라치게 놀라서 나는 벌떡 일어났다.

164. 벌떡 일어났지만, 목소리가 말하던 배는 없었다. 배라곤 전혀 찾아볼 수 없었다.

165. 3년 후에 소년은 다시 그 목소리를 들었다.

166. 다시 3년 후 그 목소리가 들려왔다. "벵가 족 소년아, 일어나라. 어서 일어나라, 배가 도착했단다."

167. 자리에서 벌떡 일어나자, 실제로 내 옆에는 돛대가 3개 달린 배가 흔들거리고 있었다.

마법사 느구베챠 Nguvetsja

마법사 느구베챠 Nguvetsja와 어린 장사가 빙산에서 10년간 살았다.

160. 내가 잠에 들었을 때 누군가의 목소리가 분명히 들려왔다. 그 목소리는 이렇게 말했다. "너는 정말 죽은 거냐? 너의 아버지 배가 오고 있어, 어서 일어나!"

161. 나는 벌떡 일어나 눈을 비볐다.

162. 배는 커녕, 그 비슷한 것도 눈에 띠지 않았다.

163. 내가 있는 빙산은 겨우 순록 열 마리 정도만 방목할 수 있는 크기였다.

164. 그곳에선 힘을 낼 수도 없어서 나는 다시 잠이 들었다.

165. 내 머리 위로 누군가의 목소리가 분명히 들려왔다. ""너는 정말 죽은 거냐? 너

의 아버지 배가 오고 있어."

166. 배가 올 기미는 전혀 없었다.

167. 내 옆으로 뿌리가 무성한 나무 한 그루가 떠내려오고 있었다. 나는 이렇게 생
각했다. "저건 바로 그 목소리가 말하던 아버지의 배가 틀림없어."

그리하여 주인공은 구출되었다.

고아 소녀

2. 그녀가 그렇게 이야기를 하고 나자, 천막의 연기구멍에서 누군가의 목소리가 들
려왔다. 그 목소리는 이렇게 말했다. "이제 잠자리에 들어라! 동이 트는 아침이면
무언가 나타날 거란다."

외톨이 여인

28. 허공에서 누군가의 목소리가 들려왔다. 그 목소리는 이렇게 말했다.

"여인이여, 외톨이 여인이여, 일어나라! 그렇게 잠만 자고 있으면, 한낮을 맞을 수
없어. 너는 그냥 죽는 거지. 배가 도착했어. 그 배를 그냥 보내면, 너는 바다 한가
운데로 떠내려가고 말아."

그 목소리는 배가 가까이 도착했음을 다시 알려주었고, 그녀는 구출되었다.

37. 절름발이 여인은, 외톨이 여인은 이렇게 대답했다.

"네가 바다로 떠내려갈 때 내가 널 깨웠지. 나무 꼭대기에 새를 날려 보낸 사람은
바로 나야."

고아 하류치 Xarjuchi

얼마 후 머리 위로 누군가의 목소리가 들려왔다. "젊은 하류치 Xarjuchi야, 어째서 울고 있니? 그곳에 남게 되면, 넌 죽고 말아. 떠날 차비를 해!" 젊은 하류치는 말했다. "어디로 가야할지 난 몰라요." "파르느게 parnge 할멈의 집에는, 세사베이 sesavei 할멈의 집에는 바다로 나가는 물길이 있으니, 그 물길을 따라가렴. 거기서 얼음구멍에 도착하면, 곧장 바다로 나가거라. 바다는 무척 넓지. 지금은 겨울이야. 그 바다 쪽에 너의 얼음 할아버지가 있을 거야. 어쨌든 그를 찾아가야 해."

테탐보이 Tetamboi 사형제

주인공은 형이 고삐를 묶으라고 시킨 순록들이 아니라, 다른 순록들에 고삐를 묶었다.

　－나는 잠이 들었지. 내 머리 위로

　－한 목소리가 선명히 들려왔어

　－그 목소리는 이렇게 말했지

　－어서 고삐를 묶으렴

그 목소리의 주인은 아침과 새벽의 아들 알렘다드－뉴 Alemdad－Nju였다. 주인공은 싱트이－하사바 Singty－xasava의 땅에 머물렀고, 목소리는 그에게 위험을 알려주었다.

　－옛날에 나는

　－낯선 장소에

　－숲이 우거진 언덕에

　－머물렀었지.

－곶 부근에서

－가던 길을 멈추었지.

－나는 깜빡 잠이 들었어.

－내 머리 위로

－누군가의 목소리가

－들려오는 거야,

－이렇게 말하더군.

－막내 테탐보이 Tetamboi야,

－출생이 늦은 네 마리 황소를

－너는 모욕하는 거야,

－지난번에 내가 말했잖아,

－너의 형들, 테탐보이 삼형제들도

－아무리 생각해봐도

－기억하지 못했다고,

－생활을 이어주는 천 마리 순록들을

－아무리 생각해봐도

－기억하지 못했다고,

－대지의 쌍둥이 대왕들이

－이 땅에 내려왔으니

－너는 이곳에 뼈를 묻게 될 거야.

이 인물이 러시아의 옛날이야기 속에 차용되었다는 것은 매우 흥미로운
사실이다.

병사

한 병사가 거리로 뛰쳐나가더니 달아나기 시작했다.

한 나무에 이르자, 그는 나무 꼭대기로 기어 올라갔다. 거인이 도끼로 나무를 찍으며 이렇게 말했다.

"담배쌈지를 돌려줘!"

그가 담배를 말자, 머리 위에서 누군가의 목소리가 들려왔다.

"병사여, 무엇이 필요하오?"

병사가 대답했다.

"나를 미지의 왕의 나라로 보내주오."

약간의 시간이 지나자, 그는 미지의 왕의 나라로 보내졌다.

이 목소리는 담배쌈지의 목소리다. 그 목소리는 병사에게 음식과 세 명의 왕비를 보내주기도 하고, 죄인을 알아보고는 돌을 던지기도 한다. 또한 병사를 감옥에 갇힌 사람에 보내고 그들에게 음식을 제공하기도 하며, 마법의 아코디온 연주로 위로하고, 왕을 처형하고, 병사를 여인들의 나라로 보내주기도 한다.

그렇다면 등장인물은 과연 어떤 패턴으로 이야기를 이끄는가?

1. ...자리에서 일어나 구석까지 훑어보았지만 아무 것도 보이지 않았다. 얼마간 시간이 흐르자, 즐거운 음악소리가 내 귀에 들려왔고, 누군가의 목소리가 이렇게 말하기 시작했다. "그대는 어째서 여기에 온 것이오?"

2. 나는 누운 채로 귓가에 맴도는 소리를 들었다. 내 머리 위에서 누군가의 목소리가

들려왔다. 그 목소리는 이렇게 이야기하는 듯했다.

3. 얼마나 잠이 들었는지 나는 모른다. 얼마간 시간이 흐르자 꿈속에서 누군가의 목소리가 들려왔다. 그 목소리는 이렇게 말했다...

4. 나는 잠시 잠에 들었다가, 얼마 후 꿈속에서 내 머리 위로 누군가의 목소리가 울려 퍼지는 것을 들었다. 그 목소리는 이렇게 말했다...

5. 얼마나 잠이 들었는지 기억나지 않는다. 얼마간 시간이 흐르자 꿈속에서 내 머리 위로 누군가의 목소리가 이야기하는 소리를 나는 들었다. 그 목소리는 이렇게 말했다...

6. 일 년 후 머리 위에서 누군가의 목소리가 들려왔다. 남편은 이렇게 말했다...

7. 일 년이 지났다. 2년째 나는 두통에 시달렸다. 누군가의 목소리가 내 머리 위에서 들려왔다. 그 목소리가 이렇게 말했다...

8. 그렇게 3년이나 두통에 시달렸다. 다시 일 년이 지난 후 내 머리 위에서 누군가의 목소리가 들려왔다...

9. 얼마 후 그녀의 눈빛이 흐려졌다. 그녀의 눈빛이 흐려지자, 누군가의 목소리가 들려왔다. 그 목소리는 이렇게 말했다...

10. 어느 날 노호 족 출신 여인의 눈빛은 어두워지고 또 어두워졌다. 누군가의 목소리가 다시 이렇게 말했다...

11. 그녀는 다시 걸어갔고 그녀의 눈빛은 다시 한 번 어두워졌다. 누군가의 목소리가 또 들려왔다.

12. 순록과 이별하자, 그녀의 눈빛은 다시 어두워졌다. 누군가의 목소리가 다시 들려왔다...

13. 그리고 나도 그곳에서 넘어졌다. 누군가의 목소리가 들려왔다...

14. 한참을 걸은 후, 그녀의 눈빛은 다시 어두워졌다. 누군가의 목소리가 다시 들려
    왔다...

15. 의식이 희미한 채 어딘가를 바라보았다. 다시 누군가의 목소리가 내 머리 위로
    들려왔다.

16. 그녀의 머리 위로 다시 누군가의 목소리가 선명하게 들려왔다...

17. 그곳 어딘가에서 다시 누군가의 목소리가 들려왔다.

18. 잠이 들어있을 때 누군가의 목소리가 머리 위로 들려왔다. 그 목소리는 이렇게
    말했다...

19. 내가 기력이 고갈되었을 때 나는 잠이 들었다. 내 머리 위로 누군가의 목소리가
    분명히 들려왔다. 그 목소리가 들려왔다.

20. 그녀가 이야기하는 동안, 천막의 연기구멍에서 누군가의 목소리가 들려왔다.

21. 잠시 잠에 들자, 누군가의 목소리가 내 머리 위로 들려왔다. 그 목소리는 이렇게
    말했다.

22. 내 머리 위로 똑같은 목소리가 들려왔다. 그는 이렇게 말했다.

23. 얼마 후 내 머리 위로 목소리가 들려왔다.

24. 나는 잠이 들었지. 내 머리 위로/ 한 목소리가 선명히 들려왔어/ 그 목소리는 이
    렇게 말했지...

25. 나는 깜빡 잠이 들었어/ 내 머리 위로/ 누군가의 목소리가 들려오는 거야...

26. 그가 담배를 말자, 머리 위에서 누군가의 목소리가 들려왔다.

위의 예문 속 인물들이 등장하는 상황은 생활이 충돌하는 현장만큼이나
다양하다는 사실이 주목된다. 하지만 어떤 언어 패턴도 반복되지 않고 있으

며, 반드시 분리될 수밖에 없다. 26개의 예시문 중에서 17개는 일인칭 화법에 관한 것이며, 예문 9는 주인공이 듣는 목소리의 진술을 나타내는 삼인칭 화법이다. 그리고 21개의 예시문은 귀를 통해서만 인식할 수 있는 행위나 존재를 표현하는 특별한 동사 형태를 취한다. 여기서는 청각이라는 수단을 알고 있는 등장인물들이 다루어진다.

등장인물들의 이름은 텍스트의 성격에 달렸다. 우리가 알고 있는 텍스트 속에서 꾸준히 나오는 이름은 '노브 라하나나 Nob laxanana'이며, 매번 '라노 고노 lanogono', '히뱌하나 xibjaxana', '노브 테브카다나 nob" tebkadana' 등 다른 형태를 취한다. 그렇다면 '노브 라하나나'란 무엇인가? 번역문 속에서는 '누군가의 목소리'로 번역되고 있는데, 그것은 '말하다', '대화하다'라는 의미의 '라하나(시) laxana(si)' 동사의 3인칭 단수로 만들어진 결합어이다.

테레쉔코의 번역본에서는 "내 머리 위로 누군가의 목소리가 분명히 말했다"로 되어있는 데, 이는 민요 속에서 '죽어가는 사람에게 도움을 주러가다'라는 의미로 가장 자주 등장하는 표현이기도 하다. 하지만 이것만으로는 충분하지 않다. 수집된 구어적 표현을 더 정확히 번역해보면, 그것은 '항상(계속해서) 말하는 자'의 의미를 갖는다.

이 등장인물은 어떤 특징을 갖는가? 무엇보다 그는 화자이며, 그것이 그의 본질적 속성이다. 그러면 어떤 방식으로 말하며, 왜 주인공의 꿈을 통해 그의 목소리가 들리는가? 그 이유는 첫째, 샬리리오봄 Saljriovom', 둘째는 테브카다바논다 Tebkadaninda, 셋째는 라하나바논다 laxanabanonda, 넷째는 마모논다 mamononda, 다섯째는 바할몬다 vaxalmonda, 여섯째는 행위를 나타내는 단어의 부재 때문이다.

첫째, 샬리리오봄 Saljriovom'은 '울림', '삶의 기쁨', '명료함' 등의 많은 뜻을 내포한 명사 '샬료 sjalrjo'의 일인칭 목적격이다.

둘째, 테브카다바논다 Tebkadaninda는 '울리다', '(소리가) 전해지다'란 의미의 테브카다시 tebkada(si) 동사의 단수 3인칭이다. 여기서는 사전에서는 강조되지 않는 '명료함', '울림'이란 의미로 쓰인다.

셋째, 라하나바논다 laxanabanonda는 '말하다', '대화하다'라는 의미의 '라하나시 laxanasi' 동사의 단수 3인칭이다.

넷째, 마모논다 mamononda는 '만지 manzi' 동사(바다—슈드바브츠 장에서 그 의미를 다룬 바 있다)의 단수 3인칭이다.

다섯째, 바할몬다 vaxalmonda는 '말하기 시작하다'란 의미의 '바할치 vaxalts' 동사 단수 3인칭이다.

여섯째, 등장인물의 이름으로 사용할만한 다른 동사가 없기 때문이다.

이처럼 '노브 라하나나 Nob laxanana'라는 등장인물은 여러 동사들의 도움을 받고 있으며, 그 동사들의 대부분은 담화 행위를 뜻한다. 하지만 그것으로 그치지 않고, 화자의 목소리가 울려 퍼진 후에 '노브 라하나나'는 상대방의 답변을 유도하는 작은 표현을 사용한다. 이런 상황은 다른 언어에서는 중복 어법에 해당되겠지만, 네네츠 민요 어법에서는 실질적인 것이다. 실제로 예시문들 속에서는 '마모논다 mamononda'라는 표현이 14번 등장하고, '마 Ma'라는 표현은 2번, '맘바타 마시뉴 Mambata masinju'는 1번, 다른 표현이 등장할 때 이런 중복어법을 기피하는 현상은 9번 등장한다. 달리 말하면, '노브 라하나나'의 무기는 생명력 또는 에너지를 보유한 단어뿐이다.

만일 이 패턴들을 꼼꼼히 읽는다면, '노브 라하나나'가 등장하는 에피소드는 꿈, 목소리로 인한 각성, 목소리의 조언, (여)주인공의 나태와 행위, 구원 등의 여러 프레임으로 나뉠 수 있다는 사실이 명확해진다. 그리고 작품 주제가 이동할 때는 강력한 염원이 구원의 프레임에 호응할 수도 있다.

'꿈'이라는 프레임은 실질적인 꿈일 수도 있으며, 또는 바다-하소보 속에서처럼 빛의 부재 혹은 주인공의 목적 상실을 의미할 수도 있다.

이 에피소드의 매우 중요한 관점 중의 하나는 목소리가 항상 (여)주인공의 머리 위, 즉 하늘에서 들려온다는 것이다.

이제 '누군가의 목소리' 또는 '항상 말하는 자'인 '노브 라하나나'의 뒤에는 어떤 인물이 있는지 살펴보도록 하자. 바다-하소보에서 그는 분명히 '천상의 인물'이며, 그 화자는 빛을 찾는 사모예드 인의 눈에는 보이지 않는다. 하지만 그의 눈앞에 나타난 사람은 목소리의 주인이라고 불리기를 원치 않았고, 스스로 자신을 '신의 아들'이라고 불렀다.

다시 일곱 작품에서 '노브 라하나나'의 정체는 밝혀지지 않았으나, 민요 전수자는 인간과 우정을 돈독히 하는 신통력이라고 말한다. 또 어느 작품에서 '노브 라하나나'는 스스로도 인정했듯이 '절름발이 처녀-고아 처녀'였다. 흐이나브츠 〈테탐보이 사형제〉에서 '노브 라하나나'는 '아침과 새벽의 아들'이었고, 주인공은 자신의 두 눈으로 직접 그를 보기도 했다. 이 작품에서 '노브 라하나나'와 주인공의 관계는 우리가 앞서 제시한 에피소드의 도식에 적용되지 않는다. 이 '노브 라하나나'는 주인공이 해결책을 찾거나 행위를 실천한 후에 그렇게 해서는 안 된다고 경고한다. 그러나 주인공은 '노브 라하나나'의 조언을 받아들이면서도 자신이 결심한대로 실행에 옮긴다. 〈병사〉 속의 '노브 라하나나'는 흥미롭다. 머리 위에서 들려오는 목소리처럼 병사는 자신의 소원을 들어주는 대체행위로서 담배를 말고 피워야 한다. 병사에 관한 러시아 옛날이야기이기도 한 이 작품 속에는 담배쌈지의 요정이 존재하지만, 네네츠 민요적 전통 속에서 병사는 '노브 라하나나'에게 승리를 거둔다. 그러나 이 작품은 네네츠 어로 번안되면서 문법적으로나 문체적으로 부정확해졌기 때문에 작품의 인물 형상을 분석하는 일은 매우 복잡해지고 말았다.

등장인물 '노브 라하나나'가 부정적인 악령이라는 점에서 〈노호 족 출신의 여인〉은 흥미롭다. 이 인물의 목적은 여주인공 노호 족 출신의 여인을 파멸시키는 것이지만, 그 일을 매우 섬세하게 실행에 옮기며, '노브 라하나나'를 가장한다. 그 인물은 여주인공을 항상 뒤따르며 그녀가 자기 말에 따르도록 부추긴다. 그 결과 노호 족 출신의 여인은 상실의 아픔을 겪는다. 가장 주목되는 점은 간교한 계획이 수포로 돌아갈 때마다 노호 족 출신의 여인을 파멸시키려는 거짓 조언을 하기 위해 가짜 '노브 라하나나'가 계속 찾아온다는 사실이다. 그러나 등장인물 '노브 라하나나'의 무기는 단어이며, 진짜 '노브 라하나나'로 받아들여지도록 단어를 끊임없이 사용한다. 그럼에도 불구하고 악령의 동업자들은 노호 족 여인의 애원을 받아들이고 그녀를 살려 보내는 것이 이채롭다.

〈야르 족 출신의 소년〉은 '노브 라하나나'와 대비되는 인물이 등장하는 작품의 예를 보여준다. 이 작품에서는 '노브 라하나나'와 더불어 누군가의 두 목소리가 형상화되고 있다. N.M. 테레쉔코는 이 텍스트를 "'누군가의 두 목소리가 대화하는 소리가 들려왔다'라는 표현은 민요의 일상적인 수법이다. 그것은 헛되이 죽어가는 사람이 자신의 조언을 따르도록 촉구할 목적을 갖는다"고 설명한다. 외형상 이런 언어적 관점은 지극히 옳은 측면이 있지만, 의미론적 관점에서는 다른 목적을 가질 수도 있다.

누군가의 두 목소리는 대비적인 인물들인데, 한 목소리는 주인공을 대하는 태도가 훨씬 공격적이며, 다른 목소리는 보다 자유롭다. 이 인물들이 등장하는 에피소드는 다음과 같은 프레임으로 나눌 수 있다. 첫 번째 단계는 꿈 – 기상(드러나지 않는) – 두 목소리의 인식 – 두 목소리의 언쟁 – 주인공을 향해 두 목소리가 이동 – 주인공의 기상, 아무 것도 보지 못함 – 본래의 자리로 돌아감 등이다. 두 번째 단계는 주인공의 취침과 수면 – 기상 – 목소리가 들리는 방향으로 이동 – 아무 것도 보지 못함 등이다. 세 번째 단계는 취침 – 길들인 황소를 죽이려는 목소리의 청취 – 두 사내의 욕설 – 길들인 황소의 저항 – 두 사내의 언쟁 – 목소리가 들리는 방향으로 이동 등이다. 네 번째 단계는 일주일간 행군하면서 수면 – 두 목소리가 사라짐 등으로 이루어진다.

그 결과 주인공 소년은 손과 발에 동상이 걸리는 불행에 처해진다. 두 목소리와 관련된 언어 패턴에서 '테브카다시 tevkadasi' 동사는 나오지 않으며, 주인공의 머리 위로 들려오는 목소리도 존재하지 않는다. 다만 두 목소리는 주인공과 같은 공간에서 들려올 뿐이다. 더구나 그 목소리들은 어떤 행위를 촉구하지도 않는다. 두 목소리가 등장하는 이런 에피소드 속에는 어떤 사물의 출현을 통해 가까운 친척이나 동족과 같은 사람을 파멸시키려는 기만이 들어있다.

이 형상들 속에는 등장인물 '노브 라하나나'의 중요한 무기인 단어가 담겨 있으며, 그것은 주인공을 각성시킨다.

이 작품에 나타나는 다른 주제적 충돌은 주인공 야르 족 출신의 소년이 적을 물리치고 잠든다는 것이다. 진정한 '노브 라하나나'는 그 순간에 나타나며 주인공의 구원자가 된다.

'항상 말하는 자' 또는 '누군가의 목소리'라는 네네츠 민요 속의 등장인물 '노브 라하나냐'의 존재는 가난한 존이 꿈 덕분에 부자가 된다는 영국 민화 〈행상인의 꿈〉을 연상시킨다. 여기 그 일화를 소개한다. 〈"지난 밤 억수같은 비가 지붕을 두드리는 바람에 나는 잠에 들지 못했어. '앞으로 우리는 어떻게 될까?'하는 생각에 골머리를 썩이다가 난 겨우 잠에 들었지. 그런데 멋진 꿈을 꾼 거야. 오, 하나님, 정말 멋진 꿈이야, 여보!.. 꿈속에서 어떤 목소리를 들었는데, 정말 황홀한 목소리였소. 그 목소리는 '존, 런던으로 가서, 런던 브릿지에 서 있으시오. 그러면 놀라운 소식을 듣게 될 거요'라고 하지 않겠소." 그러나 상인은 다음날도 그 다음날도 꿈 때문에 뒤척였다. 사흘 연달아 똑같은 목소리가 '존, 런던으로 가서, 런던 브릿지에 서 있으시오. 그러면 놀라운 소식을 듣게 될 거요'하고 그의 귀에 들려온 것이다. '내가 혹시 천사와 대화를 나눈 건 아닐까? 어쩌면 주님께서 이처럼 힘든 시기에 가난뱅이를 도우시려는 건 아닐까?'하고 존은 생각했다. 우리의 상상처럼 존은 런던 브릿지에 며칠 동안 서 있었다. 결국 그가 템즈 강에 다시 한 번 눈길을 돌렸을 때 기적이 일어났다. 그의 행동을 지켜보던 가게 주인이 존이 그곳에 온 사연을 듣고 나자, 그를 한참 비웃으며 자신의 꿈 이야기를 늘어놓았다. "어젯밤 나도 꿈을 꾸었소. 마치 현실처럼 생생했다오. 하지만 난 그런 꿈 따위에 넘어갈 명청이가 아니라오. 나도 꿈속에서 목소리를 들었소. '소페 마을로 가보게, 그리고 거기서 행상인의 집 뒤편에 있는 참나무 둥지를 파 보게. 엄청난 보물을 발견할 테니.'"〉

우리가 상상하듯이 이 이야기는 보물을 발견하는 것으로 끝을 맺는다.

이 영국 민화 속에는 꿈 – 목소리의 조언 – 각성 – 주인공의 실천 – 구원이라는 프레임이 존재한다.

단어(바다 하소보, 바다–슈드바브츠, 슈드바브츠, 라하나코, 야르브츠–므이니코, 므이니코, 난쟈다 므이니코, 흐이나브츠, 느고브 라하나나)와 연관된 우리들의 등장인물들을 살펴보면, 이 인물들의 공통적인 특성은 난쟈다(벙어리) 므이니코의 실례에서 보듯이 음성과 진동을 통해 주인공에게 전해지는 삶의 에너지라는 사실을 확인할 수 있다. 그리고 이 인물들 속에서 신의 단어, 창조주로서의 단어, 뮤즈, 기원 그리고 미학적 장르를 만나게 된다. 단어와 관련된 네네츠 등장인물들은 다른 문화 속에서는 찾아보기 힘들다.

제 4 장

샤먼

1. 민요 속의 샤먼

민요 장르의 분석에서 샤머니즘에 대한 관념은 매우 중요한 역할을 한다. 민요에는 하베이 타데뱌 Habei tadevja(한티 족 샤먼), 베헬랴 타데뱌 Behelja tadevja(베헬 족 샤먼), 핀자르마 타데뱌 Pinzarma tadevja(매 샤먼), 바르네 타데뱌 Varne tadevja(까마귀 샤먼), 림뱌 타데뱌 limbja tadevja(독수리 샤먼), 타브이소 민제르타 Tavyso Mindjerta (늑대인간 마술사—골로브네프의 번역에 따르면 이 단어는 늑대인간을 뜻한다), 느이고소 타데뱌 nyigoso tadevja(에벤크 족의 샤먼), 타브이소 타데뱌 Tavyso tadevja (느가나산 족 샤먼)와 템조르타 누베챠 temzorta nubetsa (느구베챠 족 마술사) 등이 주로 등장한다(N. M. 테레쉔코에 따르면 '템조르타 temzorta'는 '홀연히 나타났다 사라지다'라는 뜻이 있다). 네네츠 민요에서 샤먼을 뜻하는 타데뱌 tadjibja는 현실이나 민요 속에서 네네츠 성씨를 가진 인물들과는 별 관련이 없고, 다른 부족들의 인물이나 동물계의 지도자에 대해서만 사용되었다.

민요와 샤먼의 전문적 도구인 펜제르 penser(작은 북)는 불가분의 관계이다. 민요에서는 구리로 만든 북 냐라바 njaraba, 섬유로 만든 북 노이 noi, 큰 북 슈드뱌 sjudba가 등장한다. 민요에서는 보통 '그의 북이 저절로 울렸다'고 묘사된다. 아시아 다른 지역의 민중 설화에는 '무덤 위에 놓인 코브이즈 kobyiz(두 줄 현악기)가 저절로 오랫동안 구슬프게 울었다'라는 표현이 나온다. 가끔 북은 연기구멍을 통해 내려오거나 이곳을 통해 날아간다. 어느 문헌에서는 '거대한 북채'가 언급되기도 하는데, 샤먼의 행위의식에 사용되는 북채는 펜가브츠 pengabts라고 불렸다.

주인공들을 샤먼적 예술 세계로 이끄는 패턴으로는 다음과 같은 것들이 흥미롭다.

–내 머리가 아팠다. 일주일 후에 나는 의식을 잃었다. 그 후 의식이 돌아왔다.

–나는 노래하는 것도 아니고, 주문을 외는 것도 아니었다.

–어느 날 시어머니가 말했다. "일 년 내내 노래를 부르는구나. 흐이나브츠도 아니고 야라브쯔도 아닌 그것은 도대체 무엇이냐?

–한 달 후에 나는 다시 노래를 시작했는데, 사브다브치 sabdatsj도 아니고 슈드바브쯔도 아니었다. 나는 예전보다 더 상태가 안 좋았다. 예전에는 내가 자신의 노래를 멈출 수 있었으나, 지금은 끊임없이 노래하고 있다.

–그런데 그는 잠을 자면서도 마치 주문을 외우듯 밤새도록 주술의 노래를 불렀다.

–젊은 고아는 잠자리에 들자마자 밤새도록 주문을 외웠다. 주문도 아니었고, 노래도 아니었다. 그 젊은이는 강력한 샤먼이 되었다.

─한주샤다 베라 Hanzusjada vera는 흐이나브츠를 맞아들인 후로 10년째 미치광이로 지낸다. 한주샤다 베라는 계속 노래하고 또 노래한다.

　─하류치─느고브─뉴 Harjuchi─ngob─nju는 흐이나브츠가 찾아온 이후로 계속 잠만 잔다.

　─바프로─페드로 Vapro─Pedro는 그를 따라한다. 바프로 페드로는 말했다. "새로운 대지의 거주자여, 우리에게 가르침을 주십시오. 우리에게 닥친 불행의 원인이 무엇입니까?"

　─7년 후 세라쿠드 뉴댜 Serakud njudja에게 이해할 수 없는 일이 일어났다. 그는 얀게브츠와 흐이나브츠를 번갈아 부르기 시작했다. 동시에 춤도 추었다. 십년 내내 이전과 마찬가지로 얀게브츠 노래와 흐이나브츠 노래를 차례로 부르면서 동시에 춤을 추었다. 세라쿠드 뉴댜는 일주일 내내 얀게브츠 노래와 흐이나브츠 모두를 노래한다. 일주일 동안 그는 주체할 수 없이 춤을 추고 있다.

　앞서 예시한 바와 같이 민요에서 샤먼을 부를 때 이따금 타데뱌라고도 한다. 샤먼으로 변모되는 상태를 보여주는 어휘들도 흥미롭다. 우선 그는 미친 짓을 하고, 경우에 따라서는 반년, 가끔은 일 년씩 잠만 잔다. 그가 특별한 능력의 소유자가 되는 과정의 묘사를 살펴보면 연행과 관련된 가사가 동반된다.

　─나는 노래를 부르는 것도 아니고, 주술을 외는 것도 아니다.

　흐이노츠 Hyinots라는 단어는 네네츠 대평원지역의 방언으로 '네네츠 가요를 부르다'라는 뜻을 갖는다.

−그가 부르는 것은 네네츠 노래도 아니고, 주인공의 고통이나 불행에 대한 노래도 아니었다.

−주술의 노래도 아니고, 거인과 주인공에 대한 노래도 아니었다.

쇼리다 네달르이 Sjorida nedalyi는 노래하고 또 노래한다. 친척들은 장차 샤먼이 될 그가 부르는 노래를 이해하지 못한 채 그가 부르는 다양한 형식의 노래들을 열거한다. 그것은 쇼, 흐이나브츠, 야라브츠, 슈드바브츠, 얀게브츠 등이며, 샤먼 의식 때 부르는 고유한 노래 삼브다브츠와 동등한 것이기도 하다. 등장인물 면에서 서사적 줄거리와 노래는 샤먼적 예술과 유사하다. 필자의 관점으로 샤먼 예술은 서사적 예술에 가깝다. 샤먼은 노래를 부르는 것뿐 아니라 춤을 추는 것도 특징적이다. 샤먼이 되는 기간도 하룻밤, 한 주, 한 주 미만, 한 달, 일 년, 십 년 등으로 다양하며, 실생활에서 샤먼의 교육은 보통 20년 정도 걸린다.

민요 텍스트에서 주술 의식의 노래에 사용되는 전문용어는 삼브다브츠라고 한다. 동시에 현실 생활에서 주술의식 자체는 타데뱌라는 명사에서 유래한 동명사 타제브텐고바 tadjebtengoba라고 불리며, 주술의식에서의 노래나 샤먼의 노래를 삼브다브츠, 삼브다메타 쇼 sambdameta sjo(주술 의식에서 불리는 노래), 타데뱌 세헤르이 Seheryi(샤먼의 길)이라고 한다. 가장 짧은 구절을 수행자들은 실제 신의 이름을 따서 얌 미냐 쇼 Jam Minja Sjo (야미니의 노래, 할미 신의 노래)라고 한다.

삼브samb라는 어원을 가진 단어는 '타성에 따른 움직임'을 뜻한다. 삼바(시) samba(si)는 죽은 자와 대화하거나 죽은 자의 혼을 지하로 인도하는 능력을 부여받는 것, 샤먼이 되는 것을 뜻하며, 삼바다(시) sambada(si)는 (가령, 병의 원인을 알아내는) 주술행위를 뜻한다. 삼바다브츠는 주술의식에서 북을 사용해서 행하는 주술의 노래를 뜻한다. 삼바다마 sambadama는 주술의식의 장소와 시간을 뜻하며, 삼바나 샤먼 sambana shaman은 죽은 자와 대화를 나누고 죽은 영혼을 지하로 인도하는 샤먼을, 삼바츠sambats는 무언가에 타성적 움직임을 하도록 하는 것이며, 비유적인 의미로 '누군가를 어디로 유인하다, 누군가를 어떤 행위로 몰고 가다'라는 의미를 담고 있다.

따라서 이런 어휘들은 '타성을 따라 가다'와 '죽은 자의 영혼을 사후 세계로 인도하다'라는 의미를 지닌다. '죽은 자의 영혼을 지하세계로 인도 한다'라는 말은 '누군가의 의지에 따라 가다'라는 의미를 내포한다. 민요에서 샤먼들은 이러한 단어들을 이용해서 의식을 행한다. 네네츠 원시사회공동체의 일반적 관점에서 보면 이러한 샤먼들은 비정상적인 존재들로서 오직 하늘로 부터 부여받은 능력을 지닌 자들이었음을 알 수 있다. 네네츠인들의 실생활에서의 삼바나 샤먼의 역할과 달리 민요 속에서의 삼바나/삼브도르타 sambdorta의 역할은 환자나 죽은 인물들 혹은 사후세계로 떨어진 영혼들을 이승으로 되돌리는 것이다.

이제 삼브다브츠 sambdabts라는 단어를 살펴보자. 이 단어는 '타성'이란 의미의 명사 삼브 samb와 '주다', '가져오다', '실어오다', '가져오다'. '몰고 오다'라는 동사 타시 tasi에서 파생된 동사어간 타ta, 그리고 '사물의 명칭'을 나타내는 접미사 −브쯔 −bts(넓은 의미에서 이 단어는 어떤 행위의 결과로 생긴 것이다)로 구성된다. 즉, 이것은 어떤 타성과 힘에 의해 생겨나는 그 무엇이다. 어원학적으로 이 단어는 핀란드와 카렐리아 지방의 신화에 나오는 삼포, 풍요의 근원지, 기적의 풍차를 상기시킨다. 한 때 T. 요틸라는 네네츠의 삼바나를 핀란드의 삼포와 연관시켰는데 이는 매우 논거가 있는 것처럼 보인다. 실제 삼브다브츠라는 노래는 주문자의 성공과 행복, 건강과 생명을 비는 것이다. 사전에서도 설명하듯이, 삼바다브츠는 '주술적 북을 사용하면서 부르는 주술적 노래'이다. 그런데 네네츠의 민요에서 일부 샤먼들은 북을 사용하지 않은 채 자신들의 꿈속에서 주술의식을 행한다. 이것은 유데르타 Juderta의 한 유형이라고 할 수 있다.

주술적 어휘들 중에서 '샤먼을 따라하고 도와주다'라는 의미의 텔마시 telmasi란 단어가 있고, '약속, 종교적 의무'를 뜻하는 발르이 Valyi라는 단어가 있다. 그리고 발Val이란 단어는 동부 방언이며 1) 유언, 유훈 2) 위임, 전설, 3) 법전 등을 의미한다. 후소 Huso라는 단어도 이 부류에 속하는데 1) 주술적 의식을 통해 어떤 불행과 재난의 원인을 규명하다 2) '카드 점을 치다(대평원방언)'라는 의미를 가진다.

네네츠인들의 민요에서 우리가 알 수 있는 사실은 샤머니즘의 근간에 대한 체계적 설명이나 모든 요소를 갖춘 완전한 주술적 복합요소의 이해가 아니라, 주제, 장르, 이념, 등장인물에 따라 여러 요소들이 활성화된다는 점이다. 샤머니즘은 네네츠 인들의 모든 민요를 관통하는 것이며, 다른 다양한 장르에서도 마치 샤먼들의 형상처럼 다양하게 설명된다. 첫째, 모든 주인공/여주인공들이 신성과 버금가는 범상치 않은 특성을 지니며, 둘째, 샤먼의 형상은 사회공동체에서 고유한 의식을 행하는 전문가로서 부각되기 시작한다. 여기서 역사적 진화가 나타난다. T. M. 미하일로프는 이러한 현상이 가령, 부랴트 민요에서도 두드러진다고 생각한다. 이러한 현상은 다른 문화권에서도 관찰되는 것이다.

샤먼의 두 번째 유형은 무엇보다도 주술적 용어가 나오는 텍스트나 흐이나브츠라는 노래에서 찾아볼 수 있는데, 샤먼의 탄생과정을 여러 단계로 설명해주기도 한다. 거기에서는 네네츠 샤먼이 타데뱌로 불리며, 툰구스 족이나 느가산 족의 샤먼도 타데뱌로 불린다. 그런데 네네츠 주인공은 항상 그를 능가한다. 물론 이 두 유형을 구분하는 명백한 경계가 존재하는 것이 아니며, 같은 텍스트가 여러 유형들을 포함할 수도 있다.

실제 네네츠 성씨나 민속적 성씨를 가진 인물들은 간접적으로 샤먼으로 인정받는다. 아들 네냐그테타 Nenjagteta는 아먀나코녜 Amjanakone라는 작은 소녀의 부모를 죽이려고 샤먼 느가나사나 nganasana와 툰구사 tungusa의 도움을 청하지만 아무 효과도 얻지 못했다. 여인 아먀나코 Amjanako는 다섯 번 잠이 든다. 한번은 바느질을 하다가, 두 번은 침대에 앉아서, 두 번은 실을 잣을 때였다. 첫 세 번은 아버지가 그녀에게 꿈속을 헤매는 꿈을 꾼 것이라고 말했다. 매번 그녀는 다가올 사건이나 땅 밑과 물 밑의 보이지 않는 곳에서 일어나는 사건들을 보았다. 첫 세 번은 그녀가 네냐그테타, 툰구스 샤먼과 느가나사나 샤먼으로부터 도망치면서 구름과 눈보라에게 이렇게 도움을 청했다. "일주일이나 구름이 끼었지만, 그때는 구름이 필요 없을 때였어요. 만일 내가 살 운명이라면 지금 구름이 일어나게 해주세요. 그렇지 않으면 눈보라가 치게 하세요. 눈보라 속에 우리의 흔적이 사라지도록."

네네츠 인들은 특히 날씨가 좋지 않을 때 평온한 날씨가 찾아오기를 바라는 이러한 유형의 언어 패턴을 오늘날에도 사용한다. 나중에 아들 네냐그 테트이 뉴 Nenjag tetyi nju는 그녀에게 이렇게 말한다. "아먀나코녜, 너는 강한 여자야. 너는 다른 어떤 샤먼보다 강해." 그 후 '작은 소녀' 아먀나코녜는 쇠사슬로 묶인 채 지하에 감금된 남자 세로데타 Serodeta를 구한 다음, 물속에서 쇠사슬로 묶인 채 무쇠 통 안에 갇혀있던 자신의 오빠를 구해낸다. 그리고 자신이 대신 제물이 되기로 약속하고는 실행에 옮긴다. 이 작품 속에서 여자 샤먼 유데르타는 예지몽의 능력을 가진 여자이고, 땅 위, 지하, 물속의 세 개의 세계를 자유롭게 이동하기도 한다. 그 밖에도 그녀는 날씨를 관장하기도 하고, 사물들과 대화도 나눈다. 그러면 그 사물들은 그녀에게 복종해야만 하는 여자 용사인 것이다. 또한 그녀는 며칠 동안이나 부모를 가슴에 안은 채 적의 추격으로부터 도망치기도 한다.

서사가요 야라브츠 〈야브통게 삼형제〉에서는 타브이소 세이시 Tavyiso Seisi (심장 없는 느가나산)과 트이고소 타데뱌(툰구스 샤먼)'가 다시 등장한다. 거기에서 야브통게 삼형제의 누이는 그들과 대결한다. 서사가요의 초반부에 항상 강조되는 점은 그녀가 잠을 자거나 혹은 잠이 오지 않는다는 사실이다. 그녀가 두 마리의 순록 아브카흐 javkah가 끄는 썰매를 타고 격노한 앉은뱅이 오빠의 추격으로부터 도망치는데 성공하자, 오빠는 그녀가 자신보다 유능하다고 인정한다. "비록 네가 여자이긴 하지만 훌륭하구나. 내가 너의 여자용 순록외투를 입고, 네가 나의 모자 달린 사슴외투를 입었더라면 좋았을 것을. 만일 네가 남자였더라면 진정으로 훌륭한 남자가 되었을 것이다. 내가 여자였고, 네가 남자였더라면 좋았을 것을. 내가 앉은뱅이 여자였더라면." 그러나 추격자들로부터 벗어나는데 어려움을 겪게 되자. 그녀는 이렇게 말했다. "만일 내가 막내 야브통게를 만날 수 있는 운명을 가졌다면, 훈련받은 네 마리 암순록들은 지쳐서 쓰러지고 말 거야." 그녀의 순록들이 남동생 야브통게를 추월하자, 동생 야브통게도 누이를 칭찬하지 않을 수 없었다. 전투는 오랫동안 계속되었다. 동생 야브통게는 누이의 도움으로 무쇠 거위 알 속에 보관된 타브이소 세이시의 심장이 든 상자를 훔친다. 그리고 그 알을 쥐어짜 자 타브이소 세이시는 죽고 만다. 이 텍스트는 그 속에 나타나는 기적들을 주 술적 이야기와 연관시키지 않고 단순히 마술 동화로 이해할 수도 있다. 그러 나 우리 앞에 제시된 것은 혈연간의 충돌에 관한 노래이며, 그 속에서는 실제 로 네네츠 혈통을 이어받은 야브통게, 야말, 프이리쨔 Pyiritja와 실질적인 그 들의 이웃인 에벤키 족과 느가나산 족이 등장하며, 순록 방목 생활과 서로 결 혼하는 모습들도 엿볼 수 있다.

민요 작품에서는 창에 찍혀 땅 속에 박힌 주인공들을 완치하는 장면이 묘 사되기도 하는데, 이런 행위는 일반적으로 다른 등장인물들을 감동시키게 된다. "사촌 누이가 왔어. 누이가 창을 뽑았어. 그녀가 나의 내장을 모은 다 음, 상처를 닦아주니 그 상처가 아물었지. 그래서 나는 사촌누이가 정말 대단 하다고 생각했어." 얼마 후 사람들이 주인공을 다시 땅 속에 박아버리자, 사 촌누이는 다시 그를 치료한다. 물론 이러한 예들은 민중의학적 경험으로 볼 수도 있다. 똑같은 방법으로 우쿠 파넴나 세도라 녜 Uku Panemna Sedora Nje는 두 번씩이나 자신의 고모를 치료한다. 다른 텍스트에서는 동생 야말이 동생 하류치를 소생시키기도 한다. 흐이리 호바 파르카 Hyiri hoba parka는 소녀에게 그녀의 미래를 예언하면서, 특히 그녀가 죽은 세르슌데 Sersjudje 를 만나게 되는데 그때 그녀가 피운 모닥불의 열기를 그가 쐬면 그는 소생하 게 된다고 말한다.

우쿠 파넴나 세도라나녜는 손바닥을 침을 뱉어 침이 돌처럼 딱딱해질 때 까지 손바닥에 굴렸다. 그 돌이 거울처럼 그녀의 손가락을 비추었다. 그녀는 소년 퍄드코 Pjadko에게 무엇이 보이냐고 물었다. 소년은 처음에는 아무것도 보이지 않는다고 답했다. 그러자 소년이 아직 이해할만한 나이가 아니라고 그녀가 말했다. 두 번째 시도에서 소년은 곧바로 자신의 미래를 알려주는 장면을 보았다. 그것은 어느 정도 시간이 흐른 후의 일이었다. 우쿠 파넴나 세도라나녜는 결코 야브 네르끄이흐이 Jav Nerkyihyi를 죽일 수 없었다. 그의 상처가 곧바로 아물었기 때문이다. 그러자 그의 누이에게 오빠를 죽여 달라고 부탁하게 되는데, 그렇게 하려면 대지의 근간이 되는 여성의 마법적 힘을 이용하여 오빠를 타 넘어야만 했다. 그의 누이는 동의했다. 다른 작품 속에서 주인공인 동생 야르코는 레다 나하르 티뱌 Leda Njaxar tibja를 결코 죽일 수 없었다. 그래서 그의 누이에게 오빠를 밟고 넘으라고 부탁했는데, 그래야 오빠의 상처가 아물지 않기 때문이었다. 그런데 오빠는 완전히 죽지 않는다. 그의 머리가 살아남았던 것이다. 네네츠 민요 작품 속에서는 그것이 가장 일반적인 살해 방법이기도 하다. 그 방법은 여러 차례의 수정을 거치기도 한다. 야라브츠 〈냠드 파이 베사코 Njamd Pai Vesako〉에서 하브타르카챠 테타뉴 Habtarkatsa tetanju는 사흘 동안이나 브눅 냠드파이 베사코 bnuk njamdpai vesako를 도끼로 찍었지만 피살자의 몸은 곧바로 다시 자라났다. 그러자 하브타르카챠 테타뉴는 여성에게 신발주머니를 빌려서 그것으로 피살자를 내리쳤다. 브눅 냠드파이 베사코는 의식을 잃었지만 얼마 후 다시 살아났다. 똑같은 일이 한 번 더 반복되었다. 그러나 가장 놀라운 사실은 매번 신발주머니를 건네주던 여자가 하브타르까챠 뉴의 행동에 불만을 터뜨리며 소년이나 조력자로 키우라고 말한 점이다. 동생 야리게차J arigetsa의 두 아내는 마도 mado와 바이 Vai라는 소녀를 결코 죽일 수가 없었다. 그들의 상처는 즉석에서 아물었다. 그러자 벨로글라즈이예 beloglazyije의 딸이 그들을 화형시키자고 제안했고, 사람들은 실행에 옮겼다.

야라브츠 〈우쿠 파녬나 세도라나녜〉에서 여주인공은 자신의 죽은 남편을 소생시키지 못하여 괴로워한다. 왜냐하면 까마귀가 남편의 한쪽 눈을 쪼아 먹었기 때문이다. 이 텍스트에는 수수께끼 같은 모티브들이 존재한다: 여주인공은 그녀가 떠나있는 동안 아무도 아들에게 접근하지 못하도록 한다. 이 기간 동안 그녀는 아들을 주문으로 잠재운다. 샤먼의 장래를 보호하기 위함이었을 것이다. 유감스럽게도, 그 후의 서술에서는 이 모티브가 발전되지 않는다.

야라브츠 〈노인 브이냐 Vyinja〉에서 여주인공은 마법의 주문을 네 번이나 사용한다. "만일 나의 아이들이 살 운명이라면, 바이가 잠들게 하소서, 그가 오랫동안 잠들고, 큰 눈보라가 일게 하소서."

슈드바브츠 〈산데 예발레 Sjande Jevale〉에는 현실적인 것과 신화적인 것이 너무나 긴밀하게 교차되어서, 그렇지 않을 경우 작품이 와해될 정도로 불가분의 관계에 있다. 산데 예발레는 동료들과 함께 도시 판그됴-예르브 Panggdjo-Jerv 성벽을 무너뜨리지 못한다. 그러자 그는 주술적 가요에 기술된 대로 행동한다. 〈샤먼은 숲으로 가서 일곱 번 재주를 넘어 하얀 매로 변신한 다음, 나무 꼭대기에 앉아서 7일 동안 자신의 친구들이 성벽을 부수지 못하는 장면을 살핀다. 그리고 그가 구름의 끝자락에 7일 동안 앉아 있자, 젊고 아름다운 소녀가 그를 쫓아온다. 그러자 그녀가 도와준다면 내려가겠다고 그는 조건을 내세운다.〉 여기서 주목되는 점은 주인공들이 변신을 하려면 일정한 방법이 필요하다는 사실이다. 위에 언급된 방법 중에서 하나를 들자면, 산데 예발레가 하늘의 주인으로 부터 도움을 받으려면 그의 공간으로 들어가야 한다는 점이다. 그래야 대화가 이루어지기 때문이다. 작품의 결말에서 산데 예발레는 누브–예르브 Hub–Jerv(하늘의 주인)의 지팡이로 사람을 잡아먹는 나 Na 할멈을 지하로 쫓아내고, 자신은 하얀 매로 변신하여 하늘나라로 날아간다. 흥미로운 사실은 지금도 네네츠인들 사이에서는 인간이 다른 행성으로 날아가는 이야기가 존재한다는 점이다.

두 번째 텍스트는 첫 번째 텍스트와는 어느 정도 차이가 있다. 여기서는 현대적 주술 용어가 언급된다.

슈드바브츠 〈야르코 Jarko 팔형제〉에서는 야생순록을 사냥하며 살아가는 소순록 족이 등장인물로 나온다. 야르코 팔형제에게는 누이가 한 명 있다. 그리고 그들의 조카 레다 냐하르 티뱌 Leda Njahar Tjibja에게도 누이가 있다. 두 누이는 바느질 솜씨가 막상막하이다. 레다냐하르 티뱌는 야르코 팔형제의 누이를 유혹하려고 했고, 소녀는 거절했다. 레다냐하르 티뱌는 거절을 당하자 안색이 어두워졌다. 그때 막내 야르코가 선잠을 자다가 꿈을 꾸는데, 사냥한 순록의 주변에 흐르는 핏물이 큰 강을 변했다. 그 후로도 많은 사건이 벌어진다.

레다냐하르 티뱌가 야르코 일곱 형제를 죽이고 자신의 누이를 처벌한 후,

야르코 팔형제의 누이를 납치한다. 막내 야르코는 많은 식인-거인들을 잡아먹고 나서 레다냐하르 티뱌의 몸통까지 삼켜버린 다음, 두 누이를 풀어준다. 식인-거인의 딸은 막내 야르코가 레다냐하르 티뱌의 머리가 도망치지 못하도록 돕는다. 그 후 막내 야르코가 자신의 몸통을 열자, 그가 잡아먹은 괴물들과 레다냐하르 티뱌가 아무 상처 없이 온전히 살아난다. 그는 식인괴물들에게 지하에서 살도록 명하고 이따금 지하에서

나와 사람들을 조금씩만 갈취하도록 허락한다.

　이 인물은 고전적 주인공이자 조물주를 뜻한다. 그는 땅위에서 식인-거인들을 몰아낸 후, 자신의 고향으로 돌아간다. 그리고 작품의 결말은 주술적 분위기로 끝난다.

　"나는 이렇게 말했다 느게바 엔네여! 성스러운 썰매에서 내 탬버린을 가져오너라." 굉음을 울리며 탬버린을 가져와서는 천막을 받치는 쇠 대들보 위에 올려놓았다. 천막의 쇠 대들보에서 나의 거대한 탬버린이 스스로 울렸다. 나는 이렇게 말했다. "탬버린을 내게 다오". 나는 양손으로 탬버린을 들었다. "느게바 엔네여! 나를 따르라!" 내 약속의 말은 강물처럼 흘러나왔다. 탬버린 소리를 듣고 야르코 여섯 형제가 천막에 모여들었다. 주술을 행할 때 막내 야르코는 땅나 하늘을 향해 성심을 다했다. 마침내 그가 명령했다. "거인의 딸이여, 이곳을 때날 때 숲의 악령 레쉬 Leshy 자식이나 거인들의 자식들을 땅위로 올려 보내지 마라! 만일 네가 그들을 올려 보낸다면, 내 너를 단죄할 것이다." 말을 마치자, 그는 탬버린을 천막의 신성한 장소로 내던졌다. 말이 울려 퍼졌다. "레다냐하르 티뱌야, 네가 있을 곳을 말해주마. 이제 너는 물의 지배자가 되어라. 네 황폐한 땅의 주민들을 먹여 살려라. 생선을 주되 똑같이 나눠주지 마라. 어떤 이들에게는 넉넉히, 어떤 이들에게는 부족하게 주어라. 야르코 여섯 형제여, 나는 너희들이 머물 곳을 정해주겠다. 하늘로 올라가 천둥과 동행하라. 가끔씩 순록에게 나쁜 질병을 보내 주어라. 나는 일레밤베트쨔 ilebjambertsa(생명의 근원)이 되리라. 느게바 엔네여! 너는 야미냐 Jaminja(산파)가 되어라. 착한 여자의 고통은 덜어주고, 악한 여자의 고통은 가중시켜라. 내 누이야. 너는 물의 지배자의 아내가 되어라."

이 부분을 통해 우리는 막내 야르코가 사건 발생 전에 이미 샤먼이었음을 알 수 있다. 신성한 썰매에 이미 그의 탬버린이 있었기 때문이다. 막내 야르코는 네네츠인들의 방식으로 복창하는 이에게 도움을 청하며 주술을 행한다. 시간상으로 볼 때 민요적 샤머니즘의 주술행위는 몇 달이나 몇 년이 걸리므로, 그의 행위는 현실과 일치한다. 그는 최고 수준의 샤먼이기 때문에 땅에도 하늘에도 한 점의 의혹도 남기지 않는다. 그는 식인괴물들을 신뢰하지 않기 때문에 식인거인의 딸이 어떻게 그들을 처결할지 가르침을 남긴 후에야 비로소 탬버린을 신성한 곳에 내던진다. 이는 그녀가 만약 거부한다면 완전히 승복할 때까지 주술의식을 계속할 것임 의미한다. 그러나 중요한 점은 이 작품 속에서 조물주이자 주인공인 막내 야르코는 '샤먼'이라고 불리지 않는다는 사실이다. 왜냐하면 그는 생명을 창조하는 존재이며, 네네츠 인들에게 알려진 일반적인 샤먼보다 높은 존재이기 때문이다. 그는 마법의 주술 기능을 행하는 신화 속의 주인공—창조자와 동등한 존재인 것이다.

마법 동화의 요소를 가진 슈드바브츠 〈나로이 Naroi의 막내 아들〉에서는 네 명의 샤먼 유데르타 juderta가 등장한다. 그들은 야노티 슈드뱌 janoti sjudbya와 야브말라 javmala 삼형제다(이들에 대해서는 2장에서 여러 번 언급한 바 있다). 야노티 슈드뱌는 3년째 잠자고 있는데 막내아들 나로이를 위해서 뿔 하나 달린 순록을 꿈속에서 간청한다. 야브말라 삼형제는 일 년 동안 잠을 자며 매머드를 달라고 조른다. 그러나 누구에게 요청한 것인지는 명확하지 않다. 잠이 든 사람들은 꿈속에서 직접 짐승들을 간청했다고 한다. 그런데 텍스트에서는 분명 주술적 능력을 구사하는 주인공이 유데르타인지 타데뱌인지 직접 거론되지 않고 있다. 민요를 구사하는 사람들에게는 주인공들이 샤먼라는 것만이 중요하기 때문에 부차적인 것은 강조할 필요가 없는 것이다.

슈드바브차르카 〈유숙지의 주인은 오소리 가죽옷을 입었다〉에는 야테타 베사코 jateta vesako는 펜제르 하비 뉴 penzer habi nju(북의 주인)를 지킨다. 물론 화제의 중심은 샤먼이다. 왜냐하면 오직 높은 수준에 도달한 샤먼만이 북을 소유하기 때문이다. 그러나 유감스럽게도 그 후 주제는 발전하지 못한다. 주요 등장인물 가운데 하나인 흐이리 호바 파르카 hyri' hoba' parka (철갑 상어 가죽으로 만든 외투를 착용한 자)는 투시력을 가진 사람이다. 그의 예언은 마법 동화의 서사적 분위기에서 비롯된다.

〈야르 족 출신 소년〉에서 세브세로 예르브 sev sero jerv(하얀 눈동자의 지도자)는 전대미문의 창을 끌고 다니며, 창의 지배자인 소년 야르를 놀라게 한다. 세브세로는 결국 약사가 된다. 여기에는 러시아어 레카리 lekar'가 사용되는데 그것은 독일어에서 의사 또는 마법사를 뜻한다. 이 작품의 결말에서 소년 야르에게 베헬랴 veheli(독일 민요에서는 선천적인 샤먼을 뜻한다)의 북이 전해진다. 비록 어디에도 북이 언급되지는 않지만, 그에게 북이 전해졌기에 그는 샤먼이 되었다. 민속자료에 따르면 '경험이 많은 샤먼이 소년에게 자신의 소장품들(장식이 달린 옷, 북, 북채, 영적 조력자들)을 전수하고 그 의미와 사용법을 설명하였다'고 전해진다. 〈신성한 의식을 행할 때 늙은 샤먼은 사흘에서 일주일 사이에 당사자에게 주술의식을 행한다. 그에게 자신의 복장을 입히고, 자신의 북을 들게 하며, 심지어 자신의 북채를 쥐어준다. 이를 통해 자신의 예언능력을 그에게 전수하며, 자신의 지혜를 전수하는 의미로 그에게 모자를 선물한다. 세 번 종을 울리고 눔Num에게 새롭게 선택받은 자의 탄생을 알린다.〉

소년 야르는 누이와 함께 야르 족의 신이 되었다. 베헬랴도 야르 족이었다. 이때 샤머니즘은 결국 더 높은 지위, 즉 신의 대열에 진입하기 위한 필연적 요소였다.

야라브차츠카 〈마법사 느구베차 Nguvetsa〉에서는 역사적 관점에서 볼 때 모든 사실이 대단히 정확하다. 템조르타 느구베차는 라프탄데르 족 출신과 노호 족 출신의 두 아내가 있었고, 세 딸과 3천 마리의 순록을 거느렸다. 그는 러시아의 큰 축제에 참여했다가(부활절일 가능성이 높다) 우연히 두사람을 죽이고 재판을 받았다. 친구 실라치 Silachi는 자신과 죄인이 여생을 바다동물의 사냥꾼으로 살겠다는 서약과 함께 보석금을 내고 느구베챠를 석방시켰다. 그러나 바다동물의 사냥꾼으로 산다는 것은 죽음에 버금가는 형벌이었다. 그들의 배는 바다에서 난파되어 십 년이나 파도에 밀려다니다가 어느 해변에 닿았고, 결국 그들은 십 년간의 감옥생활 끝에 화형을 선고 받았다. 그러나 느구베차는사람들을 혼란시키며 교묘하게 죽음을 피할 수 있었다. 심지어 황제조차도 자신의 심복들이 뇌물을 받았다고 의심할 정도였다. 결국 황제는 그들을 난파선에 태워 돌려보내면서 느구베차를 툰드라의 황제로 임명했다. 이 단순한 작품 속에는 다양한 샤먼적 세계관이 반영되어 있다. 2장에서 언급한 바와 같이 주인공의 이름 자체도 범상치 않다. 페초라 시로 돌아오는 길에 그는 고대 이교도 사원에 도착한다. 1) 두 개의 기둥 위에 세워진 사원에 한 축대에는 순록의 해골이, 다른 축대에는 인간의 해골이 걸려있다. 2) 세 개의 기둥 위에 세워진 사원에는 생명의 나무와 우상들이 서있다. 우상들은 마치 눈을 찡긋거리며 입을 크게 벌린 듯한 인상을 풍긴다. 그 사원의 한 기둥에는 인간의 해골, 다른 기둥에는 말의 해골, 세 번째 기둥에는 순록의 해골이 걸려있다. 3) 네 개의 기둥 위에 세워진 사원에서 첫 축대에는 인간의 해골, 두 번째 축대에는 순록의 해골, 세 번째 축대에는 소의 해골, 네 번째 축대에는 말의 해골이 걸려있다. 느구베챠는 계속 담배냄새를 맡았다. 이것은 지각능력을 높이기 위한 방법으로 보인다. 지금까지도 네네츠 인들은 나바코 nabako(목관버섯의 재)와 섞은 담배를 입술에 바른다.

도시로 다가갈수록 제물의 유형도 다양해진다. 실생활에서 유추한다면 두 번째 이교도 사원의 의식절차에 가장 깊은 의미가 담겨있다. 왜냐하면 거기에는 제물의 두개골뿐만 아니라 일련의 의식이 요구되는 생명의 나무와 우상들이 서있기 때문이다. 배가 난파되자, 막내 실라치는 느구베챠에게 자신들은 죽고 말거라고 이야기한다. 그러자 느구베챠는 돛대의 꼭대기에 올라가 라프탄데르 족 출신의 아내가 만든 사슴가죽 모자를 벗어서 태양이 도는 방향으로 일곱 번을 돌렸다. 일곱 번째 돌리고 나자 바람이 고요해졌다. 날씨를 관장하는 또 다른 방법이었다. 주인공은 위기에서 벗어날 방법을 몇 차례나 꿈속에서 들었다. 꿈은 위에서 언급했듯이 궁극적인 상황에서 출구를 찾는 독자적인 방법이기도 하다. 느구베챠의 친구인 막내 실라치는 결국 배고픔과 추위로 죽고 말았다. 그러나 느구베챠는 그를 버리지 않고, 야생 순록을 사냥하여 동물의 신선한 피로 친구를 소생시켰다. 느구베챠가 친구의 입술에 피를 바르자, 친구는 거친 숨을 몰아쉬었다. 텍스트 마지막 부분에 이르면 주인공의 이름이 설명된다. 템조르타 느구베챠란 '사라졌다 나타나는', '녹아버리는 느구베챠라는 뜻이다. 이름의 의미는 줄거리의 에피소드에서도 나타난다. 이야기의 줄거리에 '혼란 moroka'이라는 대목이 나오는데, 거기서는 다른 사람들이 주인공 대신 화형과 교수형을 당하게 된다. 느구베챠에게는 타데뱌라는 단어를 사용하지 않고, 템조르타라고 부른다.

〈두 순록지기의 땅〉이라는 작품에서 순록지기 막내 누이의 남편 알리제 하브트는 두통으로 죽는다. 남편이 죽은 후 그의 아내도 두통으로 시달린다. 그녀는 3년하고도 37일 동안이나 두통으로 괴로워한다. 두통이 극에 달할 때, 등장인물 노브 라하나나 noblahanana(항상 말하는 자:-3장에서 이미 다룬 바 있다)는 자신의 생명을 구하려면 제물을 바쳐야한다고 세 번이나 조언한다. 늘 그렇듯 네네츠 서사가요에서는 순록(제물)이 다툼, 전쟁, 주먹다짐의 주요 원인이다. 이 텍스트에서 시어머니는 며느리를 구타하고 노예들이나 태우는 썰매를 몰도록 학대한다. 며느리가 주술의식을 행할 때 그녀는 두 영혼을 만난다. 그중 하나가 죽은 남편의 영혼인데, 남편은 어머니의 파렴치한 행위에 대해 이렇게말한다. "어머니, 너무나 어리석군요! 어머니는 제 아내의 몸속에 죽은 제가 있음을 아셨어야죠. 그런데 며느리에게 노예 썰매를 몰게 하시다뇨! 어머니는 자신의 순록도 소중히 여기셨어야죠. 사실 그 순록들은 아내가 시집올 때 처남들이 아내에게 준 것이에요. 아내가 순록들을 제물로 바쳤어도 전혀 아까울 것 없어요. 그로 인해 아내는 저를 살려냈으니까요. 아내가 없었더라면 전 살아나지 못했을 거예요". 다시 그는 야말 신과 그녀가 자신을 소생시켰으며 지상에서 그는 툰구스 괴물을 물리쳤지만 지하에서는 툰구스 괴물에게 패하여, 결국 그 전투에서 죽은 것이라고 아내를 향해 말했다. 그리고 아내가 지하에 사는 괴물을 물리친 사실에 감동한 남편은 그녀의 오빠들에게 그녀를 두 땅의 주인이 되게 해달라고 부탁했다. 오빠들은 이에 동의하며 이렇게 말했다. "그 땅에 탐욕을 부려 적들이 공격하면, 나의 누이가 방어할 것이다." 여기서 '누이가 방어한다'는 표현은 결국 주술적 방어를 의미한다. 작품 자체에서는 샤먼의 무병이 묘사되는데, 남편은 그것을 수년에 걸친 주술의식으로 인식하고, 그 결과로 자신이 소생했다고 믿었다. 그의 아내에 대해서는 샤먼이라는 표현이 아니라, 주인을 의미하는 예르브 jerv란 표현이 사용된다. 누부 예르브 Nuvu jerv는 '하늘의 주인', 즉 '신'을, 이드 예르브 Id jerv는 '물의 주인'을, 펜다라 예르브 Pendara jerv는 '숲의 주인'을, 야 예르브 Ja jerv는 '땅의 주인'을 의미한다. 예르브란 다른 말로 '지배자, 제왕'을 뜻하기도 한다.

야라브츠 〈세르 야 예발료〉에는 불운한 신랑이 등장한다. 그에게 시집가고 싶었던 절름발이 여자의 추종자들이 그의 목을 베었다. 목이 잘린 채 그는 의식을 잃었고, 일 년 후 의식이 돌아오자 그는 비로소 자신의 머리가 없다는 사실을 알게 된다. 그는 흰 담비들과 북극여우들을 불러서 자신의 머리를 찾아달라고 부탁하지만, 그들은 성공하지 못한다. 절름발이 여자가 그의 머리를 신발과 속옷 주머니에 넣어 보관했기 때문이다. 그의 누이가 천신만고 끝에 머리를 되찾아오지만, 절름발이 여자가 오빠보다 더 강한 존재였기에 누이는 오빠에게 집으로 돌아오라고 애원한다. 그리고 결국 그는 집으로 돌아온다. 여기에서 흥미로운 점은 바로 흰 담비들과 북극여우들이라는 존재들이다. 이야기 속에서 그 동물들은 주인공의 조력자로 불리지만, 네네츠 인들의 종교적 관념에서 그 동물들은 테바루이 tevarui(주인에게 지혜가 간파된 동물들)란 존재이며, 그래서 주인에게만 복종한다. 담비들은 실생활에서 사악한 힘으로부터 인간의 주거지를 지켜주는 수호자로 생각되지만, 이상하게도 작품 속에서 그들은 과제를 해결하지 못한다.

야라브츠 〈야리게차 삼형제〉의 주인공 막내 야리게차는 특별한 능력을 소유하진 않았지만, 며칠 동안 썰매에 놓인 잘라진 다리를 소생시킨다. 그가 민요 속의 다른 주인공들과 다른 점은 아내를 네 명 거느렸다는 점이다. 첫 번째 아내는 하글라비 haglavi(죽음의 땅의 거주자들)의 딸인데, 그녀는 남편을 사랑하지 않았기 때문에 누쟈 타븨세 Nugja Tavyse에게 속히 남편을 죽여 달라고 부추긴다. 둘째 아내는 물의 주인의 딸이다. 세 번째 아내는 벨로글라 즈이 Beloglazy(하얀 눈 혹은 푸른 눈의 남자)의 딸이다. 네 번 째 아내는 예샤 니 로게이 yesa ni logej(무쇠 혁대)의 누이이다. 우리의 흥미를 끄는 것은 물의 지 배자의 딸이다. 그녀는 남편에게 쌍둥이를 낳아주었고, 외모가 똑같은 변신 들을 아버지에게 보내 소녀 마도와 소녀 바이와의 전쟁에서 승리하도록 돕 는다. 모든 적들을 물리치자, 막내 야리게챠는 벨로글라즈이의 딸에게 물의 지배자의 딸을 자신들의 땅으로 데려가자고 말한다. 그러자 물의 지배자의 딸은 자신이 지상에서는 살 수 없다며 이 제안을 거절한다. 그리고 그에게 가 을과 봄에 늦게 태어난 송아지를 제물로 보내달라고 부탁한다. 여기서 주목 할 점은 두 사람 사이에 자식들이 있다는 사실이다. 민요 속에 나타나는 이런 혼인관계에서는 보통 자식들이 없지만, 송아지를 제물로 바친다는 사실은 두 사람이 혼인관계에 있음을 의미한다.

이런 서사적 텍스트에서는 일반적으로 자신의 생명을 구해준 여인에게 남 편이 되기로 약속한다. 실생활에서도 여성들은 자연의 다양한 지배자들과 상징적으로 결혼한다고 알려져 있다.

또 다른 작품에서 막내 툰구스는 이렇게 말한다. "막내 네르크이흐이는 노련하고 영력이 매우 강한 샤먼이야." 그런데 이상하게도 그런 사실은 어 느 문헌에서도 다시 확인되는지 않는다. 더구나 에브트 야브와 막내 타시니

Tasinji, 네르크이흐이, 람도, 야브통게 등의 연합세력이 적들의 목을 베었는데 그 적들 속에는 막내 툰구스가 포함되어 있기까지 하다.

〈세로테타 Serotetta 형제들〉이라는 텍스트에서는 죽음을 앞둔 녜 타시니 Nje tasinij가 자신과 아내를 매장하지 말고 일 년 내내 썰매에 싣고 다니다가 고향에 도착하면 천으로 된 천막을 치고, 거기에 여자 옷 두벌, 남자 옷 한벌 그리고 북 하나를 놓아두라고 유언한다. 녜 타시니가 죽은 후에 사람들은 그의 유언을 따랐다. 그러자 밤이 되면서 천막에서 북소리가 들리더니 곧 잠잠해졌다. 얼마간의 시간이 흐르자 천막에서 베헬랴의 딸과 닌먀 야브타코와 녜 타시니가가 모습을 드러냈다. 여기에서는 네네츠 샤머니즘에 존재하지 않지만 툰구스 샤머니즘의 고유한 특징인 샤먼 천막이 등장한다. 그것은 아마도 타니시(낮은 계층)출신의 여자들이 툰구스 인들과 접촉했을 뿐만 아니라, 종종 그들과 결혼도 하고 함께 유목생활을 했음을 증명하는 것인지도 모른다.

〈리지가코 Ligjigako 삼형제〉에서는 리지카코 족 출신의 막내아들이 깊은 잠에 빠져서 결혼하지 못하는 것을 안타까워한다. 막내아들은 잠에서 깨자, 형들의 의도와는 반대로 하얀 모자를 쓴 일곱 형제의 누이와 결혼하기로 마음먹는다. 리지가코는 날씬하고 우아한 용모를 지녀서 튤리 하니야르하 Tjuli hanijarha(작은 도요새)라 불리는 아가씨와 결혼한다. 그 아가씨에게는 일곱 지방에서 중매가 들어왔지만 오빠들은 누이를 막내 리지가코와 결혼시켰다. 이 일로 인해 모욕당한 자들과 리지카코를 지지하는 사람들 사이에 전쟁이 벌어졌다. 기나긴 전쟁 끝에 막내 리지가코는 의식을 잃고 만다. 그 때 그는 마음속으로 자신의 아내를 부르며 도움을 요청한다. "튤리 하니야르하, 내가 위기에 처하면, 나를 도와주시오". 그녀는 즉시 달려와 남편을 도 왔고, 도중에 남편의 형과 자신의 오빠를 소생시켰다고 전했다. 그러자 남편 은 오는 도중에 죽은 친구 막내 슈후니야 Sjuhunija는 보지 못했냐고 물었다. 그녀는 죽은 자를 보긴 했지만 낯선 사람이어서 소생시키지 않았다고 대답 했다. 그들은 함께 죽은 자를 찾아나섰다. 죽은 자는 친구 슈후니야였다. 툴 리 하니야르하가 칼에 베어 죽은 자의 몸에서 응고된 피와 고름을 깎아낸 후 양 옆구리를 후려치자 막내 슈휴니이는 소생했다. 막내 리지가코는 일을 마 친 후에는 매번 잠이 들었는데, 그때마다 기나긴 전쟁이 계속되었다. 막내 리 지카코의 적이자, 죽은 막내 툰구스의 신부였던 녜세브세르가 이렇게 소리 쳤다. "타클라다 세브 세르여, 어디 계시나요? 어서 와주세요! 나는 죽어가고 있어요. 내 마지막 임종 순간에라도 나를 한 번 만나주세요! 당신은 말했었 죠. '나는 멀리서도 들으며, 멀리서도 본다'고 말이에요. 타클라다 세브 세르 가 그녀를 돕기 위해 달려왔다. 녜세브세르와 타클라다 세브 세르가 연합하 여 막내 리지가코를 공격하기 시작했다. 막내 리지카코는 두 사람과 싸우기 가 힘겹자 아내에게 도움을 요청했다. 아내가 달려와서 녜세브세르와 싸우 기 시작했다. 막내 리지카코는 타클라다 세브 세르의 적수가 되지 못했다. 두 리번거리며 아내를 찾으면서 아내는 어디에 있을까 하고 생각했지만, 그녀 는 눈에 띠지 않았다. 그러자 타클라다 세브 세르는 그를 붙잡아서 수드뱌 이 리 Sjudbja iri의 손에 넘겼다. 일 년 후 슈드뱌 이리는 막내 리지가코를 풀어 주면서 한 가지 조건을 내세운다. 만일 막내 리지가코가 살아남으면 일 년 후 에 살려준 대가로 언덕에 아기 순록을 끌고 오라는 것이다.

이 작품 속에는 매우 흥미로운 부분이 나타난다. 세브 세르 타클라다와 막내 리지가코가 모두 슈드뱌를 할아버지라고 부른다는 점이다. 더욱 흥미로 운 부분은 슈드뱌와 사람들이 나누는 대화에 있다. 그 대화에서 슈드뱌는 공 격적으로 대화를 시작하지만 결국 유화적인태도로 바뀐다. 그 후 막내 리지 가코는 집으로 돌아가다가 전쟁터를 지나면서 막내 슈후니야의 시체를 발견 한다. 막내 리지가코는 자신에게 사람들을 소생시키는 능력이 없음을 안타 까워하며 아내에게 친구를 소생시켜 달라고 부탁한다. 그녀는 죽은 자의 근 육이 제자리에 붙어있느냐고 물었고, 막내 리지가코는 모두 제자리에 붙어 있으나 이미 말라버렸다고 대답한다. 튤리 하니야르하는 3주일 이내에 그를 소생시키겠다고 약속한다. 그리고 막내 리지가코는 3주일간 잠에 빠져든다. 그런데 여기서 꿈이란 그의 의식이 일정기간 유지된 상태이며, 그 자신도 꿈 속에서 친구의 소생을 돕는다는 사실을 추측하게 한다. 3주일이 지나자 튤리 하니야르하가 돌아와서 이렇게 말한다. "막내 슈휴니야를 살려내긴 했지만, 말라버린 근육은 소생시키지 못했기 때문에 그는 앞으로 걷지 못할 거예요. 이제 그는 더 이상 전사라고 할 수 없어요." 이 설명을 통해 우리는 막내 리지 가코와 녜세브세르, 튤리 하니야르하와 타클라 세브 세르의 주술이 서로 대 등하다는 사실을 알 수 있다. 전자(리지가코와 녜세브세르)는 주술을 통해 후자 들에게 도움을 요청하고, 후자(튤리 하니야르와 타클라 세브세르)는 그들의 요청 에 응답한다. 텍스트 속에서는 그들을 샤먼이라고 부르지는 않는다. 민요 연 행자들에게 인간을 소생을 시키는 관습은 샤먼의 예술일 뿐 아니라 많은 대 중들의 예술로 인식되었던 것이다. 이를 통해 짐작할 수 있는 사실은 샤먼을 전문가 집단으로 분리하기 이전에는 모든 사람들이 샤먼적 기술을 구사할 수 있었다는 점이다.

〈순록지기 하토로〉에서는 비범한 네퍄드쿠이 Nepjadkui(숲속 네네츠인 소녀)가 등장한다. 그녀는 하토로 슈자코 Hatoro sjuzako의 손에 살해당한 자신의 오빠를 여러 차례 살려낸다. 그와 동시에 하토로 슈자코에게 더 이상 오빠를 죽이지 말라고 부탁하며, 오빠를 살려낸 대가로 결혼에 동의한다. 쇼뱌차 흐이토차 Sjobjatsa Hyitotsa는 하토로 슈자코의 전우인데 그는 자신의 적인 타브소 세이시의 심장을 몸에 지니고 다녔다. 네퍄드쿠이는 구리통으로 쇼뱌챠 흐이토차의 이마를 때리며 타브이소 세이시의 심장을 내 놓으라고 압박한다. 전쟁이 끝나고 일 년이 지난 어느 날 하토로 슈자코는 자신을 적으로 여기던 동생 하토로 예닐라의 손에 살해당한다. 한 샤먼이 주술의식을 행하면서 청동 북을 두드리자 하토로 슈자코의 의식이 되돌아왔다. 얼마 후 그는 자신을 되살린 샤먼이 바로 네파드쿠이임을 깨닫게 된다. 그녀는 하토로 예닐라가 쏜 매머드 화살을 3주일에 걸친 수술 끝에 그의 몸속에서 끄집어냈다고 말했다. 하토로 슈자코는 그녀가 뉴크 천으로 작은 천막을 세워서 그 곳에서 주술의식을 거행했다는 사실을 알게 되었다. 일 년 후 네퍄드쿠이는 꿈을 꾸다가 소스라치며 잠에서 깨어났다. 그녀는 트이고소 타데뱌(툰구스 샤먼)가 아내(쇼뱌차 흘토차의 딸)와 함께 군인들을 이끌고 다시 쳐들어오는 중이라고 말했다. 네퍄드쿠이는 여러 가지 능력을 가지고 있었는데, 그것은 소생 능력, 전투 능력, 샤먼의 재능이었다. 그녀는 적군 트이고소 타데뱌와는 달리 삼바나sambana로 불렸다. 여기에 서술된 것 가운데 주술의식을 위해 세워진 작은 천막에 특히 주목할 필요가 있다. 주술의식을 위한 특별한 천막은 툰구스 인들과 마찬가지로 네네츠 인들에게도 존재했던 것이다.

네네츠 민요를 작품 그룹으로 크게 나누면 라하나코, 슈드바브차르카, 야라브츠가 있는데, 이 작품들의 주제는 '샤먼의 탄생'과 '샤먼으로서의 승인'이라고 할 수 있다. 이 주제들은 흐이나브츠에 분명히 나타나있다. 흐이나브츠의 〈용사 하류치〉의 이야기도 다른 서사가요와 마찬가지로 사실적인 내용으로 시작된다. 용사 하류치는 아버지의 충고를 듣지 않고 바다 동물을 사냥하러 길을 떠난다. 사냥 도중에 그는 백곰을 활로 쏘았다. 바로 그 무렵 그가 집을 비운 틈을 타고 적들이 쳐들어와서는 아내를 납치하고 아들을 살해한다. 주인공 하류치는 이런 악행을 저지른 자가 야말-세이시(심장 없는 야말)임을 알아챈다. 하류치는 그의 심장을 찾아내서 깨어버리자 야말-세이시는 죽고 만다. 그 후 용사 하류치는 서사가요 슈드바브츠의 원칙대로 야말-세이시의 연합세력인 느가나사닌 거인, 에벤크 거인, 헤탄시 Hetansi 족장, 바이 거인, 베르 족장, 퍄크 거인, 노호 족장을 물리친다. 이런 줄거리를 통해 청중들은 하류치가 샤먼이 되었음을 암시적으로 알게 된다. 왜냐하면 그의 조언대로 천막의 성소 주변에 하얀 가죽을 깔고 그 위에 하얀 옷을 입힌 그의 아들을 눕히자, 죽었던 아들이 하루만에 살아났기 때문이다. 하얀 가죽위에 올려놓는 의식은 순록 가죽으로 죽은 자를 감싸서 소생의 능력을 발휘한 여자샤먼-여주인공의 경우와 흡사하다. 〈테탐보이 사형제〉에서 주인공은 형의 충고와 아들(아침노을)의 경고에도 불구하고 순록 다섯 마리에게 멍에를 채운다. 그 결과 그 순록들 중에서 쌍둥이 두 마리가 죽더니 나 Na의 순록이 된다. 주인공은 스인그이-하사바 Syinggyi-hasaba 괴물의 천막(그곳에서는 괴물의 힘이 지배하여 인간은 힘과 피를 잃어버린다) 속에 들어갔다가 많은 피를 흘리며 의식을 잃는다. 마치 꿈을 꾸듯 그는 자신을 처벌하려는 왕이 보낸 사자의 추격전을 경험한다. 이때부터 흐이나브츠의 '혼란' 모티브가 작동하며, 주인공은 왕의 수많은 처벌을 피해가지만 감옥에 수감되는 것만은 피하지 못한다. 하지만 막내 테탐보이는 당황하지 않고, 지하세계로 내려가서 영원한 적이자 친구인 식인-거인을 만난다. 막내 테탐보이가 거인을 해방시키자, 거인은 그를 업고 지상으로 올라온다. 거인의 천막을 떠나면서 막내 테탐보이는 언덕 위에서 잠이 드는데, 잠에서 깨어보니 아들의 천막 부근에 떠있는 구름에 누워 있었다. 그 후 막내 테탐보이는 아들의 요청으로 지상에 내려온다. 여기서 주목할 점은 영속적인 존재든 신적인 존재든 일정 시간, 보통은 7일이 지나면 주인공들은 지상으로 돌아가야 한다는 것이다.

7일이란 기간은 다른 세계의 지배자들과 접신하는데 충분한 시간이라고 추측할 수 있다. 그곳에 머무는 시간이 길어진다는 것은 자신의 본성과 입지의 상실을 의미한다.

〈미치광이 베라〉에서 일련의 사건들은 북방민족의 주술의식과 같은 방식으로 전개된다. 주인공은 발병하고, 치료받고, 혼인하고, 아내를 잃고, 아내를 찾아 천상을 방황하고, 아내를 찾고, 베헬랴의 신성한 천막에서 북으로 주술의식을 거행하고, 두 아들을 살려내고, 아내는 그의 친척들을 살려야 하고, 이를 위해 일곱 천계와 일곱 동토를 경험한 후 지상으로 돌아오는 형식이다. 그리고 작품의 결말은 신화적이어서, 부부는 신이 된다.

〈파로카드 테타 Parokad Teta〉에서 샤먼이 되는 과정은 흥미롭다. 아들 베헬랴는 식인-거인의 아들과 주술을 겨룬다. 신적인 존재와 자신의 경쟁에 대해 샤먼들이 이야기를 나누는 부분에서는 네네츠 인들의 샤먼적 관습이 명백하게 드러난다. '아들 베헬랴가 식인- 거인의 무쇠 천막을 찾아간다. 거인은 그에게 벽난로를 지피라고 명령하며 몇 번씩이나 난로를 뜨겁게 달군다. 아들 베헬랴의 다른 동료들은 모두 그 열기에 타죽었고, 거인-식인은 땀을 흘린다. 그렇지만 아들 베헬랴만은 아무렇지도 않았다. 그리고 이어지는 북 연주 시합에서 거인은 아들 베헬랴의 능력을 인정한다. 아들 베헬랴가 북을 치자 신성한 장대 밑에서 거인의 심장이 나타난다. 아들 베헬랴는 가느다란 털실로 변신해서 그 밑으로 기어들어가 심장을 꺼낸다. 그러자 거인은 갑자기 아프기 시작하고 파로카드의 죽은 아이들을 아들 베헬랴 앞에 내놓는다. 아들 베헬랴는 거인에게 심장의 절반을 돌려주고는 소생한 파로카드의 아이들을 데리고 집으로 돌아온다. 양 측의 이해가 모두 충족된 것이다.

〈하나르-함카 hjanar Hamka〉라는 가요는 구성이 좀 더 복잡하다. 막내 함카는 거주지의 동료들이 모두 죽자, 정처 없이 길을 떠난다. 도중에 그는 자신과 똑같은 불행을 겪고 있는 사람들을 만난다. 그들은 아들 예시효나 Jesihjona, 아들 예시티 Jesi-ti, 아들 예시신다 Jesisinda 등 인데, 그들 모두 순록으로 변한다. 여기서 막내 함카는 위대한 신들인 눔그이포이 Numgyipoi와 야말 Jamal 그리고 세라드-호라 Serad-Hora의 군대들이 그들을 향해 몰려오는 예지몽을 꾼다. 신들은 그들을 찾아와 아들 예시신다를 죽인다. 두 제사장은 방어능력이 없는 사람들을 공격하는 신들을 비난한다. 신들의 추격에서 피하기 위해 순록지기 삼형제는 천상으로 뛰어오른다. 하늘 지배자의 천막에서 막내 함카는 자신의 능력을 발휘해 하늘 지배자의 북으로 주술을 거행하면서, 지상과 천상의 모든 신들에게 호소한다. 그들은 지상으로 되돌아오고, 세 땅의 주민들과 천상을 다녀온 사람들의 자손들은 되살아난다.

그런데 흐이나브츠 〈세르 림퍄 프이야 Ser Limpja pyija(하얀 독수리의 부리〉〉는 샤머니즘을 찬미하는 작품이다. 왜냐하면 반타드-타데뱌 Bantad-Tadjebja는 평범한 샤먼이 아니라 타제브 솜타브이 Tadiev somtavyi(샤먼들의 아버지)이기 때문이다.

앞서 툰구스 샤먼들에 대해 이미 여러 번 언급한 바가 있다. 또 다른 흥미로운 텍스트로는 〈타데뱌 느가체키 Ngacheki (젊은 샤먼)〉가 있다. 이 작품의 주인공은 툰구스 소년인데, 이것은 네네츠 인이 주인공으로 등장하는 다른 작품들과는 차이점을 보인다. 우선 노브 라하나나(항상 말하는 자)는 소년을 가난한 툰구스 노인들의 천막으로 보낸다. 노인들을 찾아온 소년은 밤낮으로 주술의식을 거행한다. 가을이 지나고 겨울이 될 때까지 소년은 꿈속에서 주술의식을 거행한다. 그 기간 동안 소년은 자신의 주술적 재능을 연마한다. 그리고 마침내 노인들은 소년을 샤먼으로 인정한다. 소년이 한 노인에게 야생 순록을 얻을 것이라 예언하자 그렇게 이루어졌다. 그 다음 노인에게 명하여 순록 두 마리의 털가죽과 발굽과 뿔과 이마, 다리 가죽을 밤새 낙엽송 위에 걸어두라고 하자 노인은 시키는 대로 실행했다. 아침에 소년이 가죽을 언덕으로 가져오라고 지시하자 노인은 다시 그대로 실행했다. 한밤에 잠에서 깬 노파가 언덕 위에서 나는 이상한 소리를 들었다. 어떤 이는 대패질을 하고, 또 어떤 이는 망치질을 하고 도끼로 깎고, 어떤 이는 바느질을 했지만, 그들은 모두 입을 꾹 다물고 있었다. 다음날 낮에 소년은 노인을 언덕으로 보내 그곳에 있는 물건을 모두 가져오라 명했다. 노인은 새로 만들어진 작은 북과 철장신구가 달린샤먼의 새 옷을 가져왔다. 그러자 소년은 자신이 진정한 샤먼이 되었음을 선언한다. 소년은 사흘간 꿈속에서 주술의식을 거행한 후, 그의 거처로 열 명의 툰구스 인들이 찾아올 거라고예언한다. 그 툰구스 인들은 소년이 사라진 후 발병한 누이를 치료하기 위해 영력이 강한 샤먼을 수소문하다가 노인을 찾아온 것이다. 소년은 주술을 베푸는데 동의하며 한 가지 조건을 내세웠다. 그 조건이란 만약 그들의 누이가 치료되고 나면 자신이 그녀와 결혼할 것이고, 거기에다 순록 20마리도 보내야 한다는 것이다. 소년은 샤먼 의복을 걸친 후 밤새 주술의식을 시작했다. 병든 누이는 모닥불 온기로 의식을 회복할 수 있도록 모닥불 주변에 앉혔다. 모든 것이 그의 지시대로 이루어졌다. 그는 퉁구스 인들의 누이와 결혼하고 순록 20마리도 얻었다. 소년은 주술의식이 행해진 곳에서 자리를 세 번 옮긴 끝에 신성한 장소인 언덕에 자리를 잡았다. 그 언덕은 소년이 거주지로 선택한 곳이었다. 그 후 소년은 노인에게 명하여 열 명의 퉁구스 인들을 찾아가서 제물로 쓸 순록 일곱 마리와 늙은 암순록 한 마리를 받아오라고 명했다. 모든 것이 그대로 시행되었다. 언덕 아래에서는 늙은 암순록을 희생시키고 샤먼의 천막이 세워졌다. 새로운 의식을 통해 소년은 자신의 샤먼 의복과 북을 가난한 퉁구스 노인에게 건넸고, 자신은 더욱 강력한 샤먼이 되어 죽은 자들의 영혼을 저승으로 인도했다.

이 텍스트에서는 소년에게 타데뱌나 삼바나라는 명칭이 동시에 사용된다. 샤먼 복장을 만들기 위해 소년은 순록 두 마리의 가죽을 낙엽송, 즉 생명의 나무에 걸게 하여, 제작되는 복장이 행복과 성공의 기운을 받도록 한다. 그러나 소년이 샤먼의 소장품을 가난한 퉁구스 노인에게 건네면서 그는 삼바나라고 불린다. 타데뱌는 느가나산 인들과 퉁구스 인들의 호칭이며, 삼바나는 네네츠 인들의 호칭인 것이다.

소년은 비록 퉁구스 인이기는 하지만 퉁구스 족으로부터 멀리 떠났기 때문에 네네츠 인들은 그를 삼바나로 부른다. 또 다른 흥미로운 요소는 네네츠 민요작품에서 샤먼들은 보통 대가를 요구하지 않는데 여기에서 소년은 주술의식의 대가로 조건을 내세운다는 점이다. 그리고 툰구스 땅에서 세 번이나 이주를 한 후에야 비로소 다른 전통을 인식한다. 그는 노인을 툰구스 인들에게 보내 순록 일곱 마리와 암순록 한 마리를 제물로 받아온 것이다. 다른 서사적 작품과는 달리 이 작품 속에서 소년의 주술의식은 밤새도록 계속되는 실제의 주술의식과 동일하다.

민요에서는 주인공이 죽음을 맞았다가 살아나거나, 누군가가 그를 소생시킨다. 그는 종종 형상을 바꾸거나 사라지기도 한다. 그런데 이 부분은 샤먼의 재탄생을 반영하는 것으로 보인다. 가장 명백한 예가 되는 것이 〈노호 족 출신의 여자〉다. '누군가의 목소리'가 노호 족 출신의 여자를 무쇠 식인풀 사이로 내던지자 식인풀이 그녀를 사방에서 에워싼다. 3년간 그녀의 뼈는 가루 상태로 남았고, 그녀의 두개골만이 강변을 구르다가 자신의 뼈를 모두 모았다. 여자는 다시 살아나서 식인 풀에게 간청하고는 자유의 몸이 된다. 그후 '누군가의 목소리'가 다시 그녀를 물뱀에게 집어던지자 물뱀은 그녀를 냉큼 잡아먹는다. 그녀는 스스로 살아날 수 없었다. 그녀의 주변에서 3년이나 맴돌던 벙어리 므이넨코가 그녀를 돕는다. 그녀의 머리는 다시 나머지 뼈들을 모았고, 그녀는 다시 자리에서 일어나 말하는 능력을 얻자 물뱀에게 간청하여 자유를 얻는다. '누군가의 목소리'가 다시 그녀를 무쇠 도마뱀에게 내던지자, 도마뱀은 그녀를 곧바로 잡아먹는다. 3년이 지난 후 그녀의 머리는 다시 뼈를 모았고, 되살아난 그녀는 정처 없이 길을 떠난다. '누군가의 목소리'가 그녀를 대장장이―노파의 모닥불에 내던지자, 수없이 연마된 끝에 그녀는 본래의 아름다운 형상을 되찾는다. 그 후 야말은 그녀에게 직접 축복을 내렸고, 미래에 일어날 사건들을 예언하면서 자신이 조언한 대로 실행하라고 말한다. 그리고 결국 그녀는 행복을 찾게 된다.

샤먼적인 관념들은 동물들의 신화나 새의 노래에서도 찾아볼 수 있다. 여기에 하나의 예를 들어보자. 〈갈매기의 노래〉는 스토리 구조가 정교하고 철학적인 관점에서 매우 복잡하기도 하다. 그 줄거리는 다음과 같다. 아빠–갈매기는 자신의 아기–알들이 사람들 손에 수집되고 잡아먹힐 거라고 예감한다. 그래서 그는 아들–갈매기에게 독수리–샤먼을 모셔서 슬픈 운명을 미연에 방지할 주술의식을 행하자고 말한다. 엄마–갈매기는 아들을 사지로 보내지 말자고 간청하지만, 아빠–갈매기는 자신의 뜻을 굽히지 않고 아들을 독수리–샤먼에게 보내려고 한다. 엄마–갈매기는 결국 남편의 뜻대로 아들을 독수리–샤먼에게 보낸다. 갈매기 가족을 찾은 독수리–샤먼은 주술의식에 아빠–갈매기만 참관할 수 있고, 그 의식은 천막 안에서만 진행되는데 아무도 그 소리를 들어서도 안 되며 누구도 천막 안으로 들어올 수 없다는 조건을 제시한다. 그 조건들은 그대로 실행되었다. 천막 안에서 아빠–갈매기는 신음하고 비명을 질렀지만 아무도 접근하지 않았다. 독수리가 멀리 날아간 후에, 엄마–갈매기가 천막 안으로 들어가 보자 그곳에는 남편의 뼈만 남아 있었다. 이 작품을 어떻게 이해해야만 할까? 네네츠 샤먼들은 나레이션과 새가 등장인물인 이 노래를 통해서 샤먼들의 치료방법에 의혹을 제기한 것은 아닐까? 혹은, 샤먼적 치료의 치명적인 결과를 변명하며, 단지 자연계의 생물학적 먹이사슬의 법칙을 보여주고자 한 것일까?

2. 주술 북의 의미와 기능

아래 제시된 자료들은 어떤 점에서는 매우 독특한 것이라 할 수 있다. 필자는 G. T. 라프수이의 입을 통해서 그 주술 행위의 순간을 묘사할 수 있었지만, 그것은 학자들의 관심영역 밖에 있기도 하다.

북의 〈수리〉

한 가족이 소유한 북은 수년 동안이나 수리되기만을 기다렸다. 얇은 막으로 된 야생 순록의 가죽은 북 제작 기능자인 티모페이 예피모비치 라프수이가 만든 것이다. 북은 사용한 흔적과 열기로 인해, 그리고 등에 같은 유충이 파먹은 구멍으로 인해 막이 얇아지고 찢어져 있었다. 도시의 아파트에서 대를 이어 북을 보관하다보니 얇은 막은 더 크게 찢어졌다. 새로운 가죽을 제작할 시기가 되자, 라프수이의 친척 중 한 사람이 찢어진 얇은 막만 새로운 막으로 바꾸어 악기의 '역사'을 망치지 말자고 했다. 그 제안에 장인 라프수이는 수리작업에 착수하면서 그런 생각을 가진 사람은 집에 수리가 불가능한 악기를 보관하는 셈이라고 대답했다. 그는 다른 사람들에게 수리를 권하지 않는다. 집에 있는 악기는 수리가 가능했던 것이다.

얇은 막은 야생 순록의 가죽으로 만들어진다. 막의 두께는 0.01센티미터다. 얇은 막의 구멍간 거리는 1센티미터이고, 가죽을 잡아당기는 끈의 폭은 0.35센티미터이다. 한쪽 막의 끝에서 구멍까지의 거리는 1센티미터다. 틀에 잡아당기는 끈을 고정시키는 구멍은 12개다. 라프수이는 조심스럽게 얇은 막을 칼로 오려낸다. 그러면 얇은 막을 떼어낸 북의 틀이 고스란히 모습을 드러낸다.

북은 티모페이 예피모비치 라프수이가 1960년대 야말-네네츠 자치구의 나드임스키 지역에서 제작한 것이다. 거의 50년 된 낙엽송으로 만들어졌다. 현재 그 북의 소유주인 게나지 티모페예비치 라프수이와 필자가 그 북의 측정에 함께 참여했다. 그 북에는 악기 분류 시스템 호르노보스텔-작스에 따라 모스크바 민속악기 연구자이며 작곡가인 I. A. 보그다노프로부터 고유번호 211,311,86을 부여받았다.

북의 높이는 틀 안이 60센티미터이며 틀까지 합하면 61센티미터다. 북의 폭은 50센티미터이고 틀까지 합치면 51센티미터이다. 이런 기준의 북은 그 크기가 고전적이라 할 수 있다.

틀의 높이는 6.5센티미터이고, 틀의 폭은 5밀리미터이다. 따라서 북은 우아한 타원형을 이룬다. 북의 둘레는 180센티미터이다.

'시이브르이 헤노로타 펜제르Siivlyi Henorota Penzer'라고 불리는 북은 '일곱 개의 뿔을 가진 북'이란 뜻을 지니는데, 북에는 뼈로 된 24개의 고정 핀이 있기 때문이다. 그중에서도 6.7-7센티미터 간격으로 배치된 일곱 개의 핀은 순록의 뿔로 만들어졌다. 핀이 꽂힌 쪽이 북의 머리이고, 그 반대쪽은 받침 혹은 다리라 불린다. 북이 무엇인지, 그것이 지니는 의미가 무엇인지는 막연히 추측할 수밖에 없다. '일곱 개의 뿔이 달린 북'이라는 명칭을 근거로 생각해보면, 한마디로 그것은 뿔이 달린 짐승, 순록일 가능성이 높다. 가령 투바인들 사이에서 북은 말로 인식된다.

헤노르 Henor는 공명 받침대의 핀인데 길이는 3센티이고, 북의 머리 부분은 2.7센티미터이다. 두께는 1센티미터이며, 직경은 0.8센티미터이다. 핀의 머리에는 홈이 파져있는데 그 깊이는 5밀리미터이다.

북의 안쪽에서 틀 쪽으로 세 개의 축이 들어있는데 길이가 12센티미터이고 축 사이로 기울어진 각도는 5센티미터이다. 쇠로된 각각의 축에는 각각 14개의 납작한 금속판이 달려 있다. 따라서 총 42개의 납작한 금속판이 달려있다. 시쟈 시이브 라바르티 예씨야다 Sidja Siiv Labarti Jesjada는 일곱 개의 금속판이 달린 두 개의 북(천둥)이라는 뜻을 지녔다. 틀에서 축대의 양 꼭지점 사이의 거리는 67.5센티미터이다. 이 쇠로 된 축대에 쇠로 된 작은 북을 붙일 수 있다.

G. T. 라프수이Lapsui의 말에 따르면, 북에 어떤 돌도 부착해서는 안 된다고 한다. 왜냐하면 네네츠인 들의 관념 속에서 돌이란 소생력을 지녀서, 북의 수명과 달리 자생적 생명력을 지녔기 때문이다.

북 틀의 둘레를 따라서 고리핀 끝의 홈마다 194센티미터의 현을 걸 수 있다. 현은 순록 다리의 힘줄 세 갈래를 꼬아서 폭 0.5센티미터 정도로 만든 실이다.

북의 손잡이는 두 개의 나무막대를 교차시켜 만든 십자형 각재이다. 손잡이는 매우 우아하다. 튜닝포크 모양의 횡목 손잡이를 두 개의 가죽 끈으로 사용하여 북의 틀에 있는 세 개의 구멍에 위로 고정시킨다. 가죽 끈 하나를 두 개의 구멍사이로 통과시켜서 아래로 고정시킨다. 손잡이를 틀에 고정시키는 장치는 부드럽다. 가죽 끈을 두 개의 구멍사이로 통과시켜 가느다란 횡목을 틀에 고정한다. 횡목의 튜닝포크 부분의 길이는 35센티미터이다. 손잡이 횡목의 총 길이는 57센티미터다. 깊이는 3센티미터이고, 두께는 1센티미터이다. 다른 횡목의 길이는 50센티미터인데 깊이는 1~1.5센티미터이며, 두께는 1.7센티미터이다. 두 횡목에 인간의 얼굴 형상이 각각 22개씩 조각되어 있다. 얼굴 형상의 길이는 2센티미터다. 얼굴 형상이 지닌 의미는 분명치 않지만 그 가문이 배출한 사민들을 의미할 것이라고 추측할 수 있겠다. 손잡이의 두 횡목을 서로 고정 시키는 장치는 딱딱한데, 아래에서 20센티미터 정도 떨어진 지점에서 짧은 횡목을 긴 횡목의 홈에 교차시켜 끼운다. 긴 횡목과 짧은 횡목은 비스듬히 40도 각도로 교차되게 홈을 만든다.

튜닝포크 모양의 횡목 윗부분 고정 장치에 청동이나 황동으로 네 개의 휘지 않는 사슬과 휘는 사슬을 M자형으로 만들어 붙인다. 다른 횡목에는 휘는 청동 사슬과 두 개의 쇠로된 딸랑이를 단다.

40센티미터 가량의 나무로 만든 북채는 20.5센티미터 가량의 털 커버로 감싼다. 북채의 폭은 털 커버의 부피까지 포함하면 5센티미터 정도이고, 털 커버를 감안하지 않는다면 2.5센티미터 정도이며, 두께는 0.5~1.5센티미터 정도이다. 주술의식을 행할 때 손에서 땀이 많이 날 경우, 북채를 손에 고정하기 위한 가죽고리가 있다. 길이는 매듭을 포함해서 13센티미터이고, 매듭 뒤로 튀어나온 부분은 5센티미터다. 궁형 고리의 높이는 3센티미터 정도다. 고리는 가운데 손가락에 건다. 몇몇 민족들 사이에서 북채는 샤먼이 말을 몰 때 쓰는 '채찍'으로 이해된다.

1997년 7월에 북을 수리했다. 가죽을 실내온도의 물에 사흘간 담그면 가죽 표면에 탄력이 생긴다. 가죽의 얇은 막의 두께는 물에 잠겼을 때 0.1~0.2센티미터이다. 장인이 가위로 북의 형태에 맞게 얇은 가죽을 타원형으로 자르

되, 북의 타원형 보다 더 넓게, 재봉도구 보관 가방 깊이 정도, 즉 약 8~10센티미터 가량의 여유분을 두고 자른다.

가죽을 자른 후 점검한다. 가죽의 테두리에서 폭 0.3센티미터 정도의 가죽을 잘라내어 끈을 만든다. 가죽 끈을 만들어 넓게 펼친다. 젖은 가죽을 돌기 있는 자루위에 펼쳐서 올려놓아야 북의 틀보다 넓게 형태를 잡을 수 있다.

장인이 얇은 가죽을 당기기 시작한다. 가죽에 있는 15~17개의 틈사이로 가죽 끈을 끼워 북의 틀에 있는 12개의 구멍과 연결하여 묶는다. 묶는 작업이 끝나면 북을 밖으로 가지고 나와서 햇빛에 말린다. 북이 골고루 마르는지, 조이는 가죽 끈이 틀과 가죽에 고르게 힘을 가하는지 수시로 살펴야 한다. 장인은 북 소리, 가죽의 얇은 막에서 낭랑한 소리가 잘 나는지를 점검한다.

북을 수리하기 위해 필요한 도구는 가위, 날카로운 칼, 시금석, 수제 바늘, 나무판, 천 조각, 모조가방, 10분마다 가죽을 적실 물을 담은 대야, 헌 가죽과 짜투리 가죽 조각을 모아서 담을 쓰레기통 등이다. 북을 수리하면서 생긴 모든 쓰레기는 모아서 숲속 깨끗한 공터에 버린다.

북을 수리할 때는 특별한 경외감 없이 평범한 물건을 다루듯 하지만, 정화의식을 치른 후에 북은 다시 성스러운 의미를 지니며 특별하게 다루어져야 할 권리를 부여받는다. 정화의식은 보통 모스크바 고층 아파트의 5층 발코니에서 진행된다. 이 의식을 진해하기 위해 선택한 발코니는 외부 세계, 우주와 소통할 수 있는 일종의 천막이라고 할 수 있다. 북의 정화의식은 전통적 정화의식이라고 할 세 가지 요소로 구성된다. 우선 차가버섯 덩어리를 태워 숯을 만들고, 찻잔에 실내온도의 물을 채운 후, 그 숯가루를 찻잔에 담아 살균 성분의 액체를 만든다. 그 다음에 북과 주변 물건들이 놓였던 구석을 향해 그

액체를 뿌린다. 그 후에 작은 프라이팬에 모닥불을 만들어 검은 담비의 털을 태워 향을 피우며, 그 향으로 북을 그을려 훈증한다. 마지막으로 달군 프라이팬에 숯을 탄 액체를 부을 때 생긴 수증기로 북을 훈증한다. 이 의식을 마치고 나면 수리된 북은 다시 성스러운 대상으로서 지위를 회복한다.

의식이 끝나면 북을 접대하는 흥미로운 의식이 진행된다. 이것은 네네츠 샤머니즘에 관한 어떤 작품에서도 언급된 적이 없다. 장인이 마련한 성스러운 장소에는 북과 음식상이 차려진다. 여기에 놓이는 음식 중에는 모든 제사음식과 마찬가지로 김이 무럭무럭 나서 하늘로 올라가는 뜨거운 음식이 있어야 한다. 이것은 하늘의 신들에게 바치는 의식으로 이해된다. 여기에서 우주와의 교신이 명확히 준수된다. 김이 완전히 하늘로 사라지고 나면 참석자들은 다 함께 시식을 한다.

북의 〈탄생〉

북을 제조하는 흥미로운 과정은 다른 논문에서도 간략하게 설명되어 있다. 북의 제조 과정을 볼 수 있는 또 다른 기회가 생겼다. 필자의 정신적 심리적 응원을 받으며 북 주문을 받은 니콜라이 티모페예비치 라프수이는 게나지 티모페예비치 라프수이와 함께 2000년 8월 14-25일 북 제조에 착수했다. 주지하듯이, 이전에는 네네츠인들에게 북은 전통적 주술적 기능을 하는 주요한 신성한 의례용 악기였다. 최근 10년 동안 이러한 북의 기능이 종교적 기능에서 벗어나기 시작했다. 그래서 여행가이면서 골재 조각가인 필립 니키치치 아르데예프는 주로 예술가들의 주문을 받아 네네츠 북을 제조하고 있다. 이런 구체적인 경우 내가 지지했던 것은 일반인들의 주문에 따라 북을 제조할 수 있는 전통을 확립하고 그 가능성을 확대하는 것이다. 이렇게 심리적으로 복잡한 경우 네네츠 전통 사회에서는 북 주문자의 의도에 따라 주문 제작 여부가 논의된다. 향후 북을 사용할 것인지 사용하지 않을 것인지 하는 주문자의 의도에 따라 북 제작자들은 모든 책임의식에서 벗어날 수 있다. 구체적인 경우 주문자는 사전에 북을 다루는 방법을 준수하기로 약속한다. 북이 갖는 의미는 개인적이고 주술적인 것이지만 본질상 현실적인 연주악기이기도 하다.

북은 야말-네네츠 자치구 나드임스키 지역의 느가누 하르부트에 있는 G. T. 라프수이 집에서 '탄생'했다.

북틀을 만들기 위해 곧고 어린 낙엽송을 선별한다. 6센티미터의 폭으로 긴 판을 만들어 준비한다. 장인이 대패질을 하여 5센티미터 깊이의 판으로 다듬고, 다른 사람은 미끄러지지 않도록 잡아준다. 고정용 나무못을 만들 소재도 준비한다. 북틀용 긴 판은 유연함을 주기 위해서 작은 하천의 지류에 담근다. 물속에서 담근 지 하루가 지난 후 장인은 북틀용 긴 판을 200리터짜리 원통으로 압착시켜 모양을 구부린다. 소재가 뒤틀리지 않게 하기 위해서 나무 지지대를 원형 틀 안에 가로질러 받힌다. 이것은 접합에 매우 중요한 단계이다.

북의 높이는 60센티미터이다. 장인들은 원통에서 북틀을 꺼낸 후 타원형으로 만들기 위해 북틀을 밧줄로 감고, 드릴로 접합용 구멍을 뚫는다. 장인들은 북을 주문한 자신들의 외삼촌 이반 안드레예비치 후지의 북 연주에 대해 담소하며 그가 이런 중요한 과정에 참여하지 못하는 것이 유감스러울 것이라며 웃었다. 북틀에 구멍을 냈고, 고정용 나무못의 절반이 끼워졌다. 장인 티모쉬의 아들이 아버지로 부터 기술을 배우고 있었다. 장인과 아들은 순록 가죽 위에 앉아 있었다. 장인은 북틀에 나무못을 끼우고 손잡이를 완성하였다.

손잡이는 V자 모양을 하고 있는데 손잡이에 일곱 개의 형상이 있는 가로대를 끼운다. 형상들의 크기는 같지만 그 위에 새겨진 얼굴 표정은 다르다. 그래서 장인들은 여기에 새겨진 인물들이 비친, 니쿨린, 모르구노프(소비에트 시대의 배우들) 등이라고 농담했다. 손잡이는 힘줄로 만든 실로 북틀의 세 지점에 묶어 부드럽게 잡아당기며 고정시킨다. 나무못의 윗 홈을 통해 마른 힘줄로 만든 실을 당겨 묶는다.

30센티미터 길이의 북채에도 구멍이 있는데 그 구멍에 손바닥을 감싸는 가죽고리를 꿰맨다.

장인은 북을 만드는데 필요한 도구를 준비한다. 도끼, 칼, 나무 날을 만들기 위한 칼, 대패, 펜치, 드릴, 작은 톱, 작은 양철 판을 만들기 위한 깡통, 특히 이 깡통의 철판을 철로 된 궁형 틀 세 지점에 고정시킨다.

그 후 장인들은 순록가죽에서 털을 뽑아내고 이틀 정도 미리 물에 담가둔다. 이 가죽으로 얇은 막과 가죽 끈을 만든다. 얇은 가죽 막에 180개의 칼집을 낸다. 북틀에는 얇은 막을 고정시키는 12개의 구멍이 있다. 장인은 얇은 가죽 막을 잡아당겨 북틀에 고정 시킨다. 이런 과정을 거쳐 북이 완성된다. 나는 의식적으로 '샤먼의 북'이라는 용어를 피했다. 네네츠 북이 가지는 기능적 범주는 적어도 3개로 나눌 수 있기 때문이다.

1) 샤먼이 소장하는 전문 도구, 샤먼의 개인적 북.

2) 한 가문이 소유한 북. 이 북은 다른 가문의 샤먼이 주술의식을 행할 때, 다른 부류의 치료 행위를 할 때, 잃어버린 순록이나 물건을 찾으려는 의식을 행할 때 샤먼에게 건네진다.

3) 한 가문이 자연과 우주와 교감하고 제사 지내는데 사용되는 북. 이러한 북들의 용도의 차이점은 좀 더 정확히 연구할 필요가 있다.

3. 비(非) 샤먼의 주술 노래

네네츠 샤먼의 주술의식은 16세기 중반부터 알려졌다. L. V. 호미치는 많은 자료를 연구하면서 많은 샤먼들에게 존재하는 어떤 공통적 특징들에 대해 이렇게 결론을 내렸다. "문학작품에서 다른 사람의 입으로 전해지거나 목격자에 의해 묘사된 많은 주술의식이 전해진다. 주술의식은 보통 샤먼의 천막이나 샤먼을 청한 사람의 집에서, 드물게는 야외에서 거행된다. 샤먼은 특별한 복장을 하고 모닥불 옆에 놓인 순록 가죽 위에 앉는다. 주술의식에 초대받은 사람들과 참관 희망자들은 천막 안에 들어갈 수 있다. 샤먼의 옆에는 그의 조수가 있다. 주술의식의 목적은 모든 사람들이 알고 있다. 샤먼과 조수는 잠시 북의 가죽을 모닥불에 쬐어 북소리가 더 잘 울리도록 한다. 그 후 샤먼이 왼손에 북을 잡고 오른 손엔 북채를 들고 조용하고 규칙적으로 북을 치면서 박자에 맞춰 단조롭고 느린 음성으로 '호이! 호이! 호이!'하고 외친다. 북소리는 점점 강해지고 빨라지는데 샤먼이 흥분 상태가 될 때까지 계속된다.

점차 북 소리가 잦아들면 샤먼은 서술하듯 말하기도 하고 노래를 부르기도 한다. 그는 다른 세계로의 여행을 묘사하며 영령들과 만나고, 영령들에게 주술의식에 관한 질문과 부탁을 한다. 주술의식이 진행되는 동안 종종 샤먼의 영혼은 영계에 머무는데, 영혼이 떠난 샤먼의 몸은 영혼이 돌아올 때까지 미동도 없이 누워 있다. 가끔은 반대로 영령들이 샤먼의 몸으로 들어온다. 외면상 샤먼은 강한 흥분상태에 있는 것처럼 보인다. 그의 동작이 점점 격렬해지기 시작하면서 모닥불 주변을 뛰어다니다가 마침내 기진맥진하여 동작이 멈춘다. 주술의식 중에(어떤 기록에 따르면 주술의식 후에) 샤먼은 참관자들에게 '고기가 많이 잡힐 것이다', 혹은 '병자가 완쾌될 것이다'라고 말한다. 가끔은 특정 장소에 제물을 바치라고 말한다. 이 경우 제물은 주술행위가 끝난 후에 바쳐진다. 종종 샤먼은 의식을 행하기 전에 다양한 테스트를 거친다. 이러한 테스트를 통과하고 무사하면 샤먼의 차후 예언들은 신빙성을 확보한다.

현재 네네츠 샤먼의 주술의식을 묘사하는 완전한 시나리오는 알려져 있지 않다. 이와 관련하여 분명 흥미를 불러일으킬 만한 주술의식을 소개한다.

제나지 티모페예비치 라프수이는 네네츠 샤먼의 주술의식에 목격자로 직접 참여하였고, 1997년 6월 18일 네네츠 샤먼의 예술을 보여주었다. 필자는 사진을 찍었고, M. S. 아나구리치는 비디오로 촬영했다. 게나지 티모페예비치와 함께 우리는 샤먼의 동작을 분석하여 몇 개의 행위로 나누었다. 게나지 티모페예비치는 샤먼의 복장으로 46 사이즈의 여성 모피코트를 사용했는데, 상의 대부분이 하얀 순록 모피로 만들어진 것이다. 모피코트는 1980년 야말반도 북부 태생이며 최근 40년을 야말-네네츠 자치지구의 나드임스키 지역에서 살았던 마리야 막시모브나 라프수이가 제작한 것이다. G. T. 라프수이에 따르면 그가 아는 모든 유명한 네네츠 남자 샤먼들이 여성 모피코트를 착용하고 주술의식을 행했다고 한다. 많은 학자들이 이 현상을 설명하고자 했다. 가령 V. N. 바실로프는 '알타이 인, 투비네츠 인, 부랴트 인, 위구르 황인의 샤먼 탄생 설화에 등장하는 첫 번째 샤먼은 여성이었다. 일련의 민족들의 샤먼 복장들에는 여성 의상의 요소들이 가끔 발견되는데 특히 머리 장식이 그렇다. 몇몇 야쿠트 샤먼들은 긴 외투에 유방모양의 둥근 철판을 붙이고 여성스럽게 머리를 빗고 머리를 길게 땋았다가 주술의식을 행하기 전에 풀어 내렸다'고 밝혔다. 이런 사실을 근거로 고대에는 주술의식에서 주로 여성들이 샤먼의 역할을 했다'고 19세기 말경에는 추측했다. 오늘날에 이르러서는 그런 가설을 열렬하게 추종하지도 강하게 반박하지도 않는다.

네네츠 남자 샤먼들이 여성용 모피 코트를 입고 주술의식을 행한다는 사실에 대해서는 V. P. 예블라도프와 A. V. 골로브네프도 언급한 바 있다. E. D. 프로코피예바도 〈시베리아 민족들의 샤먼 복장〉이란 저서에서 이 문제를 다루었지만, 주술용 복장으로는 보통 여성 모피 코트가 주로 사용되었기 때문에 복장의 유형에 대해서는 특별히 고찰하지 않고 이렇게 말했다. "19세기 말-20세기에는 네네츠 샤먼 타제바의 의식용 복장이 자기 영토의 모든 거주지에 보존된 것은 아니었다. 19세기 초 서부 네네츠 인들에게는 네네츠 샤먼 복장이 없었으며 그들에게는 단지 머리 장식만이 보존되었다. 툰드라 대평원지역의 네네츠 인들에게는 어깨에 걸치는 독특한 복장이 있었다. 더구나 여성 옷은 남성 옷과 구분되었다. 20세기 초가 되면서 이제 그들의 샤먼 복장은 사라지기 시작했다. 숲지대 네네츠 샤먼들의 복장에 대해서 알려진 것은 주술의식 동안에 무릎까지 내려오는 하얀 캘리코(사라사) 셔츠를 입었다."

프로코피예바는 네네츠 샤먼에 복장에 대해서 다음과 같은 결론을 내린다. "... 유럽 북부지역과 시베리아에 거주하던 네네츠 인들의 샤먼 복장은 동일하지 않았다. 서부 네네츠 인들은 우그르 인들과 모자가 비슷했으며, 로파르스키 인들과는 어깨에 걸치는 망토가 비슷했다. 동부 네네츠 인들의 복장은 예니세이 강의 이웃 민족인 셀쿠프 인들의 복장과 닮은 데가 있었다. 숲지대 네네츠 인들은 한티 인들의 복장과 유사한 요소가 있다. 그 중에서도 샤먼의 밝은색 셔츠는 분명 한티 인들의 밝은 색 복장에서 영향을 받은 것이다. 두 마리의 순록 가죽으로 만든 네네츠 샤먼의 복장은 에스키모 인들의 것과 유사하다. 네네츠 샤먼의 복장에서 특징적인 점은 머리띠를 두른 가면이다."

G. T. 라프수이의 방식대로 나는 의식용 머리장식을 제작해보았다. 그것은 주로 1930–80년대에 야말–네네츠 자치지구의 나드임스키 지역의 느이다 마을에 살던 샤먼 야르 만트로부터 전해진 것이다. 초록색 공단 리본을 세 번 접어서 둘레 3.8센티, 길이 58센티미터 정도의 머리띠를 만들고, 그 위에 흑–백의 줄무늬가 있는 16개의 끈을 수직으로 교차시켜 꿰매면 된다. G. T. 라프수이는 머리장식이 필수적이라며 주술행위를 재현하기 위해서는 끈이 달린 모자를 착용하고 해야 한다고 주장하지만, 기술적인 이유로 위에 언급한 머리장식만 제작해 보았다. 샤먼 복장으로는 평범한 운동복, 셔츠와 양말을 착용하였다. 주술의식을 행할 때에는 2,3개의 천막에서, 가끔은 10개의 천막에서 사람들이 모인다.

10개 천막의 평균 인원은 40–50명 정도다. 라프수이의 말에 따르면 새벽 여명에 진행된 주술의식의 증거가 남아있긴 하지만, 보통 주술의식은 저녁 10시에서 아침 6시까지 사이에 진행된다. 주술 의식이 진행되는 동안 음식은 먹지 않는다. 모든 과정은 네달라바(30~60분) 단위로 진행된다. 샤먼의 조수는 샤먼의 행동을 모두 따라한다. 여기서 기억할 점은 샤먼의 주술의식이 방식이며, 그 의식을 행하는 주요 인물은 샤먼과 그의 조수, 2명이 전부다. 게나지 티모페예비치 라프수이는 천둥소리처럼 울리는 7각 북으로 주술의식을 행했다.

악기를 조율하는 주요방법은 열을 가하는 것이다. 북을 가열하고 난 후, 샤먼은 북의 얇은 가죽막이 적당하게 데워졌는지 확인하며 북을 두드려 본다. 샤먼은 북의 양면을 모닥불에 쬐어 필요한 상태가 되도록 점검한다. 모닥불에 충분히 쬐어 북을 말린 후에 온기가 식지 않도록 뒤집어서 바닥에 내려놓는다는 것은 주술의식 준비가 완료되었다는 신호이다. 서사가요 흐이나브츠에서는 이 순간이 '천막 화로의 들보에 놓인 북이 잠시 후 스스로 울리기 시작한다'며 언제나 서정적으로 묘사된다. 샤먼이 일어서서 손으로 북을 두드리며 점검하다가 샤먼은 잠시 눈을 감은 채 북채를 들어 강하게 북을 치며 노래하기 시작한다. 이 순간 주술의식에는 가상적으로 참여하는 것은 펜제르타 헤헤(북의 신 = 샤먼의 수호자)와 타데뱌 자신인 넨자민쟈(길안내 순록이자, 신의 통역자)다. 그리고 샤먼의 조수인텔탕고다 펠레이다(두 번째 길안내 순록)이 참여한다. 샤먼은 북의 영력을 느끼면서 조력자인 영령을 부르기 시작하다. 영령을 부르기 위해 샤먼은 자신의 전령인 쇠로 만든 독수리(샤먼의 전령인 야드네 크이랄로이)를 파견한다. 무쇠 독수리는 샤먼의 부름을 받고 모든 영령들에게 선언한다. "오늘 우리는 의식을 행합니다". 그는 30~60분에 걸쳐 노래를 부르기 시작한다. 무쇠 독수리가 신성한 들보 '심즈이'의 끝에서 다시 울기 시작한다. 그리고 샤먼의 영향 아래 있는 모든 영령들에게 알린다. 그가 모든 영혼들에게 소식을 전하면 모든 사람들은 이렇게 외친다. "진실이고, 진실이고, 진실이로다!" 그러면 샤먼은 등불을 든 여인에게 이렇게 말한다. "우리는 거주지를 정화시켜야 하리라. 우리의 머리가 너무 무겁구나." 그 여자는 기름을 일곱 번 뿌리고 등불에 검은 담비 수지를 던진다.

샤먼은 무아경지에 빠지며 일어난다. 그는 태양이 도는 방향으로 모닥불을 일곱 바퀴 돈다. 조수는 샤먼의 행동을 그대로 따라한다. 조수(텔탕고다)들 중에는 샤먼을 앞질러 걷는 사람들도 있다. 그러면 샤먼은 북채로 그의 이마를 내려치면서 그의 도움을 거절하며 이렇게 말한다. "내게 다른 조수를 보내다오. 누가 나의 조수가 되겠는가?" 훌륭한 조수는 샤먼이 문장이나 노래 소절을 마치는 순간, 노래를 시작해야 한다. 조수 텔탕고다가 자신의 소절을 끝내면 샤먼이 다시 노래를 시작한다. 주술의식은 이런 식으로 계속된다. 샤먼이 독수리를 보내 땅의 영혼들, 지하의 일곱 영혼들을 불러낸다. 그리고 다시 30—60분 동안 의식을 진행한다. 샤먼은 말한다. "내가 모든 이들에게 알렸으니, 다리를 오므리라. 너희들의 할미 신 야뮤냐가 오신다." 이제 모든 신들이 불려나왔다. 하늘의 신들, 땅의 신들, 샤만 속에 머무는 모든 신들, 일곱 개의 영구 동토에 사는 지하의 신들, 모두가 불려나왔다. 관중들은 소리친다. "진실이고, 진실이고, 진실이로다!" 그러면 샤먼은 이렇게 말한다. "할멈들아, 다리를 오므려라, 너희들의 자식들이 밖으로 새나간다." 그는 이 소절을 서너 차례 반복한다. 그 후 밖으로 돌아다니며 휴식도 취하고 물도 마신다. 그 다음 모든 사람들은 다시 천막 안으로 들어온다. 천막은 사람들로 가득 차고, 사람들과 모닥불의 열기로 달아오른다. 모두가 소리친다. "진실이고, 진실이고, 진실이로다!" 그때 샤먼의 영향 아래 있는 모든 신, 영령들이 모인다. 샤

면은 땅의 신들, 일곱 동토에 살고 있는 신들의 이름을 하나하나 부르며 소개한다. 샤먼이 누구를 위해 주술의식을 행하는가에 따라, 의뢰인(보통의 경우는 천막 주인을 위해)에게 운명과 미래의 사건들을 예언한다. 천막 주인은 묻는다. "내가 어떻게 살아갈까요, 내 인생은 어떻게 될까요? 생업 운은 어떨까요?" 샤먼은 위대하고 위대한 행복신에게 기원하고, 하늘에 기원하고, 땅의 신들, 지하의 신 느가에게 기원한다. 샤먼은 모든 신들, 모든 지하의 신들에게 의뢰인의 행복과 성공을 기원한다. 샤먼 영향 아래 있는 영령들은 자기들끼리 대화를 주고받은 후, 샤먼에게 무엇이 어떻다고 이야기한다. 샤먼은 북을 치고 노래하며, 그의 조수 또한 노래한다. "천막의 가족들에게서 우리는 어떤 나쁜 기운도 보지 못하였도다. 생업도 모두 성공적이리라."

천막 주인을 위한 예언을 마친 후 신들은 어떤 색깔의 순록을 하늘에 제물로 바칠지 조언한다. 제물로 바칠 순록은 수컷이고 멍에를 진 적이 없어야 바람직하다고 샤먼이 알려준다. 그러면 모든 참관자들은 이렇게 외친다. "진실이고, 진실이고, 진실이로다!"

그 후 샤먼은 다른 참관자를 대상으로 예언하기 시작한다. 그들 가운데 불행과 손해를 입게 될 사람들이 혹시 있더라도 샤먼은 불행이 닥칠 사람의 이름을 직접 거론하지 않고 암시만 한다. 그 사람이 먼저 눈치 채고 샤먼에게 이렇게 청한다. "그러면 제 미래를 풀어주시고, 제 미래가 어떤지 말씀해주세요, 신들의 말씀을 전혀 이해하지 못 합니다." 샤먼은 다시 북을 덥히고, 다시 신들에게 질문한다. 샤먼은 제자리에 서서 잠시 침묵한다. 그는 불행한 예언을 하고 싶지 않기 때문에 '신들이 아무 말도 하지 않았노라'고 대답한다. 그러면 예언을 기다리던 사람은 침묵하고 만다. 샤먼은 모든 관중들에게 미래를 예언한다. 그 한 사람만 제외하고 모든 사람들에게 행복을 예언한다.

그 후 샤먼은 말한다. "알량고라(낮)가 잠에서 깨어나기 시작했도다." 그 말과 더불어 샤먼은 참석한 신들을 모두 배웅하기 시작하는데, 몇몇 신들에게는 '잠시 남아서 함께 해 주소서'라고 말한다. 샤먼은 가장 먼저 하늘의 신들을 배웅하고, 그 후에 땅의 신들의 배웅하며 그 중 일부 신들은 남게 하고, 지하의 신들도 배웅하되 그 중 일부 신들도 남게 한다.

주술 의식을 마친 후 샤먼은 북을 천막의 성소에 내려놓는다. 성소를 가로질러 탁자를 세우고 음식과 음료를 차린다. 사람들은 모든 음식을 식탁에 올린 후에 먹는다. 이웃 천막의 사람들도 집으로 돌아가고, 이웃 지역의 사람들도 자신의 지역으로 돌아간다. 아침식사 이후에 주술의식을 치른 사람들은 비로소 잠자리에 든다. 해가 뜨고 잠에서 깨면, 사람들은 제사 준비를 시작한다. 그들은 제물로 바칠 동물의 머리나 담비 수지로 정화 의식을 치른다. 그리고 제물로 바쳤던 순록의 고기를 삶고, 소량의 포도주를 올리고, 차를 마신다.

여기서 살펴본 바처럼 '주술의식'은 다음과 같은 과정으로 나뉜다. I. 참관자들이 천막에 모임 II. 주술 의식: 1. 북을 덥히고 조율하기 2. 샤먼의 치장과 목청 점검 3. 조력자들의 초빙. 샤먼은 무쇠 독수리를 보내 천상의 신들을 초대하고 천상의 신들이 도착한다 4. 한 여인이 참관자들을 모두 정화시키는 의식 5. 샤먼이 무쇠 독수리를 보내 땅의 신들과 지하의 일곱 신을 초대 6. 샤먼이 야모니(할멈 신)의 도착을 알림 7. 사건의 진실을 참관자들에게 공표 8. 의식 참여자들의 휴식 9. 영령들의 이름을 부르며 소개 10. 영령들에게 미래에 대한 예언을 청원 11. 인간사에 대한 신들의 토론과 사람들을 향한 조언

12. 샤먼이 신들의 예언을 천막의 주인에게 전달하고 신들께 바칠 순록 제물에 대해 조언 13. 샤먼이 의식에 참여한 다른 사람들에게 신들의 예언을 전달 14. '동행'을 위해 일부 땅의 신들을 제외한 천상의 신, 땅의 신, 지하의 신들을 배웅 Ⅲ. 이웃 천막에 사는 사람들과 다른 지역 사람들은 돌아감 Ⅳ. 의식을 행한 천막 식구들은 잠을 청함 Ⅴ. 제사 의식. 이 의식은 우주의 모든 것들과의 영원한 관계를 분명하게 보여준다.

모든 주술의식의 특징들, 그 중에서도 본인이 기술한 특징들은 주술의식에서 일어나는 과정을 간략하게 스케치한 것일 뿐이다. 따라서 샤먼과 주술의식의 참여자들과 참관자들의 다양한 세계상을 설명하기 위해서 연구자들이 녹음한 샤먼적 주술행위의 노래 텍스트들을 면밀히 살펴보아야 한다. 글 속에서 필자가 그것을 민속적 기념비라고 부르는 이유는 그것들이 샤먼의 조력자들이나 그 의식에 참여한 참관자들에 의해 수행되는 주술의식의 요소들이기 때문이다. 이런 텍스트를 녹음한 것은 대단한 행운이었으며, 학자들의 채집 작업에서 한 모범이 될 수 있다.

가령, 〈삼브다브츠〉에는 천지 창조와 샤먼의 탄생에 대한 신화들이 혼합되어 있다.

1~9소절 – 수집가에게 본 텍스트를 차후 청자들에게 전수하도록 가르침.

10~168 소절 – 물새는 어떻게 물에서 모래, 진흙, 풀을 구했는지, 그리고 눔이 그것으로 땅을 어떻게 창조했는지에 관한 신화.

169~235 소절 – 눔과 느가가 자신의 어머니인 위대한 밤의 딸에게 땅을 보여줌. 그녀는 별들 사이에서 밤의 후광을 받으며 성장. 그녀는 땅이 맘에 들지 않자 자식들에게 붉은(아름다운) 땅으로 만들어 달라고 부탁. 눔은 어머

니를 위해 붉은 땅을 만들어 그 곳에서 머물게 함.

236~249 소절 – 느가는 별들 사이에서 밤의 후광을 받으며 자란 밤의 딸(어머니)을 설득하여 붉은 땅을 지하로 가져가고 그 곳에 머물게 함.

250~349 소절 – 땅으로 인한 눔가 느가의 전쟁(땅을 누구에게 줄 것인가, 느가가 땅을 원하면, 눔도 양보하지 않았다)은 7일 동안, 14개월 동안, 7달 동안, 7일 동안, 70년 동안, 10년 동안 발생했고 그들은 화해함.

350~389 소절 – 눔이 어떻게 태양을 창조하고, 느가가 달을 창조했는지에 대한 신화.

390~571 소절 – 눔가과 느가가 어떻게 인간, 개, 순록을 만들었으며, 그 피조물의 형상을 이해하기 위한 그들 사이의 투쟁 신화.

572~583 소절 – 따뜻한 땅에서 인간과 개의 행복한 생활.

584~649소절 – 어떻게 느가가 개에게 털을 입히고, 인간들은 어떻게 질병에 걸렸으며, 인간들이 개의 가죽을 어떻게 수집했는지에 대한 신화.

650~663 소절 – 눔은 인간의 배신행위에 개에게 벌을 주고, 개에게는 개의 삶을, 인간에게는 따뜻한 옷과 사냥법을 가르침.

664~689 소절 – 눔은 모래로 여자를 만들고 남자와 여자에게 이르기를 그들도 자신과 유사한 존재를 만들 수 있다고 말해줌. 남자와 여자로부터 많은 사람들이 출생. 여자들은 개가죽을 이용해 외투를 만들기 시작.

690~807소절 – 눔은 인간에게 어떻게 샤먼의 지식을 전하고 북의 제조법을 어떻게 전했는지, 또 샤먼 선택의 표식을 어떻게 보여 주고 또 어떻게 인간에게 새의 언어를 가르쳤으며 질병 치료법은 어떻게 전했는지에 대한 신화.

808~825 소절 – 에필로그: 눔은 하늘(우주)로 떠나고, 느가는 인간의 곁에

머묾.

삼바다브츠는 위에 기술한 것과 더불어 샤먼 느고크테토 Ngoktetto의 노래가 있는데, 이 장르 중에서 가장 긴 작품이기도 하다. 그것은 네네츠 샤먼 신화의 백과사전에 해당된다. 타데뱌 느고크테토는 일곱 뿔이 달린 순록을 타고 눔에게 날아가서 하늘의 소식을 가져온다. 샤먼은 다음과 같이 자신의 노래를 마친다.

이 땅의 사람들이여, 잘 들을지어다!

여기에 있는 자들이여, 잘 들을지어다!

위대한 눔이 나를 풀어 주셨도다.

나는 일곱 뿔이 달린 순록을 타고 일곱 하늘로 날아갔노라.

눔의 일곱 아들이 나를 도왔도다.

일곱 뿔의 순록은 바람처럼 질주했도다.

민레이minrei 새가 멀리 날아갔도다.

나는 무사히 너희들에게 돌아왔도다.

내가 너희들에게 전할 말은 바로 이것이로다.

오, 위대한 눔이시어, 우리를 도와주소서!

오, 달의 얼굴을 한 야미냐여, 우리를 도와주소서!

오, 일곱 하늘의 자녀들이여, 우리를 도와주소서!

이 땅의 거주자들아, 잘 들을지어다!

여기에 있는 자들이여, 잘 들을지어다!

우리의 운명은 우리 자신에게 달려있노라.

느가로 가는 길을 막으라.

마음속에 악의를 품지 마라.

암흑의 사람들이 가져온 이 돌이 그들의 무덤이 되게 하라!

위대한 느가를 향해 가는 문을 닫으라.

오, 위대한 늄이시어! 우리를 도와주소서!

오, 달의 얼굴을 한 야미냐여, 우리를 도와주소서!

오 일곱 하늘의 자녀들이여, 우리를 도와주소서!

이것은 네네츠인들의 영혼을 하나로 묶는 국가이기도 하다.

샤먼 노래의 기법을 흐이나브츠는 잘 보여주고 있다. 흐이나브츠의 주인공 '외아들—하류치'는 샤먼이 되어 하늘 지배자의 거처에서 북을 들고 주술 의식을 행하는데, 그의 조수는 바프로—페드로 Vapro—Pedro(하늘 지배자의 거주자)인 것이다.

이처럼 네네츠인들의 민요에는 다양한 단계의 주술적 현상들이 나타나 있다. 무엇보다도 전능한 남성용사와 여성용사는 타데뱌와 삼바나보다 높은 존재에 해당한다. 그들은 날씨를 관장하고 사람들을 치료하고 소생시키며, 인간의 행복을 위해 온갖 괴물들과 싸운다. 민요 속에서는 주인공 삼바나들이 등장하는데, 그들의 사명은 죽은 자들의 영혼을 이승으로 다시 데려오는 것이다. 그 다음으로 타데뱌도 등장하는데, 그는 다른 인물들과는 구별되는 능력의 소유자이다. 그리고 네네츠 민요 속에는 마침내 툰구스 족과 느가나산 족의 샤먼, 타데뱌들이 등장하는데, 주인공들은 그들에게 두려움을 느끼

앞의 가사를 악보로 표현한 것이다.

이것은 저자가 1993년에 녹음을 한 것을 Ya. 니에그미가 악보로 옮긴 것이다.

지만, 문헌을 확인한 결과 주인공인 네네츠 인들 보다 약한 존재였다. 마지막 작품은 예외적으로 툰구스 족 출신의 소년이 실질적이고 현실적인 주술적 능력을 갖추게 되는 과정을 보여준다.

　지난날 20세기의 소비에트 정부는 공식적으로 무신론을 지향했고, 다양한 이유를 들며 샤먼들을 박해했음에도 네네츠인들은 주술적 세계관을 잘 보존해왔다. 이 저서의 자료들이 바로 그것을 증명하고 있다. 그럼에도 불구하고 현재 네네츠 땅에서는 많은 샤먼 양성 기관이 사라졌고, 그 결과 아이들이 무병을 앓는 경우가 빈번하다. 그 질병의 징후를 의사들은 신경성 혹은 심리적 질환이라고 이해한다. 의사들은 약으로 '무병 환자들'을 정밀하고 체계적으로 치료하지만 무병을 앓는 사람들을 고치기는커녕 완전히 전혀 다른 사람으로 만들고 또 때로는 치명적인 결과를 낳기도 한다.

| 주요 네네츠 용어들 |

아르기쉬 argish (또는 뮤드 mjud) : 순록 행렬

바다—슈드바브츠 vada—sudbavts : 단어—노래로서 주인공 활동의 원동력, 그의 보호자이자 동반자. 때때로 이야기 속에서 벌어지는 사건을 확인해주는 관찰자에 머물기도 한다.

구시 gusi (소오크 sook, 사바크 savak, 소비크 sovik) : 몹시 추운 날 저고리 위에 걸치는, 모자가 달린 남성용 가죽 외투

냐 포가 nja poga : 나무 또는 나무 껍질로 만든 어망. 오늘날에도 숲지대에 거주하는 네네츠 사람들은 강에 이 기구를 설치한다.

키스이 kisy (또는 피바 piva) : 남녀용의 목이 긴 가죽장화. 겉은 순록 발목 가죽으로 만들고, 속은 털이 많은 가죽을 안감으로 사용한다.

코프일랴 kopyljja (또는 한네 xan'ne") : 썰매의 발

라하나코 laxanako : 1) 네네츠 민요의 한 장르로서 많은 연구자들은 옛날 이야기라고 하지만, 창작자들은 신화—옛이야기라고 부른다. 2) 텍스트는 그 장르의 내러티브이다. 3) 단어는 사건의 동력이자 고통받는 사람들에게 생명력을 부여하는 후견인이 되는 역동적인 조연.

말리차 Malitsa : 안팎을 가죽으로 댄 남성용 가죽옷. 동부 네네츠 인들의 말리차에는 모자가 달려있으나, 모자 대신 높은 옷깃이 달린 경우도 있다.

만달라 Mandala : 큰 집회

므이니코 Myniko : 주인공들에게 생명력을 불어넣어 주는 역동적인 조연인 단어의 형상

노브 라하나 Nob laxanana : '항상 말하는 자'라는 뜻으로 역동적인 조연이자, 우주의 분출물, 새 소식의 전령

네달라바 Nedalava : 순록을 타고 가는 5~15 킬로미터 사이의 이동구간

파르네 Parne : 민요에 등장하는 여인. 식인 거인의 아내로서 인간 여인과 대비된다.

삼바다브츠 Sambadabts : 샤먼의 주술 노래

삼바나 Sambana : 죽은 사람들의 영혼을 죽음의 왕국으로 인도하는 샤먼

슈드바브츠 Sudbavts : 에피소드식 옛날이야기. 등장인물은 용사이며, 주제는 아내 약탈, 피의 복수 등이다.

슈드바브차르카 Sudbavtsarka : 슈드바브츠의 중간 형태를 취한 에피소드식 옛날이야기의 하위 장르. 이 장르는 슈드바브츠에 가깝지만 보다 사실적인 이야기를 다룬다는 점에서 차이가 있다. 전형적인 생활양식과 제도, 그 디테일, 행동규범 등이 작품 속에 들어있다.

타데뱌 Tadebja : 샤먼

텔탕고다 Teltangoda : 1) 슈드바브츠, 야르브츠, 흐이나브츠, 라하나코 등의 민요 장르를 연행하는 부(두 번째) 연행자. 2) 샤먼의 보조

호레이 Xorei : 순록을 다룰 때 사용하는 나무 장대로 그 길이는 5~6미터에 달한다.

흐이나브츠 Xynabts : 1) 실록적 특성을 지닌 에피소드식 노래 장르. 네네츠가 러시아로 통합될 시기의 역사적 사실을 다룬다. 몇몇 작품들은 역사적 기록을 바탕으로 만들었다. 2) 역동적인 조연. 이 노래 장르의 의인화된 형상으로 '흐이나브츠가 그들을 만난 후로...'라는 패턴을 취한다.

야브말 Javmal : 큰 강의 수원. 민요 속에서 그 중요한 기능은 선량한 인간들을 위해 벌이는 지상의 괴물과의 투쟁이다.

야구쉬카 Jagushka (또는 파느이 pany) : 털가죽으로 안감을 댄 여성용 가죽 외투로 단추가 없는 것이 특징이다.

야르브츠 Jarbts : 1) '내 이성이 눈 떴을 때' 또는 '내가 태어났을 때' 등의 패턴으로 주인공이 주변 세계를 인식하는 의인화된 서사시 장르 2) 주인공의 고난, 역경, 투쟁, 승리 등을 다룬 에피소드식 옛날이야기. 주인공이 노래하는 형식을 취한다.

야라브차르카 Jarabtsarka : 주제적으로 볼 때 야라브츠에 가까운 옛날이야기. 드물게는 등장인물의 고행을 필수적으로 삽입시킨 생활 이야기.

역자후기

　역자는 인류학자도 민속학자도 아니다. 그럼에도 불구하고 네네츠 인들의 문화와 이 책에 흥미를 느끼게 된 것은 러시아 친구로부터 전해들은 이야기가 큰 감동과 호기심을 불러일으켰기 때문이다. 툰드라에서는 세 살배기 어린 꼬마도 영하 40도의 추운 겨울 아침에 잠에서 깨어나자마자 천막 밖으로 나가 설원을 향해 자신만의 리듬으로 지난밤의 이야기를 읊어댄다고 한다. "오, 어머니 대자연이시어, 지난밤 나의 순록이 사라지는 꿈을 꾸었습니다……." 형식적인 면에서 그 시는 투박할지 모르나, 자연스럽게 터져 나오는 네네츠 꼬마의 언어에는 대자연과의 영적 소통이 느껴진다. 이런 식으로 비록 활자화되지는 않았지만 모든 네네츠 인들은 자신만의 구전시를 수백 편씩 가지고 있다고 한다. 가히 세계에서 가장 문학적인 민족, 진정으로 시가 생활의 일부인 민족이라 하지 않을 수 없다.

　이 책은 현재 지구상에서 유일한 순록유목민족으로 남아있는 툰드라 네네츠 인들의 민요에 관한 연구서이다. 본래의 책제목은 《네네츠 민요 속의 세계상》(2007)으로, 구전민요를 통해 네네츠 인들의 우주관, 자연관, 언어관, 전통문화, 역사, 풍습 등을 분석하고 그 의미를 규명하고자 한 시도이다. 이 책의 특징이라면 거의 러시아 학자들에 의해 진행되어 온 기존의 연구서와는 달리, 마흔 살까지 네네츠 부족원의 한 사람으로 거친 툰드라 유목생활을 직접 체험한 네네츠 출신 학자의 첫 결실이라는 점이다. 따라서 이 책은 유럽적 방법론과 축적된 성과를 활용하면서도 거기에서 늘 빗겨나 있으며, 저자 자신도 네네츠 문화를 보호하고 전승시키려는 샤먼적 사명 의식에 충만해 있기도 하다.

이 책은 기본적으로는 러시아 어로 쓰여 있지만, 예시된 수많은 민요 작품들은 러시아 문자를 차용한 네네츠 어로 병기되어 있다. 이때 저자는 번역이 불가능한 용어는 네네츠 어를 그대로 사용하고 있으며, 러시아 어로 번역된 용어라 할지라도 언어학적 민속학적 기원을 통해 본원적 개념에 접근하고 있다. 그래서 이 책의 서술은 네네츠 문화에 생소한 우리들에게는 매우 장황하거나 낯설게 여겨질 수 있다. 물론 이 책의 한 문장 한 문장, 한 단어 한 단어를 번역하는 과정에서 역자 역시 상당한 곤혹스러움에 직면해야 했다. 따라서 행여 필요 없다고 여겨질 네네츠 단어의 경우라도 원음을 살리도록 영문 알파벳으로 표기하는 한편, 우리들로선 네네츠 언어 규칙이나 단어에 대한 최소한의 지식도 없기 때문에 러시아 문자로 음역된 네네츠 문장들을 본문에서 과감하게 생략했다.

이 책은 1장에서 네네츠 인들의 우주관, 세계관, 남성적 집단문화 현상으로서의 하사바됴바, 순록가죽으로 만든 이동식 천막의 의미를, 2장에서 민요 속에 나타나는 여러 존재들을, 3장에서는 우주 에너지로 이해되는 신비한 단어/바다의 형식에 따라 분류되는 민요장르들을, 4장에서는 샤먼의 형상과 주술용으로 사용되는 북의 의미와 기능 등을 다루고 있다. 그런데 여기서 다루는 대부분의 민요 작품들은 일반 민중들로부터 채집된 것이라기보다는 대부분이 샤먼이나 민요의 연행자들이 오랫동안 보존해온 작품들이라는 사실이다. 따라서 예시된 작품들이 흔히 비현실적이거나 비약적인 내용으로 가득 차 있는 것은 보통사람들이 샤먼이 되는 과정에서 앓는 무병 이야기나 샤먼들의 꿈과 언어 이야기라는 점을 고려해야 할 것이다. 이 책에서 특별히 강조하지는 않지만, 저자는 혹독한 대자연 속에서 살아남은 네네츠 인들의 문화적 본질이 바로 샤먼 문화임을 은연중 내비치고 있다.

한 사석에서 저자 푸쉬카료바는 네네츠 어와 발음이 비슷한 단어가 한국 단어가 있지 않느냐고 역자에게 물은 적이 있다. 그녀의 질문에는 우랄—알타이 어를 사용하는 네네츠 인들과 한국인들이 동일한 민족적 기원을 갖는 것이 당연하다는 확신이 들어 있었다. 내가 이 책을 번역하는 동안 발견한 유사한 단어는 '할머니'라는 의미의 '아마니'와 '아가씨'란 의미의 '악카'라는 단어뿐이었다. 그것은 역자의 언어학적 시야가 그만큼 좁은 이유 때문일 것이다. 이 책이 어떤 독자를 만나고 어떤 학문적 성과로 발전해갈지는 현재로선 미지수이지만, 인류학적, 민속학적, 언어학적, 문학적 가치를 지닌 소중한 자료라는 생각은 지울 수 없다. 이 책의 번역과 관련한 문제는 전적으로 역자의 책임에 있음을 밝혀둔다.

Аверинцев, 1973 – Аверинцев С.С. Логос // БСЭ, т. 14, М.: Советская энциклопедия, 1973. – С. 609.

Аврорин, Лебедева, 1966 – Аврорин В.А., Лебедева Е.П. Введение // Орочские сказки и мифы. – Новосибирск: Наука, 1966. – С. 1–32.

Аврорин, 1975 – Аврорин В.А. Проблемы изучения функциональной стороны языка (к вопросу о предмете социолингвистики). – Л.: Наука, Ленингр. отд., 1975. – 276 с.

Акимов, 2001 – Акимов А.Е. Взгляд физика на феноменологию шаманства и иных традиционных верований и практик // Шаманизм и иные традиционные верования и практики. Материалы международного конгресса. Москва, Россия, 7–12 июня 1999 г. Ч. 3. – М., 2001. – С. 20–32. (Этнологические исследования по шаманству и иным традиционным верованиям и практикам. Т. 5)

Анисимов, 1959 – Анисимов А.Ф. Космологические представления народов Севера. – М.; Л.: Изд-во АН СССР, 1959. – 106 с.

Афанасьев, 1983 – Афанасьев А.Н. Древо жизни: Избранные статьи. – М.: Современник, 1983. – 464 с.

Байбурин, 1983 – Байбурин А.К. Жилище в обрядах и представлениях восточных славян. – Л., 1983. – 350 с.

Баранникова, 1978 – Баранникова Е.В. Бурятские волшебно-фантастические сказки. – Новосибирск: Наука. Сиб. отд., 1978. – 254 с.

Бармич, 1972 – Бармич М.Я. Названия оленей в говорах ненецкого языка // XXV Герценовские чтения. Филол. науки. – Л.: ЛГПИ, 1972. – С. 169–171.

Бармич, 1975а – Бармич М.Я. Названия головных уборов в говорах и художественной литературе ненцев // XXVII Герценовские чтения. Филол. науки. – Л.: ЛГПИ, 1975. – С. 115–118.

Бармич, 1975б – Бармич М.Я. Личные имена канинских ненцев // XXVIII Герценовские чтения. Филол. науки. – Л.: ЛГПИ, 1975. – С. 128–131.

Бармич, 1980а – Бармич М.Я. Семантика личных имён ненцев // Лексико-грамматические исследования языков народов Севера СССР. – Л.: ЛГПИ, 1980. – С. 83–102.

Басилов, 1984 – Басилов В.Н. Избранники духов. – М.: Политиздат, 1984. – 208 с.

Бауло, 2002 – Бауло А.В. Обские угры: атрибутика и миф (металл в религиозно-обрядовой практике XVIII–XX вв.). Специальность 07.00.07 – этнография, этнология и антропология. Автореф. на соис. уч. степ. докт. истор. наук. – Новосибирск: Ин-т археологии и этнографии СО РАН, 2002. – 46 с.

Бахрушин, 1925 – Бахрушин С.В. Самоеды в 17 веке // Северная Азия. Общ.-научный журнал. Кн. 5–6, 1925 г. – С. 85–94.

Березкин, 1996 – Березкин Ю.Е. Каталог мифологических сюжетов индейцев Южной и Центральной Америки. Первые результаты компьютерной обработки // Гуманитарная наука в России: Соросовские лауреаты. История. Археология. Культурная антропология и этнография. – М.: Международный научный фонд, 1996. – С. 337–344.

Библия, 1988 – Библия. – М., 1988. – 2000 с.

Бобрикова, 1965 – Бобрикова Л.Ф. О прозаических жанрах фольклора у ненцев Ямала // В помощь учителю школ Севера. Вып. 13. – М.; Л.: Просвещение, 1965. – С. 80–86.

Бобрикова, 1966 – Бобрикова Л.Ф. К вопросу о бытовании фольклора у ненцев Ямала // Языки и фольклор народов Крайнего Севера. – Л.: ЛГПИ, 1966. – С. 203–208.

Бобрикова, 1967 – Бобрикова Л.Ф. Ваули Ненянг // Учёные записки ЛГПИ им. А.И. Герцена. Т. 353. – Л., 1967. – С. 146–154.

Богатырев, 1971 – Богатырев П.Г. Вопросы теории народного искусства. – М.: Искусство, 1971. – 544 с.

Богданов, 1978 – Богданов И.А. Материалы экспедиции 1978 в Таймырский (Долгано-Ненецкий) автономный округ.

Богданов, 1986 – Богданов И.А. Материалы экспедиции 1986 года в Ненецкий автономный округ.

Богораз, 1910 – Богораз В.Г. К психологии шаманства у народов северо-восточной Азии. // Этнографическое обозрение: 1910, № 1–2. – С. 3–15.

Богораз-Тан, б.г. – Богораз-Тан В. Шаманство // Энциклопедический словарь Русского библиографического института Гранат. 7-е изд. Т. 49. – М.: Редакция и экспедиция «Русского библиографического института Гранат», без года. – С. 56–64.

Болдырева, Сотина, 1999 – Болдырева Л.Б., Сотина Н.Б. «Сверхъестественный параллельный» мир и сверхтекучий физический вакуум // Шаманизм и иные традиционные верования и практики. Материалы международного конгресса. Москва, Россия, 7–12 июня 1999 г. Ч. 1. – М., 1999. – С. 120–124. (Этнологические исследования по шаманству и иным традиционным верованиям и практикам. Т. 5)

Бродский, 1976 – Бродский И.А. К изучению музыки народов Севера РСФСР // Традиционное и современное народное музыкальное искусство: Сборник трудов Гос. муз.-пед. ин-та им. Гнесиных. – Вып. 29. – М: Ред.-изд. отдел Гос. муз.-пед. ин-та. 1976. – С. 244–257.

Бударин, 1964 – Бударин М.Е. Сын племени Ненянгов. – Свердловск: Средне-Уральское кн. изд-во, 1964. – 70 с.

Булгакова, 2001 – Булгакова Т.Д. Шаманство в традиционной нанайской культуре: системный анализ. АДД. Спец. – культурология. Спб.: РГПУ им. А.И. Герцена, 2001. – 45 с.

Вайнштейн, 1972 – Вайнштейн С.И. Историческая этнография тувинцев. Проблемы кочевого хозяйства. – М.: Наука. Гл. ред. восточ. лит-ры, 1972. – 314 с.

Вайнштейн, 1990 – Вайнштейн С.И. Очерк тувинского шаманства // Традиционная обрядность и мировоззрение малых народов Севера. – М., 1990.

Вайнштейн, 1991 – Вайнштейн С.И. Мир кочевников Центра Азии. – М.: Наука, 1991. – 296 с.

Вануйто, 2003 – Вануйто Г.И. Ненецкая антропонимия и топонимия Гыданского полуострова. Автореф. канд. дис. спец.: 10.02.02 – языки народов Российской Федерации. – СПБ.: РГПУ им. А.И. Герцена, 2003. – 18 с.

Васильев, 1935 – Васильев Ю.А. Собаки в фольклоре и культе северных народов // Советская Арктика. № 5. – С. 72–77.

Васильев, 1977 – Васильев В.И. Исторические предания ненцев как источник при исследовании этногенеза и этнической истории северосамодийских народов // Этническая история и фольклор. – М.: Наука, 1977. С. 113–126.

Васильев, 1979 – Васильев В.И. Проблемы формирования северосамодийских народностей. – М.: Наука, 1979. – 242 с.

Васильев, 1982 – Васильев В.И. Ненцы и энцы // Этническая история народов Севера. – М.: Наука, 1982. – С. 48–81.

Васильев, 1984 – Васильев В.И. Исторические основы некоторых жанров фольклора народов Севера // Фольклор и этнография. Сб. науч. тр. под ред. Б.Н. Путилова. – Л.: Наука, 1984. – С. 137–142.

Васильев, 1992 – Васильев В.И. Образ культурного героя в самодийской фольклорной традиции // Уральская мифология. Тезисы докладов международного симпозиума 5–10 августа 1992 г. – Сыктывкар: Коми научный центр Уральского отд. РАН, 1992. – С. 5–10.

Ващенко, 1989 – Ващенко А.В. Историко-эпический фольклор североамериканских индейцев: Типология и поэтика. / Отв. ред. В.М. Гацак; АН СССР, Ин-т мировой лит. им. А.М. Горького. – М.: Наука, 1989. – 238 с.

Вдовин, 1976 – От редактора // Природа и человек в религиозных представлениях народов Сибири и Севера (вт. пол. 19 – начало 20 в.). – Л.: Наука, 1976. – С. 3–10.

Вениамин, 1885 – Вениамин. Самоеды мезенские // Вестник ИРГО, 1885. Ч. XVI, кн. 3. – С. 77–140.

Вербов, 1939 – Вербов Г.Д. Полевые материалы экспедиции 1936–1937 гг. в Ямало-Ненецкий национальный округ // Архив МАЭ им. Петра Великого, ф. 2, оп. 1.

Вербов, 1937 – Вербов Г.Д. Ненецкие сказки и былины. Салехард: Изд-во Ямало-Ненецкого Комитета нового алфавита, 1937.

Вербов, 1939 – Вербов Г.Д. Пережитки родового строя у ненцев // Советская этнография, 1939, № 2. – С. 43–66.

Вербов, 1947 – Вербов Г.Д. Ненэця' хобцоко. (Ненецкие загадки). – Л.: Учпедгиз, 1947 – 26 с.

Вербов, 1973 – Вербов Г.Д. Диалект лесных ненцев // Самодийский сборник. – Новосибирск, 1973. – С. 3–171.

Вереш, 1990 – Вереш П. Этиологический миф обских угров о происхождении фратриальной организации и их модель мира // Мировоззрение финно-угорских народов. – Новосибирск, 1990. – С. 72–78.

Веселовский, 1903 – Веселовский А.Н. Шаманизмъ // Энциклопедический словарь. Издатели Ф.А. Брокгаузъ и И.А. Ефронъ. Т. 39. С.-Петербургъ: типография Акц. Общ. Брокгаузъ – Ефронъ, 1903. – С. 119–121.

Владимир, 1996 – Владимир Мономах. Поученье // Повесть временных лет / Подгот. Лихачев Д.С.; ред. Адрианова-Перетц В.П. – [2-е изд.] – СПб.: Наука, 1996. – С. 98–105.

Владыкин, 1994 – Владыкин В.Е. Религиозно-мифологическая картина мира удмуртов. – Ижевск: Удмуртия, 1994. – 384 с.

Волченко, 1999 – Волченко В.Н. Непостижимость и постижимость тонкого мира // Шаманизм и иные традиционные верования и практики. Материалы международного конгресса. Москва, Россия, 7–2 июня 1999 г. Ч. 1. – М., 1999. – С. 84–105. (Этологические исследования по шаманству и иным традиционным верованиям и практикам. Т. 5)

Гамкрелидзе, Иванов, 1984 – Гамкрелидзе Т.В., Иванов В.В. Индоевропейский язык и индоевропейцы. Книга вторая. Реконструкция и историко-типологический анализ праязыка и протокультуры. – Тбилиси: Изд-во Тбилисского ун-та, 1984. – 1231 с.

Гардамшина и др., 2006 – Гардамшина М.И., Чеботаева Н.А., Калитенко Е.В., Саврасова Г.П. Лесные ненцы. – Новосибирск. ИНФОЛИО, 2006. – 288 с.: ил.

Гачев, 1998 – Гачев Г.В. Национальные образы мира. Евразия – космос кочевника, земледельца и горца. – М., 1998. – 367 с.

Гемуев, 1990 – Гемуев И.Н. Мировоззрение манси. Дом и Космос. – Новосибирск, 1990. – 192 с.

Головнев, 1991 – Головнев А.В. Ненецкая легенда о глупом хозяине земли // Экспериментальная археология. – Тобольск: Изд-во Тобольского гос. пед. ин-та, 1991. – С. 140–157.

Головнев, 1995 – Головнев А.В. Говорящие культуры: традиции самодийцев и угров. – Екатеринбург: Уральское отд. РАН, 1995. – 606 с.

Головнев, 2004 – Кочевники тундры: ненцы и их фольклор. – Екатеринбург: УрО РАН, 2004. – 344 с.

Гомер, 1967 – Гомер. Илиада. Одиссея. – М.: Художественная литература, 1967.

Горохов, 1994 – Горохов С.Н. Эвенки // Народы России: энциклопедия / Гл. ред. В.А. Тишков – М.: Большая Российская энциклопедия, 1994. – С. 416–419.

Грачева, 1983 – Грачева Г.Н. Традиционное мировоззрение охотников Таймыра. – Л.: Наука, 1983. – 174 с.

Гринцер, 1974 – Гринцер П.А. Древнеиндийский эпос. Генезис и типология. – М.: Главная редакция восточной литературы издательства «Наука», 1974. – 419 с.

Гулевский, 1993 – Гулевский А.Н. Традиционные представления о собственности тундровых оленеводов России (конец XIX – XX век). – М., 1993. – 300 с.

Даль, 1995 – Даль В.И. Словарь живого великорусского языка. – М., 1995.

Десять дураков – Десять дураков // Симченко Ю.Б. Зимний маршрут по Гыдану. – М.: Мысль, 1975. – С. 96–110.

Долгих, 1961 – Долгих Б.О. Введение // Мифологические сказки и исторические предания энцев. – М.: Наука, 1961. – С. 3–14.

Долгих, 1976 – Долгих Б.О. Введение // Мифологические сказки и исторические предания нганасан. – М.: Наука, 1976. – С. 7–35.

Домовой, 1993 – Домовой из Хилтона. Английские народные сказки. – Ташкент: Главная редакция издательско-полиграфического концерна «Шарк», 1993. – 109 с.

Доннер, 1915 – Доннер К. Самоедский эпос // Труды Томского общества изучения Сибири. Томск. Т. 3, вып. 1. – С. 38–53.

Дунин-Горкавич, 1995 – Дунин-Горкавич А. Этнографический очерк местных инородцев // Исследователь Севера Александр Дунин-Горкавич. – М.: Галарт, 1995. – С. 47–98.

Дюмезиль, 1976 – Ж. Дюмезиль. Осетинский эпос и мифология / Пер. с франц. А.З. Алмазовой. Под ред. и с послесл. В.И. Абаева. – М.: Главная редакция восточной литературы изд-ва «Наука», 1976. – 276 с.

Евладов, 1992 – Евладов В.П. По тундрам Ямала к Белому острову. Экспедиция на Крайний Север полуострова Ямал в 1928–1929 гг. Институт проблем освоения Севера СО РАН. – Тюмень, 1992. – 281 с.

Емельянов, 1980 – Емельянов Н.В. Сюжеты якутских олонхо. – М.: Наука, 1980. – 375 с.

Ёмпу – Ёмпу // Симченко Ю.Б. Зимний маршрут по Гыдану. – М.: Мысль, 1975. – С. 128–131.

Жирмунский, 1961 – Жирмунский В.М. Вступительное слово // Основные проблемы изучения поэтического творчества народов Сибири и Дальнего Востока. – Улан-Удэ: Бурятский комплексный научно-исследовательский институт, 1961. – С. 8.

Жирмунский, 1962 – Жирмунский В.М. Народный героический эпос. Сравнительно-исторические очерки. – М.: Гослитиздат, Ленинград. отд., 1962. – 435 с.

Зеленин, 1936 – Зеленин Д.К. Культ онгонов в Сибири. – М.; Л.: Изд-во АН СССР, 1936. – 436 с.

Золотарев, 1934 – Золотарев А.М. Пережитки тотемизма у народов Сибири. – Л.: Изд-во ИНСа ЦИК СССР, 1934. – 52 с.

Иванов, 1991а – Иванов В.В., Топоров В.Н. Вилктаки // Мифы народов мира. Энциклопедия: в 2 т. – М.: Сов. энциклопедия, 1991. – Т. 1. А-К. – С. 236.

Иванов, 1991б – Иванов В.В. Волк // Мифы народов мира. Энциклопедия: в 2 т. / Гл. ред. С.А.Токарев. – М.: Сов. энциклопедия, 1991. – Т. 1. А-К. – 242 с.

Иванов, 1991 в – Иванов В.В., Топоров В.Н. Волкодлак // Мифы народов мира. Энциклопедия: в 2 т. – М.: Сов. энциклопедия, 1991. – Т. 1. А-К. – С. 242–243.

Иванов, Топоров, 2003 – Иванов Вс., Топоров В. Никола, Микола // Мифы народов мира. Т. 2. – М.: Большая российская энциклопедия, 2003. – С. 217–218.

Иванов С., 1963 – Иванов С.В. Орнамент народов Сибири как исторический источник. (По материалам XIX – начала XX вв.). Народы Севера и Дальнего Востока. – М.; Л.: Изд-во Акад. наук СССР, Ленингр. отд., 1963. – 500 с.

Иванов С., 1975 – Иванов С.В. Древние представления некоторых народов Сибири о слове, мышлении, образе // Страны и народы Востока. Вып. XVII, кн. 3. – М.: Наука, 1975. – С. 119–126.

Иванов С., 1975 – Иванов С.В. Маски народов Сибири. – Л.: Аврора, 1975. – 22,05 печ. л.

Ижмо-колвинский эпос – Ижмо-колвинский эпос // Коми народный эпос. Вступит. статья, перевод текстов песен, комментарии А.К. Микушева. – М., 1987. С. 66–319.

Источники, 1987 – Источники по этнографии Западной Сибири. Полевые экспедиционные материалы В.Н. Чернецова 1925–1938 гг. Публикацию подготовили докт. ист. наук Н.В.Лукина, О.М.Рындина – Томск: Изд-во Томского ун-та, 1987. – 390 с.

Карапетова, 1990 – Карапетова И.А. Промысловые культы лесных ненцев // Религиоведческие исследования в этнографических музеях. – Л.: Гос. музей этнографии народов СССР. 1990. – С. 59–67.

Карпов, 1996 – Карпов Ю.Ю. Джигит и волк. Мужские союзы в социокультурной традиции горцев Кавказа. – Санкт-Петербург: Музей антропологии и этнографии им. Петра Великого / Кунсткамера, 1996. – 311 с.

Карьялайнен, 1994 – Карьялайнен К.Ф. Религия горских народов. Т. 1. Перевод с нем. яз. и публикация д-ра ист. наук Н.В. Лукиной. – Томск: Изд-во Том. ун-та, 1994. – 152 с.

Карьялайнен, 1995 – Карьялайнен К.Ф. Религия горских народов. Т. 2. Перевод с нем. яз. и публикация д-ра ист. наук Н.В. Лукиной. – Томск: Изд-во Том. ун-та, 1995. – 280 с.

Карьялайнен, 1996 – Карьялайнен К.Ф. Религия горских народов. Т. 3. Перевод с нем. яз. и публикация д-ра ист. наук Н.В. Лукиной. – Томск: Изд-во Том. ун-та, 1996. – 247 с.

Квятковский, 1966 – Квятковский А. Поэтический словарь. – М.: Сов. энциклопедия, 1966. – 375 с.

Коми-зыряне, 1993 – Коми-зыряне. Историко-этнографический справочник / Сост. Н.Д. Конаков. – Сыктывкар: Коми кн. изд-во, 1993. – 176 с.

Кондрашов, Стреналюк, 2000 – Буддийские обряды и обычаи // Новейший справочник необходимых знаний. Сост. А.П. Кондрашов, Ю.В. Стреналюк. – М.: «РИПОЛ КЛАССИК», 2000. – С. 522.

Косарев, 1984 – Косарев М.Ф. Западная Сибирь в древности. – М.: Наука. 1984. – 245 с.

Косинская, Федорова, 1994 – Косинская Л.Л., Федорова Н.В. Археологическая карта Ямало-Ненецкого автономного округа. – Екатеринбург: Ин-т истории археологии УО РАН, 1994. – 114 с.

Костиков, 1930 – Костиков Л.В. Боговы олени в религиозных верованиях хасаво // Этнография, 1930, № 1–2. – С. 115–132.

Котляр, 2003 – Котляр Е.С. Номмо // Мифы народов мира. Т. 2. – М.: Большая российская энциклопедия, 2003. – С. 226.

Криничная, 1996 – Криничная Н.А. Феномен сказительного искусства. К реконструкции становления Т.Г. Рябинина как певца былин (некоторые аспекты изучения) // Гуманитарная наука в России: Соровские лауреаты. Филология. Литературоведение. Культурология. Лингвистика. Искусствознание. – М.: Международный научный фонд, 1996. – С. 46–53.

Криничная, 2000 – Криничная Н.А. Русская народная мифологическая проза. Истоки и полисемантизм образов. В трех томах. Т. 2: Былички, бывальщины, легенды, поверья о людях, обладающих магическими способностями. – Петрозаводск: Карельский научный центр РАН, 2000. – 410 с.

Криничная, 2001 – Криничная Н.А. Русская народная мифологическая проза. Истоки и полисемантизм образов. В трех томах. Т. 1: Былички, бывальщины, легенды, поверья о духах-«хозяевах». – СПб.: Наука, 2001. – 584 с.

Крывелев, 1975 – Крывелев И.А. История религии. Очерки в 2 т. Т. 1. – М.: Мысль, 1975. – 415 с.

Кузнецов, 1906 – Кузнецов С.К. Погребальные маски, их употребление и значение // ИОАИЭ. – Казань, 1906. – Т. 32, вып. 2. – С. 75–118.

Кузнецов, 1996 – Кузнецов М.П. География сакральных ландшафтов и оценка их роли в процессе восприятия коренными народами Больше- и Малоземельской тундры // Гуманитарная наука в России: Соровские лауреаты. История. Археология. Культурная антропология и этнография. – М.: Международный научный фонд, 1996. С. 352–357.

Куприянова, 1947а – Куприянова З.Н. Основные жанры ненецкого (юрако-самоедского) фольклора: Автореф. ... канд. дис. // Вестник ЛГУ. 1947, № 7. – С. 93–95.

Куприянова, 1947б – Куприянова З.Н. Основные жанры ненецкого (юрако-самоедского) фольклора. – Дис. ... канд. филол. наук. – Л., 1947. – 150 с. Приложения. – С. 151–557.

Куприянова, 1960 – Куприянова З.Н. Ненецкий фольклор. – Л.: Учпедгиз. 1960. – 315 с.

Куприянова, 1960а – Куприянова З.Н. Русская сказка в сказочном репертуаре ненцев // Ненецкий фольклор. – Л.: Учпедгиз, 1960. – С. 106–126.

Куприянова, 1965 – Куприянова З.Н. Введение // Эпические песни ненцев. – М.: Наука, 1965. – С. 7–56.

Куприянова, 1965а – Куприянова З.Н. Эпические песни ненцев: Автореф. дис. ... д-ра филол. наук. – Л.: ЛГПИ им. А.И. Герцена, 1965. – С. 40.

Куусинен, 1970 – Куусинен О.В. Эпос «Калевала» и его творцы // Избранные руны карело-финского народного эпоса. – Петрозаводск: Карелия, 1970. – С. 8–17.

Лабанаускас, 1992 – Лабанаускас К. Предисловие // Фольклор народов Таймыра. – Дудинка: Таймырский окружной центр народного творчества, 1992. – С. 3–5.

Лабанаускас, 1995 – Лабанаускас К. Предисловие // Ненецкий фольклор: Мифы, сказки, исторические предания. – Красноярск: Управление культуры администрации Таймырского автономного округа, 1995. – С. 3–6.

Лар, 1995 – Лар Л.А. Боги и шаманы ненцев Ямала // Народы Северо-Западной Сибири: Сборник / Под ред. Н.В. Лукиной. – Томск: Изд-во Томского ун-та, 1995. Вып. 2. – С. 161–177.

Лар, 1998 – Лар Л.А. Шаманы и боги. – Тюмень: Институт проблем освоения Севера СО РАН, 1998. – 126 с.

Лар, 1999 – Лар Л.А. Традиционное религиозное мировоззрение ненцев. Автореф. дис. ... канд. ист. наук. – СПб., 1999. – 26 с.

Лар, 2001 – Мифы и предания ненцев Ямала. Автор-составитель Л.А. Лар. Отв. ред. Е.Т. Пушкарева. – Тюмень: Изд-во Ин-та проблем освоения Севера СО РАН, 2001. – 292 с.

Лашук, 1972 – Лашук Л.П. Формирование народности коми. – М.: Изд-во Моск. ун-та., 1972. – 291 с.

Лебедева, 1981 – Лебедева Ж.К. Архаический эпос эвенов. – Новосибирск: Наука, 1981. – 158 с.

Левинтон, 1987 – Левинтон Г.А. Карлики // Мифы народов мира. Т. 1. – М.: Советская энциклопедия, 1987. – С. 623–624.

Лукина, 1983 – Лукина Н.В. Формы почитания собаки у народов Северной Азии // Ареальные исследования в языкознании и этнографии (язык и этнос). / Сб. науч. трудов. Отв. ред. Н.И. Толстой. – Л.: Наука. Ленинград. отд., 1983. – С. 226–233.

Майногашева, 1998 – Майногашева В.Е. Хакасский героический эпос Алтын-Арыг // Алтын-Арыг. Хакасский героический эпос. – М.: Наука. Главная редакция восточной литературы. 1988. – С. 490–534.

Мартынова, 1998 – Мартынова Е.П. Очерки истории и культуры хантов. – М.: Ин-т этнологии и антропологии РАН, 1998. – 235 с.

Мелетинский, 1973 – Мелетинский Е.М. Скандинавская мифология как система. – М.: Наука, 1973. – 17 с.

Мелетинский, 1976 – Мелетинский Е.М. Поэтика мифа. – М.: Наука, 1976. – 407 с.

Михайлов, 1980 – Михайлов Т.М. Из истории бурятского шаманизма (с древнейших времен до XVIII в.). – Новосибирск: Наука, 1980. – 320 с.

Михайлов, 1988 – Михайлов Т.М. Бурятский шаманизм: история, структура и социальные функции: Автореф. дис. на соиск. учен. степ. д-ра ист. наук (07.00.07) / Гос. Ком. СССР по нар. образованию. МГУ им. М.В. Ломоносова. Ист. фак. – М., 1988. – 35 с.

Мошинская, 1976 – Мошинская В.И. Древняя скульптура Урала и Западной Сибири. – М.: Наука, 1976. – 132 с.

Народные, 1991 – Народные знания. Фольклор. Народное искусство. Вып. 4. – М.: Наука, 1991. – 168 с.

Неко – Неко хадакенда вадако (Сказки бабушки Неко). Сказки обработала и перевела на рус. яз. Н.М.Терещенко. – Л.: Учпедгиз, 1949. – С. 5–114.

Ненецкие имена, 1979 – Ненецкие имена / Справочник личных имен народов РСФСР. – М., 1979. – С. 280–283.

Ненецкие сказки, 1936 – Ненецкие сказки // Ошаров М.И. Северные сказки. Новосибирск: Зап.-Сиб. краев. изд-во, 1936. – С. 191–225.

Ненецкие сказки, 1958 – Ненецкие сказки // Ошаров М.И. Северные сказки. – Новосибирск: Кн. Изд-во, 1958. – С. 68–74.

Ненецкие сказки, 1959 – Ненецкие сказки // Сказки народов Севера. Сост. М.Г. Воскобойников и Г.А. Меновщиков. – М. – Л.: Гослитиздат, 1959. – С. 75–88.

Ненецкие сказки, 1962 – Ненецкие сказки // Северные россыпи. Сост. Л.С. Лаптева. – Салехард, 1962. – С. 132–159.

Ненецкие сказки, 1966 – Ненецкие сказки // Ямальские зори. Сб. произв. местн. авторов. Сост. и ред. И.Г. Истомин. – Тюмень: Кн. изд-во, 1966. – С. 245–250.

Ненецкий фольклор, 1960 – Ненецкий фольклор. Сост. З.Н. Куприянова. – Л.: Учпедгиз, 1960. – 270 с.

Ненецкий фольклор, 1995 – Ненецкий фольклор. Мифы, сказки, исторические предания. Сост. и перев. К.И. Лабанаускас. – 170 с.

Ненянг, 1985 – Ненянг Л. Ненецкие песни. – Красноярск: Красноярское кн. изд-во, 1985. – 78 с.

Ненянг, 1992 – Ненянг Л. Народная мудрость // Ненянг Л. Не только бабушкины сказки: легенды, были, пословицы и поговорки, загадки и наставления, приметы и поверья. На русском и ненецком языках. / Художник Е.А. Бельмач. – Красноярск: Кн. изд-во, 1992. – 158 с.

Ненянг, 1994а – Ненянг Л.П. Загадки, пословицы, обереги, приметы. – Санкт-Петербург: Просвещение, 1994. – 80 с.

Ненянг, 1994б – Ненянг Л. Фольклор таймырских ненцев. В двух книгах. Книга 1: Сказки. – М.: Ин-т нац. проблем образования, 1994. – 174 с.

Ненянг, 1996а – Ненянг Л. Наши имена: К вопросу об имянаречении и бытовании собственных имен у ненцев Таймыра. Антропонимический очерк. – Спб.: отд. изд-ва «Просвещение», 1996. – 106 с.

Ненянг, 1996б – Ненянг Л. Фольклор таймырских ненцев. В двух книгах. Книга 2: Песни. Ходячий ум народа. Имена. – М.: Ин-т нац. проблем образования, 1996. – 170 с.

Николаев, 1985 – Николаев Р.В. Фольклор и вопросы этнической истории кетов. – Красноярск: Изд-во Краснояр. ун-та, 1985. – 127 с.

Новик, 1984 – Новик Е.С. Обряд и фольклор в сибирском шаманизме. – М.: Главная редакция восточной литературы, 1984. –304 с.

Новик, 1996 – Новик Е.С. Фольклор – обряд – верования: Опыт структурно-семиотического изучения текстов устной культуры. Автореф. дис. д-ра филол. наук (10.01.09) / Ин-т мировой литературы им. А.М. Горького. – М., 1996. – 55 с.

Новиков, 1974 – Новиков Н.В. Образы восточно-славянской волшебной сказки. – Л.: Наука, Ленинград. отд., 1974. – 255 с.

Носилов, 1898 – Носилов К.Д. Плясовая изба самоедов. – Православный благовестник, 1898. Т. 1, № 5. – С. 227–235.

НПХ, 2000 – Е.Т. Пушкарева. Ненецкие песни-хынабцы. – М.: Издательская фирма «Восточная литература» РАН, 2000. – 200 с.

НРС, 1965 – Ненецко-русский словарь. Около 22 000 слов. Сост. Н.М. Терещенко. – М.: Советская энциклопедия, 1965. – 942 с.

НЭ, 1990 – Н.М. Терещенко. Ненецкий эпос. Материалы и исследования по самодийским языкам. – Л.: Наука. Ленинград. отд., 1990. – 336 с.

Ня" дурымы", 2001 – Ня" дурымы" туобтугуйся (Нганасанская фольклорная хрестоматия). Сост К.И. Лабанаускас. – Дудинка: ГОУП РПК «Таймыр», 2001.

Оля, 1976 – Оля Б. (B. Holas) Боги тропической Африки. Пер. с франц. – М.: Наука, Главная редакция восточной литературы, 1976. – 286 с.

Ополовников, Ополовникова, 1998 – Ополовников А.К, Ополовникова Е.А. Древний Обдорск и заполярные города-легенды. – М.: «Ополо», 1998. – 400 с.

Осипова, 1969 – Осипова О.А. Структура гидронимов на – яха // Происхождение аборигенов Сибири и их языков: Материалы межвузовской конференции 11–13 мая 1969 г. / Томский государственный педагогический институт. Томск, 1969. – С. 98–100.

Ошаров, 1936 – Ошаров М.И. Северные сказки. – Новосибирск: Западно-Сибирское краевое изд-во, 1936. – 227 с.

Ошеров, 1967 – Ошеров С. Словарь мифологических и географических названий и имен // Гомер. Илиада. Одиссея. – М.: Художественная литература, 1967. – С. 740–764.

Патканов, 1891 – Патканов С.К. Тип остяцкого богатыря по остяцким былинам и героическим сказаниям. – Спб., 1891. – 75 с.

Петров, 1998 – Петров А.А. Язык и духовная культура тунгусоязычных народов: Этнолингвистические проблемы. – СПб.: Образование, 1998. – 88 с.

Пименова, 2007 – Пименова К.В. Возрождение и трансформация традиционных верований и практик тувинцев в постсоветский период (основные проблемы). АКД. Спец.: 07.00.07. – этнография, этнология и антропология. – М. 2007. – 27 с.

Плужников, 1999 – Плужников Н.В. Ненецкая топонимика на острове Вайгач // Остров Вайгач (Хэбидя Я – священный остров ненецкого народа). Природное и культурное наследие. Указатели, пояснительный текст к карте, справочные сведения. – М.: Российский НИИ культурного и природного наследия, Фонд полярных исследований, 1999. – 128 с.

Попов, 1958 – Попов А.А. Пережитки древних дорелигиозных воззрений долганов на природу // Советская этнография, 1958, № 2, С. 77-99.

Попова, 1976 – Попова Я.Н. Многовариантность произношения как характеристика артикуляционной базы ненецкого языка // Происхождение аборигенов Сибири и их языков. – Томск: Изд-во Том. ун-та, 1976. – С. 85–89.

Попова, 1978 – Попова Я.Н. Фонетические особенности лесного наречия ненецкого языка. – М.: Наука, 1978. – 172 с.

Прокофьев, архив – Прокофьев Г.Н. Фольклорные записи // Архив ИЭ (СПб.), ф. 6, № 10–11.

Прокофьева, 1961 – Прокофьева Е.Д. Шаманские бубны // Историко-этнографический атлас Сибири. – М. – Л.: Изд-во АН СССР, 1961. – С. 435–495 (ненцы. С. 437).

Прокофьева, 1971 – Прокофьева Е.Д. Шаманские костюмы народов Сибири // Сборник Музея антропологии и этнографии им. Петра Великого АН СССР. – Л., 1971, т. 27. – С. 5–100.

Пропп, 1958 – Пропп В.Я. Русский героический эпос. Изд. 2-е испр. – М.: Гослитиздат, Ленинград. отд., 1958. – 603 с.

Пропп, 1976 – Пропп В.Я. Фольклор и действительность. – М.: Наука, 1976, 350 с.

Путилов, 1972 – Путилов Б.Н. Эпос народов Сибири и его историческая типология // Вопросы языка и фольклора народностей Севера. – Якутск: Ин-т языка, литературы и истории Якутского филиала Сибирского отделения АН СССР, 1972. – С. 121–142.

Путилов, 1973 – Путилов Б.Н. Проблемы эпического певца и изучение эпоса народов Сибири // Эпическое творчество народов Сибири. – Улан-Удэ: АН СССР, Научный совет по фольклору. Институт мировой культуры им. А.М. Горького. Институт общественных наук Бурятского филиала Сибирского отделения АН СССР, 1973. – С. 11–12.

Путилов, 1980 – Путилов Б.Н. Миф – обряд – песня Новой Гвинеи. – М.: Наука, 1980. – 274 с.

Путилов, 1982 – Путилов Б.Н. Героический эпос черногорцев. – Л.: Наука, Ленинградское отд., 1982. – 229 с.

Путилов, 1997 – Путилов Б.Н. Эпическое сказительство. – М.: Издательская фирма «Восточная литература» РАН, 1997. – 295 с.

Путилов, 2001 – Путилов Б.Н. Древняя Русь в лицах: Боги, герои, люди. – СПб.: Азбука-Классика, 2001. – С. 107–115.

Пухов, 1975 – Пухов И.В. Олонхо – древний эпос якутов // Нюргун Боотур Стремительный. Якутский героический эпос олонхо. Воссоздал на основе народных сказаний Платон Ойунский. Пер. на рус. яз. В. Державин. – Якутск: Кн. изд-во, 1975. –432 с.

Пушкарев, 1983 – Пушкарев В.М. Новые свидетельства // Тайны веков. – М.: Молодая гвардия, 1983. – С. 53–61.

Пушкарева, 1973 – Пушкарева Е.Т. Полевые материалы 1973 г.

Пушкарева, 1978 – Пушкарева Е.Т. Полевые материалы 1978 г.

Пушкарева, 1979 – Пушкарева Е.Т. Полевые материалы 1979 г.

Пушкарева, 1980 – Пушкарева Е.Т. Отчет о фольклорной экспедиции в Ямало-Ненецкий автономный округ Тюменской области // Фольклор народов Севера СССР. – Л.: ЛГПИ, 1980. – С. 106–107.

Пушкарева, 1980а – Полевые материалы 1980 г.

Пушкарева, 1985 – Пушкарева Е.Т. О приключении младшего ханты // Легенды и мифы Севера. – М.: Современник, 1985. – С. 51–62.

Пушкарева, 1986а – Пушкарева Е.Т. Проблема разграничения мифа и сказки в фольклоре ненцев // Фольклор и этнография народов Севера. – Л.: ЛГПИ, 1986. – С. 51–57.

Пушкарева, 1986б – Пушкарева Е.Т. Тирлей. Публикация // Фольклор и этнография народов Севера. – Л.: ЛГПИ, 1986. – С. 136–157.

Пушкарева, Богданов, 1987 – Полевые материалы экспедиции 1987 года Пушкаревой Е.Т. и Богданова И.А. в Ямало-Ненецкий автономный округ.

Пушкарева, 1989 – Пушкарева Е.Т. Русская сказка в фольклоре ненцев // Фольклор народов РСФСР. – Уфа: Изд-во БГУ, 1989. – С. 40–51.

Пушкарева, 1991 – Пушкарева Е.Т. Мужские фамилии ненцев в официальных документах // Русский язык и языки народов Севера. Проблемы описания контактных явлений: Тез. докл. Всесоюз. научно-практ. конф. – Л.: ЛГПИ, 1991. – С. 61.

Пушкарева, 1993 – Пушкарева Е.Т. Полевые материалы 1993 года, собранные в Ямало-Ненецком автономном округе.

Пушкарева и др., 1994 – Маленький слушатель. Хрестоматия для детских дошкол. учреждений (ненец. яз.) / Е.Т.Пушкарева, А.Т. Лапсуй, Янгасова и др. – авторы-составители. – Санкт-Петербург: отд. изд-ва «Просвещение», 1994. – 224 с.

Пушкарева, 2000 – Пушкарева Е.Т. Полевые материалы 2000 г.

Пушкарева, 2001 – Пушкарева Е.Т. Специфика жанров фольклора ненцев и их исполнительские традиции // ФН, 2001. – С. 23–49.

Пушкарева, 2001а – Пушкарева Е.Т. Психотерапевтическое воздействие фольклора (на примере сюдбабцарка ярабц «Недко Нохой») // Материалы международного интердисциплинарного научно-практического симпозиума «Экология и традиционные религиозно-магические знания». Россия: Москва – Абакан – Кызыл. 9–21 июля 2001 г. – М., 2001. (Этнологические исследования по шаманству и иным традиционным верованиям и практикам. Том 7, часть 1). – С. 3–9.

Пушкарева, 2001б – Пушкарева Е.Т. Ненецкий фольклор в психоментальном контексте // Там же. С. 219–222.

Пушкарева, 2002 – Пушкарева Е.Т. Образы слова в фольклоре ненцев // Этнографическое обозрение. 2002, № 4. – С. 28–38.

Пушкарева, 2003 – Пушкарева Е.Т. Историческая типология и этническая специфика ненецких мифов-сказок. – М.: Мысль, 2003.

Пушкарева, 2004 – Законный и договорной режим имущества супругов в Семейном кодексе Российской Федерации и обычном праве ненцев // Круглый стол. 17 февраля 2004 г. – М.: Институт этнологии и антропологии, 2004. – 22 с.

Пушкарева, 2005 – Чум ненцев: описание, традиционные и новые функции // Историческое краеведение Ямала: Сборник. Сост. В.Н. Гриценко. – Омск: Кн. изд-во, 2005. С. 34 – 38.

Пыря, 1935 – Пыря А. Nenecan wadakun (Ненецкие сказки). – Л.: Детгиз, 1935. – 32 с.

Пыря, 1936 – Пыря А. Hart wadakud (Твои сказки). – М. – Л.: Детгиз, 1936. – 27 с.

Пыря, 1939 – Пыря А. Пухуця нгоб' ню (Сын старушки). Л.: Изд-во Главсевморпути, 1939. – 78 с.

Райков, 1999 – Райков В.Л. Теоретические аспекты психотерапевтического влияния и шаманизм как одна из его форм // Шаманизм и иные традиционные верования и практики. Материалы международного конгресса. Москва, Россия, 7–12 июня 1999 г. Ч. 1. – М., 1999. – С. 77–84. (Этнологические исследования по шаманству и иным традиционным верованиям и практикам. Т. 5)

Ревуненкова, 1992 – Ревуненкова Е.В. Миф – обряд – религия. Некоторые аспекты проблемы на материале народов Индонезии. – М.: Наука, 1992. – 216 с.

Рерих, 1991 – Рерих Н.К. Семь Великих Тайн Космоса. Бишкек: МРИП «Феникс», 1991. – 192 с.

Рочев, 1979 – Рочев Ю.Г. Коми варианты ненецких преданий о Ваули Пиеттомине // Труды Института языка, литературы и истории КФ АН СССР, № 21, Межнациональные связи коми фольклора и литературы. – Сыктывкар, 1979. С. 16–30.

Русско-ненецкий словарь, 1949 – Русско-ненецкий словарь. Сост. А.П. Пырерка, Н.М. Терещенко. Под общ. ред. И.И. Мещанинова. Ок. 15 000 слов. – М.: Гос. изд-во иностр. и нац. словарей, 1949. – 405 с.

Рыбаков, 1987 – Рыбаков Б.А. Язычество Древней Руси. – М.: Наука. – 782 с.

Рыбаков, 1979 – Рыбаков Б.А. Космогоническая символика чудских шаманских бляшек и русских вышивок // Финно-угры и славяне. – Л.: наука, 1979. – С. 7–34.

Сагалаев, 1992 – Сагалаев А.М. Архаичное мировоззрение урало-алтайских народов Западной Сибири. Автореф. дисс. на соиск. уч. степ. докт. ист. наук. Новосибирск: Ин-т археологии и этнографии СО РАН, 1992. – 33 с.

Сапонов, 1996 – Сапонов М.А. Менестрели: очерки музыкальной культуры Средневековья. – М.: Прест, 1996. – VIII, 360 с.

Сампо, 1992 – Сампо // Мифы народов мира. Энциклопедия, 1992. – Т. 2. К-Я. – С. 401–402.

Сем, 1973 – Сем Ю.А. Нанайцы. Материальная культура. / АН СССР. Дальневост. научн. центр. Ин-т истории, археологии и этнографии народов Дальнего Востока. – Владивосток, 1973. – 314 с.

Семенов, 1996 – Семенов В.А. Традиционная семейная обрядность коми-зырян во второй пол. XIX – первой пол. XX вв. (Пространство и время). Специальность – 07.00.07. этнография, этнология и антропология. Диссертация в виде научного доклада на соискание ученой степени доктора исторических наук. Санкт-Петербург, 1996. – 42 с.

Симченко, 1975 – Симченко Ю.Б. Зимний маршрут по Гыдану. – М.: Мысль, 1975. – 159 с.

Симченко, 1976 – Симченко Ю.Б. Культура охотников на оленей Северной Евразии. Этнограф. реконструкция. – М.: Наука, 1976. – 311 с.

Симченко, 1996 (1) – Симченко Ю.Б. Традиционные верования нганасан. Ч. 1. – М., 1996. – 220 с.

Симченко, 1996 (2) – Симченко Ю.Б. Традиционные верования нганасан. – М., 1996. Ч. II – 225 с.

Синицын, 1948 – Синицын М.С. Ненецкие былины и сказки. Записи на о. Вайгач в 1948–1949 гг. // Литературный музей, г. Москва, ф. 244.

Синицын, 1960 – Синицын М.С. По ненецкой земле. – М.: Географиздат, 1960. – 116 с.

Слободова, 1999 – Слободова А.Л. Искусство шамана как мастера ИСС // Шаманизм и иные традиционные верования и практики. Материалы международного конгресса. Москва, Россия, 7–12 июня 1999 г. Ч. 1. – М., 1999. С. 212–214. (Этнологические исследования по шаманству и иным традиционным верованиям и практикам. Т. 5)

Смоляк, 1991 – Смоляк А.В. Шаман: личность, функции, мировоззрение: (Народы Нижнего Амура). – М.: Наука, 1991. – 280 с.

Соколова, 1980 – Соколова З.П. Имя и прозвище у обских угров // Народы и языки Сибири / АН СССР. Сиб. отд.. Институт истории, филологии и философии. – Новосибирск, 1980. – С. 266–270.

Соколова, 2000 – Соколова З.П. Использование металла в культовой практике обских угров // ЭО, 2000, № 6. – С. 30–45.

Сперанский, 1950 – Сперанский С.П. Чум как основное передвижное жилище оленевода-пастуха Ненецкого национального округа Архангельской области // Сборник трудов Архангельского гос. медицинского института, вып. 10. – Архангельск, 1950. – С. 166–178.

Сподина, 2000 – Сподина В.И. Особенности традиционного мировоззрения лесных ненцев. Пространство и его восприятие. АКД. Спец. 07.00.07 – этнография, этнология и антропология. – М., 2000. – 26 с.

Степанченко, 2004 – Геральдические символы Ямала в законах, постановления, решениях и распоряжениях – Сост. В.И. Степанченко. Салехард. Издание Государственной Думы Ямало-Ненецкого автономного округа. 2004. – 176 с.

Судьбы, 1994 – Судьбы народов Обь-Иртышского Севера (Из истории национально-государственного строительства 1822–1941 гг.) / Сб. документов. Сост. Н.Д. Радченко, М.А. Смирнова. – Тюмень: Управление по делам архивов Администрации Тюменской области, 1994. – 319 с.

Сусой, 1986 – Сусой Е.Г. Обряды и традиции ненцев // Культура народностей Севера: традиции и современность. – Новосибирск: Наука, 1986. – С. 62–69.

Сусой, 1995 – Сусой Е.Г. Народ – творец и художник, поэт и певец // Народы Северо-Западной Сибири: Сборник / Под ред. Н.В. Лукиной. – Томск: Изд-во Томского ун-та, 1995. Вып. 2. С. 74–87.

Таксами, 1971 – Таксами Ч.М. К вопросу о культе предков и культе природы у нивхов // Религиозные представления и обряды народов Сибири в XIX – нач. XX в. – Л.: Наука, 1971. – С. 201–210.

Таксами, 1977 – Таксами Ч.М. Система культов у нивхов // Памятники культуры народов Сибири и Севера. – Л.: Наука, 1977. С. 90–116.

Тахо, 1992 – Тахо-Годи А.А. Осса // Мифы народов мира. Энциклопедия в 2 т. / Гл. ред. С.А. Токарев. – М.: Сов. энциклопедия, 1992. – Т. 2. К-Я. – С. 268–269.

Терещенко, 1956 – Терещенко Н.М. Материалы и исследования по языку ненцев. – М.: Изд-во АН СССР, 1956. – С. 250–276 (фольклор).

Терещенко, 1965 – Терещенко Н.М. Собственные имена людей у ненцев // Вопросы финно-угорского языкознания. Вып. 3: К 70-летию профессора Василия Ильича Лыткина. – М., 1965. С. 62–71.

Терещенко, 1977 – Терещенко Н.М. Родовые названия ненцев в свете народной этимологии // Языки и топонимия. Вып. 5. – Томск, 1977. – С. 3–12.

Терещенко, 1980 – Терещенко Н.М. О некоторых особенностях языка фольклора ненцев. – Советское финно-угроведение. 1980, № 1. – С. 41–46.

Терещенко, 1990 – Терещенко Н.М. Введение // Терещенко Н.М. Ненецкий эпос. Материалы и исследования по самодийским языкам. – Л.: Наука, Ленинград. отд., 1990. – С. 5–42.

Токарев, 1990 – Токарев С.А. Ранние формы религии. – М.: Политиздат, 1990. – 621 с.

Тонков, 1936 – Тонков В.А. Ненецкие сказки. – Архангельск: Севкрайгиз, 1936. – 224 с.

Топоров, 1982 – Топоров В.Н. Первобытные представления о мире: Общий взгляд // Очерки истории естественно-научных знаний в древности. – М.: Наука, 1982. – С. 8–40.

Топоров, 1988 – Топоров В.Н. Металлы // Мифы народов мира. – М. Т. 2. – С. 146–147.

Топоров, 1992а – Топоров В.Н. Лось // Мифы народов мира. Т. 2. – М., 1992. – С. 69–70.

Топоров, 1992б – Топоров В.Н. Мандала // Мифы народов мира. Т. 2. – М., 1992. – С. 100–102.

Топоров, 1992в – Топоров В.Н. Мировое дерево // Мифы народов мира. Т. 2. – М., 1992.

Турутина, 2004 – Турутина П.Г. Лесные ненцы. Сказания земли Пуровской. – Новосибирск: Изд-во СО РАН, филиал «Гео», 2004. – 112 с. + 16 с. вкл.

Тумусов, 2000 – Тумусов Ф.С. Будущее мира и России: взгляд из Саха. – М.: Мысль, 2000. – 237 с.

Успенский, 1978 – Успенский Б.А. Культ Николы на Руси в историко-культурном освещении / Труды по знаковым системам. Вып. 10. Тарту, 1978.

Файдыш, 1999 – Файдыш Е.А. Вселенная шамана. Восприятие мира в «шаманском» состоянии сознания // «Избранники духов» и «избравшие духов». – М., 1999. – С. 217–250.

Фатер, 1787 – Фатер И. Вада хасово // Новые ежемесячные сочинения, Ч. XII. – Спб., 1787. – С. 60–68.

Фишер, 1774 – Фишер И.Е. Сибирская история с самого открытия Сибири до завоевания сей земли российским оружием. – СПб., 1774. – 631 с.

Флаг, 2003 – О флаге Ненецкого автономного округа. Закон Ненецкого автономного округа от 25 сентября 2003 года № 438-ОЗ.

ФН, 2001 – Фольклор ненцев / Сост. Е.Т. Пушкарева, Л.В. Хомич. – Новосибирск: Наука, 2001. – 504 с. (Памятники фольклора народов Сибири и Дальнего Востока. Т. 23).

Фольклор Таймыра, 1992 (1) – Фольклор народов Таймыра. – Вып. I: Энецкий фольклор / Зап., пер., сост. и предисл. К.И. Лабанаускас. – Дудинка: Изд-е Таймыр. окр. центра нар. твор-ва, 1992. – 28 с.

Фольклор Таймыра, 1992 (2) – Фольклор народов Таймыра. – Вып. 2: Ненецкий фольклор / Зап., пер., сост. и предисл. К.И. Лабанаускаса. – Дудинка: Изд-е Таймыр. окр. центра нар. твор-ва, 1992. – 56 с.

Фольклор Таймыра, 1992 (3) – Фольклор народов Таймыра. – Вып. 3: Нганасанский фольклор / Зап., пер., сост. и предисл. К.И. Лабанаускаса. – Дудинка: Изд-е Таймыр. окр. центра нар. твор-ва, 1992. – 62 с.

Френкель, 1983 – Френкель Р.В. Эпическая поэма «Кудруна», ее истоки и место в средневековой немецкой литературе // Кудруна. М.: Наука, 1983. – С. 292–368.

Фролов, 1975 – Фролов Н.К. Ненецкие географические названия бассейна реки Таз // Лингвистические исследования. Науч. труды / Тюменский государственный университет; Сб. 12. – Тюмень, 1975. – С. 88-96.

Фрэзер, 1986 – Фрэзер Д.Д. Золотая ветвь. – М.: Изд-во политической литературы, 1986. – 703 с.

Функ, 1997 – Функ Д.А. Телеутское шаманство: традиционные этнографические интерпретации и новые исследовательские возможности / Отв. ред. Л.П. Потапов. – М., 1997. – 268 с. (Этнологические исследования по шаманству и иным ранним верованиям и практикам, Т. 2).

Функ, 2003 – Функ Д.А. Шаманская и эпическая традиция тюрков юга Западной Сибири. АДД. Спец. 07.00.07 –этнография, этнология и антропология / ИЭА РАН. – 50 с.

Функ, Харитонова, 1999 – Функ Д.А., Харитонова В.И. Шаманство или шаманизм // «Избранники духов» – «Избравшие духов»: Традиционное шаманство и неошаманизм. Памяти В.Н. Басилова (1937–1998) / Сборник статей. – М.: ИЭА РАН, , 1999. – 308 с. (Этнологические исследования по шаманству и иным традиционным верованиям и практикам. Т. 4) – С. 41–71.

Харитонова, 1995 – Харитонова В.И. Традиционная магико-медицинская практика и современное народное целительство: Статьи и материалы. – М., 1995. – 204 с.

Харитонова, 1999а – Харитонова В.И. Вариации на тему… Странствия по мирам психической Вселенной в традиционном и экспериментальном шаманизм // «Избранники духов» – «Избравшие духов»: Традиционное шаманство и неошаманизм. Памяти В.Н. Басилова (1937–1998) / Сб. статей. – М.: ИЭА РАН, 1999. (Этнологические исследования по шаманству и иным традиционным верованиям и практикам. Т.4). – С. 251–276.

Харитонова, 1999 – Харитонова В.И. Магия прерванного повествования // Шаманизм и иные традиционные верования и практики. Материалы международного конгресса Ч. 1. – М., 1999 – С. 207–212.

Харитонова, 1999 (1) – Харитонова В.И. Заговорно-заклинательное искусство восточных славян: проблемы традиционных интерпретаций и возможных современных исследований. – М.: ИЭА РАН, 1999. Часть 1. – 292 с. (Этнологические исследования по шаманству и иным традиционным верованиям и практикам. Т. 3, в 2 частях).

Харитонова, 1999 (2) – Харитонова В.И. Заговорно-заклинательное искусство восточных славян: проблемы традиционных интерпретаций и возможности современных исследований. – М.: ИЭА РАН, 1999. Часть 2. – 310 с. (Этнологические исследования по шаманству и иным традиционным верованиям и практикам. Т.3, в 2 частях).

Харитонова, 2000 – Харитонова В.И. Народные магико-медицинские практики: традиция и современность. Опыт комплексного системно-феноменологического исследования. Дисс. в форме научного доклада на соискание ученой степени доктора исторических наук. Спец.: 07.00.07 – этнография, этнология, антропология / Ин-т этнологии и антропологии им. Н.Н. Миклухо-Маклая. – М., 2000. – 84 с.

Харитонова, 2006 – Харитонова В.И. Феникс из пепла? Сибирский шаманизм на рубеже тысячелетий. – М.: Наука, 2006. – 372 с.

Харючи, 2001 – Харючи Г.П. Традиции и инновации в культуре ненецкого этноса (вторая половина XX века). Ред. докт. ист. наук Н.В. Лукина. Томск: Изд-во Томского ун-та, 2001. – 226 с.

Хелимский, 1990 – Хелимский Е.А. Нум // Мифологический словарь. – М.: Сов. энциклопедия, 1990. – С. 397.

Хелимский, 1992а – Хелимский Е.А. Нум // Мифы народов мира. Т. 2. –М.: Сов. энциклопедия, 1992. – С. 227.

Хелимский, 1992б – Хелимский Е.А. Самодийская мифология // Мифы народов мира. Энциклопедия в 2 томах. Т. 2. – М.: Сов. энциклопедия, 1992. – С. 398–401.

Хелимский, 1996 – Хелимский Е.А. Минлей // Мифология: иллюстрированный энциклопедический словарь. Гл. редактор Е.М. Мелетинский. – СПб.: Фонд «Ленинградская галерея», АО «Норинт», 1996. – С. 466.

Хелимский, 1996а – Хелимский Е.А. Нга // Мифология: Иллюстрированный энциклопедический словарь. Гл. редактор Е.М. Мелетинский. – СПб.: Фонд «Ленинградская галерея», АО «Норинт», 1996, С. 498.

Хелимский, 1996б – Хелимский Е.А. Нгылека // Мифология: Иллюстрированный энциклопедический словарь. Гл. редактор Е.М. Мелетинский. – СПб.: Фонд «Ленинградская галерея», АО «Норинт», 1996 – С. 499.

Хелимский, 1996в – Хелимский Е.А. Сихиртя // Мифология: Иллюстрированный энциклопедический словарь. Гл. редактор Е.М. Мелетинский. – СПб.: Фонд «Ленинградская галерея», АО «Норинт», 1996. – С. 635–636.

Хлобыстин, 1982 – Хлобыстин Л.П. Древняя история Таймырского Заполярья и вопросы формирования культур северной Евразии. Авт. на соиск. уч. степ. докт. ист. наук. – М., 1982. – 36 с.

Хомич, 1966 – Хомич Л.В. Ненцы. Ист.-этнограф. очерки. – М.; Л.: Наука. 1966. – 329 с.

Хомич, 1970 – Хомич Л.В. Ненецкие предания о сихиртя // Фольклор и этнография. – Л.: Наука. 1970. – С. 56–69.

Хомич, 1971 – Хомич Л.В. О некоторых предметах культа надымских ненцев // Религиозные представления и обряды народов Сибири в 19 – нач. 20 в. / Сборник Музея антропологии и этнографии. 27 вып. – Л., 1971. – С. 44–55.

Хомич, 1973 – Некоторые вопросы ненецкой антропонимии // Происхождение аборигенов Сибири и их языков: материалы Всесоюзной конференции 14–16 июня 1973 г. / Томский государственный педагогический институт. Томск, 1973. – С. 153–155.

Хомич, 1976 – Хомич Л.В. Элементы свадебного обряда у ненцев по материалам фольклора // Фольклор и этнография. Обряды и обрядовый фольклор. – Л.: Наука, 1974. – С. 215–220.

Хомич, 1976 – Хомич Л.В. Представления ненцев о природе и человеке // Природа и человек в религиозных представлениях народов Сибири и Севера (вторая пол. 19 – нач. 20 в.). – Л.: Наука, 1976. – С. 16–30.

Хомич, 1977 – Хомич Л.В. Религиозные культы у ненцев // Памятники культуры народов Сибири и Севера (вторая пол. 19 – нач. 20 в.). – Л.: Наука. 1977. – С. 3–28.

Хомич, 1981 – Хомич Л.В. Шаманы у ненцев // Проблемы общественного сознания аборигенов Сибири. – Л.: Наука, 1981. – С. 5–41.

Хомич, 1995 – Хомич Л.В. Ненцы. Очерки традиционной культуры. – Санкт-Петербург: Русский Двор, 1995. – 336 с.

Чарнолуский, 1962 – Чарнолуский В. О саамах и их сказках // Саамские сказки. – Л., 1962. – С. 5–15.

Шаманизм, 1992 – Шаманизм как религия: генезис, реконструкция, традиции. Тезисы международной конференции. – Якутск, 1992. – С. 280.

Шаманизм, 1995 – Шаманизм и ранние религиозные представления. К 90-летию доктора исторических наук, профессора Л.П. Потапова / Сборник статей. – М.: Ин-т этнологии и антропологии

РАН, 1995. – 272 с. (Этнологические исследования по шаманству и иным ранним верованиям и практикам. Т. 1).

Щербакова, 1946 – Щербакова А.М. Архив рукоп. Хранится на кафедре самодийских языков и методики их преподавания ИНСа РГПУ им. А.И. Герцена. Папка «Хынабцы».

Щербакова, 1949 – Щербакова А.М. Фольклорная экспедиция в Ненецкий национальный округ Архангельской области в 1946 г. // Тр. Второго Всесоюзного географического съезда. Т. 3. – М., 1949. – С. 129–134.

Щербакова, 1960 – Щербакова А.М. Ненэця' вадако' (Ненецкие сказки). – Л.: Учпедгиз, 1960. – 70 с.

Щербакова, 1965 – Щербакова А.М. К вопросу о русской сказке в фольклоре ненцев // Языки и фольклор народов Крайнего Севера. Учен. зап. / ЛГПИ им. А.И. Герцена. Т. 269. – Л.: ЛГПИ, 1965. – С. 191–202.

Щербакова, 1973 – Щербакова А.М. Ненецкая сказка «Искры, несущие смерть» // Языки и фольклор народов Крайнего Севера. Сб. науч. тр. – Л.: ЛГПИ, 1973. – С. 148–161.

Элиаде, 2000а – Элиаде М. Шаманизм: архаические техники экстаза. Пер. с англ. – К.: «София», 2000. – 480 с.

ЭПН, 1965 – Эпические песни ненцев. Сост., автор вступ. Статьи и коммент. З.Н. Куприянова. – М.: Наука. Главная редакция восточ. литературы, 1965. – 783 с.

Ядне, 1996 – Ядне И.К. Хохорэй мин (очерки истории физической культуры ненецкого народа. Надым–Екатеринбург: Научно-внедренческое предприятие «Горизонт», 1996. – 62 с.

Ямидхы", 2001 – Ямидхы" лаханаку" (Сказы седой старины) / Ненецкая фольклорная хрестоматия. Сост. К.И. Лабанаускас. – М.: Русская литература, 2001. – 319 с.

Ямпольская, 1990 – Ямпольская Ю.А. Шаманский чум и модель мира в традиционном мировоззрении эвенков // Религиоведческие исследования в этнографических музеях. – Л.: Гос. музей этнографии народов СССР, 1990. – С. 129–136.

Янгасова, 2001 – Ненэцие" лаханако", сюдбабц".

Яптик, 2002 – Устные беседы автора с заведующим клубом пос. Сё-Яха Ямальского р-на ЯНАО Яковом Нюбятивичем Яптиком в мае 2002 года.

Calame-Griaule, 1987 – Calame-Griaule G. Ethnologie et langage: la parole chez les Dogons. Paris, 2 ed., 1987. – 591 p.

Castren, 1857 – M. Alexander Castren's ethnologischen Vorlesungen ueber die altaischen Voelker nebst samojedischen Maerchen und tatarischen Heldensagen. Spb., 1857. – 257 S.

Castren, 1940 – Samogedische Volksdichtung, gesammelt von M.A. Castrin, herausgegeben von T. Lehlisalo // MSFOu. 1940. – Vol. 83. – 350 S.

Castren, Lehtisalo, 1960 – Samojedische Sprachmaterialien. Gesammelt von M.A.Castren und T. Lehtisalo. Herausgegeben von T. Lehtisalo. Helsinki : MSFOu 122, 1960. – 462 S.

Decsy, 1966 – Decsy Gyula. Jurak chrestomathy. (Developmental Work ow Material in West Siberian Uralic Languuges.) Bloomington – The Hague: Indiana University, Mouton 1966, XIV + 107 pp. Indiana University Publications, Uralic and Altaic Series, Vol. 50. Edited by Tromas A. Sebeok.

Donner, 1926 – Donner K. Bei den Samojeden in Sibirien. Stuttgart, 1926. – 202 S.

Felinska, 1854 – Felinska Eva. Revelations of Siberia. By a Banished Lady. Edited by Colonel Lach Szyrma. In two volumes. Vol. I. Third Ediition. London: Hurst and Blackett, Publishers, Successors to Henry Colburn, 13 Great Marlborough Street. 1854. – 304 p.

Hajdu, 1963 – Von der Klassifikation der samojedischen Schamanen // Glaubenswelt und Folklore der sibirischen Voelker. – Budapest, 1963, S. 161–190.

Hajdu, 1978 – Hajdu P. Beitraege zu den Grundproblemen der Jurakischen Volksdichtung // Neohelicon. Acta comparationis litterarum universarum, 1978, У1 1, Budapest, S. 143–160.

Harner, 1999 – Harner M. Altered States of Consciousness. A Personal Memoir // Шаманизм и иные традиционные верования и практики. Материалы международного конгресса. Москва, Россия,

7–12 июня 1999 г. Ч. 1. М., 1999. С. 120–124 (Этнологические исследования по шаманству и иным традиционным верованиям и практикам. Т. 5). С. 69–77.

Hornbostel-Sachs – Hornbostel-Sachs // http://en.wikipedia.org/wki/Hornbostel-Sachs

Lehtisalo, 1924 – Lehtisalo T.V. Entwurf einer Mythologie der Juraksamojeden. SFO, Helsinki, 1924. – 170 S.

Lehtisalo, 1937 – Lehtisalo Toivo. Der Tod und die Wiedergeburt des künftigen Schamanen // IS-FOu 48. 3.S. 1–24, 1937.

Lehtisalo, 1947 – Juraksamojedische Volksdichtung, gesammelt und herausgegeben von T. Lehtisalo. Helsinki (MSFOu. XC), 1947. – 615 S.

Lehtisalo, 1956 – Lehtisalo T.V. Juraksamojedisches Woerterbuch. Helsinki: Suomalais-ugrilainen seura, 1956. – 601 S.

Manker, 1976 – Manker E. People of eight seasons. The story of the laps. Nordbok. Gothenburg. Sweden. – 231 p.

Pushkareva, 1990 – Pushkareva Ye. Nenets names // Tradiotional folk belief today. Tartu: Estonian Academy of Sciences, 1990. – p. 114.

Pushkareva, 1993 – Pushkareva Ye. On a nenets song, Khynabts // XI Europen Seminar in Ethnomusicology. Calella (Barcelona). September, 10–15, 1993.Calella (Barcelona), 1993, p. 60.

Pushkareva, 1999 – Pushkareva E. The experience of ethnological reconstruction of Nenets shamanistic ritual on the topic "prediction of the future"// Etnomusikologian Vuosikirja 1999. Helsinki: Suomen Etnomusikologinen Seura. P. 55–61.

Thompson, 1961 – Thompson S. The types of the folktale. A classification and bibliography. Antti Aarne's "Verzeichnis der Märchentypen" (FFC № 3) translated and enlarged. Second revision (FFC № 184), Helsinki, 1961. – 588 pp.

KAPТИНА МИРА В ФОЛЬКЛОРЕ НЕНЦЕВ
: Системно-феноменологический Анализ

By Elena Pushkareva ‖ Published by agreement with author ‖ copyright © Elena Pushkareva
‖ Korean Translation copyright©Daewoo Lee‖

툰드라 네네츠 인들의 민요와 민속
초판 1쇄 | 2013년 3월 20일

©Elena Pushkareva, 2007
©이대우, 2013

지은이 | 엘레나 푸쉬카료바
옮긴이 | 이대우

디자인 | 써네스트 디자인실
펴낸곳 | 도서출판 써네스트
펴낸이 | 강완구
출판등록 | 2005년 7월 13일 제313-2005-000149호
주 소 | 서울시 마포구 동교동 165-8 엘지팰리스 빌딩 925호
전 화 | 02-332-9384　　　**팩 스** | 0303-0006-9384
이메일 | sunestbooks@yahoo.co.kr
홈페이지 | www.sunest.co.kr
ISBN 978-89-91958-67-8 93380 값 15,000원

이 도서의 국립중앙도서관 출판사도서목록(CIP)은 e-CIP 홈페이지 (http://www.nl.go.
kr/ecip)에서 이용하실 수 있습니다. (CIP제어번호 : CIP2013001356)